Dietmar Mitterer-Zublasing

Südtirol

Wandern für die Seele

20 Wohlfühlwege

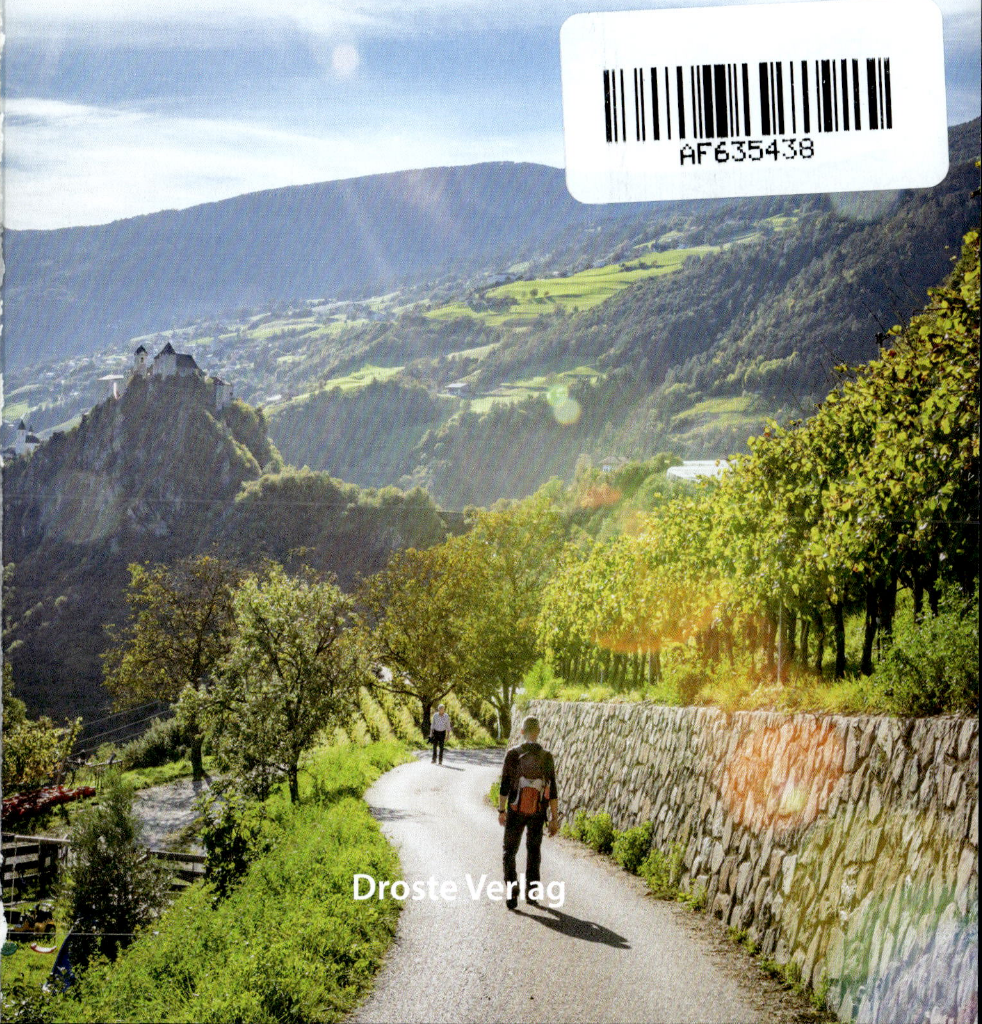

Droste Verlag

ALLE WANDERUNGEN AUF EINEN BLICK

TOUR 1: IMPOSANTE SPITZEN 7
Am Fuß der Geislergruppe
13,9 km | 890 Hm | 6,5 Std. | Rundweg

TOUR 2: LAURINS REICH 15
Wuhnleger Weiher und Völsegg
8,2 km | 376 Hm | 3 Std. | Rundweg

TOUR 3: EIN KRAFTORT 23
Zu den Stoanernen Mandln
13,5 km | 669 Hm | 5,5 Std. | Rundweg

TOUR 4: SANFTE BERGKUPPEN 31
An der Ostflanke des Gsieser Tals
11,1 km | 706 Hm | 5 Std. | Rundweg

TOUR 5: UNVERHOFFTER BLICK 41
Naturnser Alm und Vigiljoch
13,9 km | 749 Hm | 5,5 Std. | Rundweg

TOUR 6: SARNER AUSBLICKE 49
Seebergseen und Villanderer Alm
10,9 km | 832 Hm | 6 Std. | Rundweg

TOUR 7: BOZEN VON OBEN 57
Vom Penegal zum Bergner Kreuz
11,1 km | 592 Hm | 4,5 Std. | Rundweg

TOUR 8: DOLOMITENGRANDEN 65
Rund um Plattkofel und Langkofel
14,6 km | 748 Hm | 6 Std. | Rundweg

TOUR 9: TÖRGGELE-GENUSS 75
Zwischen Klausen und Feldthurns
12,3 km | 693 Hm | 5 Std. | Rundweg

TOUR 10: WEIN-HOCHGEFÜHLE 85
Zwischen Tramin und Kurtatsch
12,2 km | 507 Hm | 4,5 Std. | Rundweg

TOUR 11: ALM-GENUSS 93
Rundweg Altfasstal
11,6 km | 473 Hm | 4 Std. | Rundweg

TOUR 12: ALPENROSENRAUSCH 101
Von Schlinig zum Sesvennasee
14,1 km | 1106 Hm | 7,5 Std. | Rundweg

TOUR 13: GRENZWANDERUNG 113
Rund um Altrei
10,1 km | 442 Hm | 3,5 Std. | Rundweg

TOUR 14: ZUR BURG JUVAL 121
Drei Waalwege im Untervinschgau
14,4 km | 717 Hm | 5 Std. | Rundweg

TOUR 15: MAGISCHER ORT 131
Besuch in Castelfeder
3,6 km | 186 Hm | 1,5 Std. | Rundweg

TOUR 16: BURGEN & KASTANIEN 141
Von Prissian nach Grissian
8,8 km | 497 Hm | 4 Std. | Rundweg

TOUR 17: WILDE WASSER 151
Traumweg durch die Passerschlucht
13,8 km | 577 Hm | 5 Std. | Rundweg

TOUR 18: WASSER UND WEIN 159
Vom Kalterer See nach Altenburg
13,7 km | 620 Hm | 6 Std. | Rundweg

TOUR 19: GLETSCHERSPASS 169
Über den Neveser Höhenweg
13,0 km | 970 Hm | 6,5 Std. | Rundweg

TOUR 20: ÜBERRASCHUNGEN 181
Rund um die Montiggler Seen
13,1 km | 532 Hm | 4,5 Std. | Rundweg

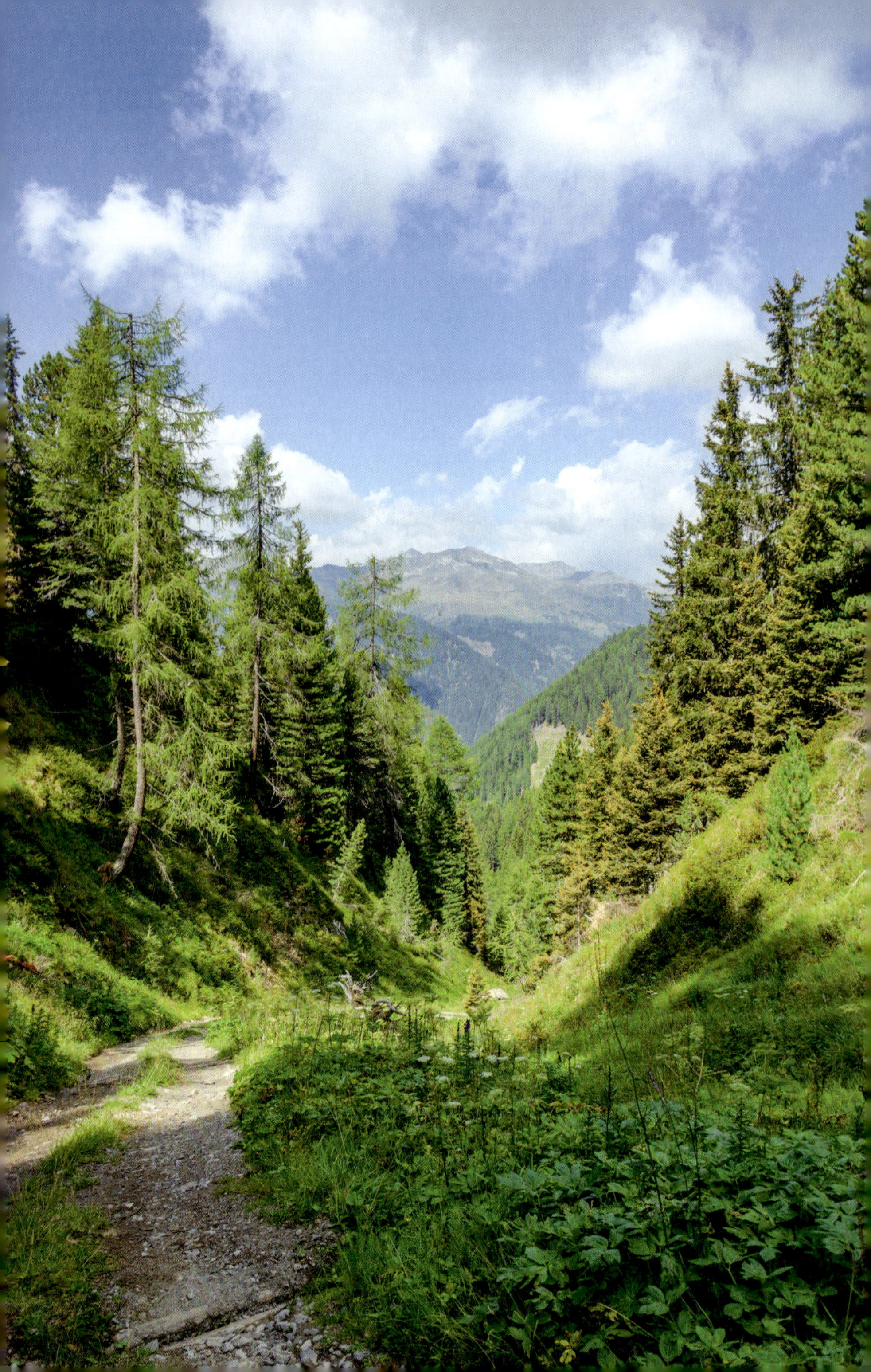

Liebe Wanderer und Berggeher,

als vor etlichen Jahren Weblogs wie Pilze aus dem Boden schossen, wollte ich als Internetspezialist auch einen solchen schreiben. Es war die Geburtsstunde von www.diewanderer.it, meines Wanderblogs der etwas anderen Art. Kein typischer Wanderführer, eher persönliche Geschichten. Jetzt wage ich mit diesem gedruckten Wanderführer den Sprung in die analoge Welt.

„Tuckernd kommt uns ein Transporter entgegen. Das typische Arbeitsgefährt der Bergbauern Tirols. Ein hagerer Mann mittleren Alters, sein Gesicht gezeichnet von schwerer Bauernarbeit, trotzdem von freundlichem Gemüt, daneben eine Nonne …"

Solche Erzählungen und Eindrücke werden Sie in diesem Buch nicht finden. Die würden den Rahmen sprengen. Aber wenn Sie beim Wandern die Augen für die Menschen und ihre Geschichten offen halten, mit ihnen reden, dann werden Sie derartige Momente selbst erleben.

Erkunden Sie mit den Tipps in diesem Buch Südtirol, von den Weinlandschaften im Süden bis hin zu den hochalpinen Bergen im Norden. Es geht nicht um Gipfelsturmwettbewerbe, es geht ums Wandern – darum, die Schönheit dieses Fleckchens Erde zu spüren, hautnah zu erleben, vielleicht auch um Anregungen zum Nachdenken über Land und Leute. Kurz: Es geht ums Wandern für die Seele!

Viel Freude beim Kennenlernen der Südtiroler und ihres Landes!

Ihr Dietmar Mitterer-Zublasing

NATUR-INFO

KULTUR-INFO

TOUREN-/EVENT-INFO

GENUSS-INFO

Die Schreibung von Südtiroler Flurnamen ist auf Wegweisern und Landkarten oft unterschiedlich. Damit kann sie von der Schreibung im Buch abweichen. Diese richtet sich in Zweifelsfällen in der Regel nach dem Südtiroler Fluratlas.

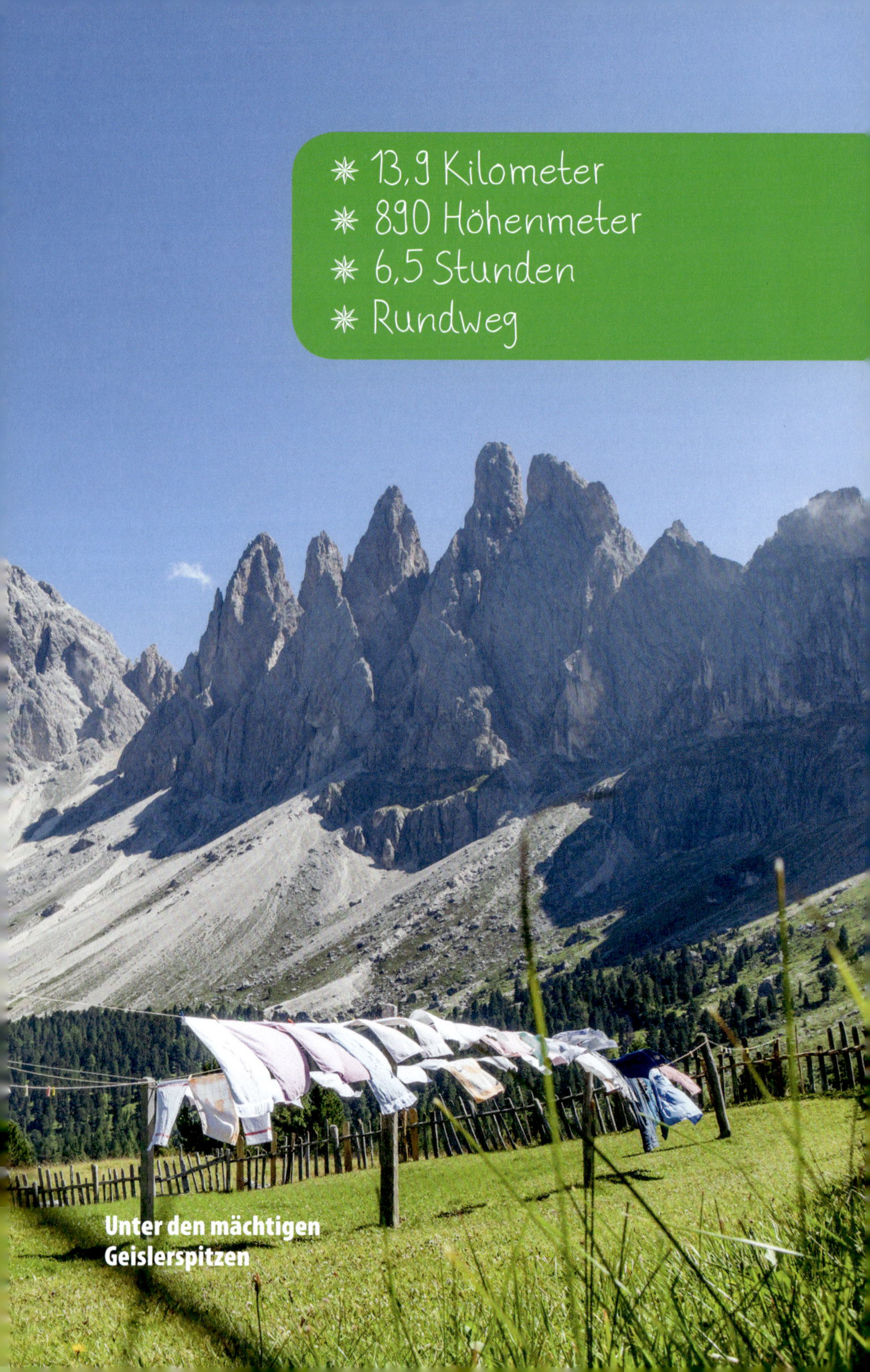

- 13,9 Kilometer
- 890 Höhenmeter
- 6,5 Stunden
- Rundweg

Unter den mächtigen Geislerspitzen

Imposante Spitzen

Am Fuß der Geislergruppe

St. Johann in Ranui ❶ posiert schon seit fast 300 Jahren kokett vor den mächtigen Geislerspitzen. Das malerische Kirchlein ist mittlerweile als weltbekannter Foto-Hotspot in die Schlagzeilen geraten. So sieht sich der Grundeigentümer bemüßigt, Schutzmaßnahmen zu ergreifen. Ein Zaun und ein Drehkreuz sollen allzu rücksichtslosen Fotoknipsern Einhalt gebieten.

Genau dieses Kirchlein ist unser Ausgangspunkt. Das hat auf den ersten Blick nicht viel mit einer Auszeittour zu tun – doch wir werden sie dazu machen. Vielleicht knipsen wir dieses Lieblingsmotiv aller Touristen auch. Aber anders als die anderen, die nur des Fotos wegen anreisen, zieht es uns anschließend weg von den Menschenmassen, in die pure Natur. Wir packen den Wanderrucksack auf die Schultern und nehmen den Wanderweg **Nr. 28** hinauf zu den Geislern in Angriff.

*Die **Kirche St. Johann in Ranui**, auch Johanneskirche in Villnöß genannt, steht auf privatem Grund des Ranuihofes – mit schindelgedecktem Satteldach, Zwiebelturm und barocker Ziermalerei, aber vor allem wegen der Lage vor dem Hochgebirgsmassiv ein schmuckes Kirchlein.*

Es geht angenehm schattig zuerst entlang des **Villnößer Baches**, dann entlang des **Broglesbaches** empor. Bei einer Gabelung sehen wir Wegweiser nach links zur Geisler-Alm und Gschnagenhardt-Alm, orientieren uns aber nach rechts Richtung **Brogles-Alm (Nr. 28)**.

War der Weg bis hierher noch ein breiter Forstweg, geht er nun allmählich in einen Wanderpfad über. Er wird stetig steiler und führt schließlich an den Hängen oberhalb des tief eingeschnittenen Broglesbachs empor. Trotz ordentlicher Steigung ist unser Tempo flott. So kommen wir nach insgesamt 5 Kilometern recht schnell auf den beliebten **Adolf-Munkel-Weg** und treffen jetzt direkt auf den **Broglesbach** ❷.

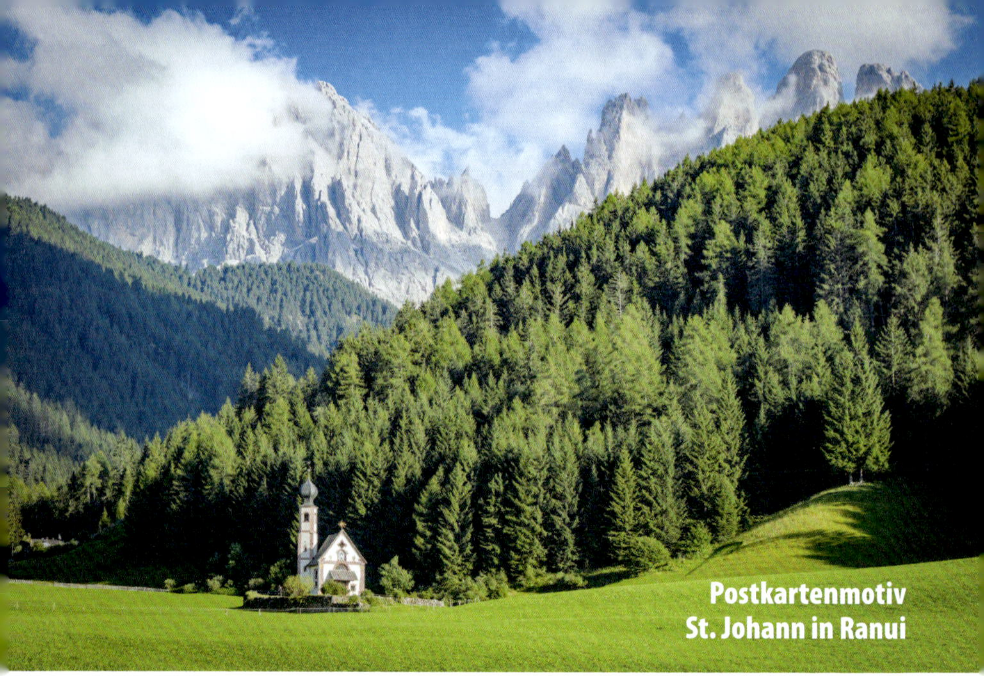

Postkartenmotiv St. Johann in Ranui

Über uns erheben sich im Gegenlicht die dunklen Felswände der Geislergruppe. Der Anblick der imposanten Dolomitenspitzen begeistert. Doch die Kinder haben nur Augen für das quirlige Rinnsal des Broglesbachs. Eine kleine Staumauer bauen, sie mit Blümchen schmücken, eine Brücke für die Ameisen zurechtlegen, einen Schmetterling bezirzen – die Kleinen sind in ihrem Element. Die Großen genehmigen wohlwollend die eingeforderte Auszeit.

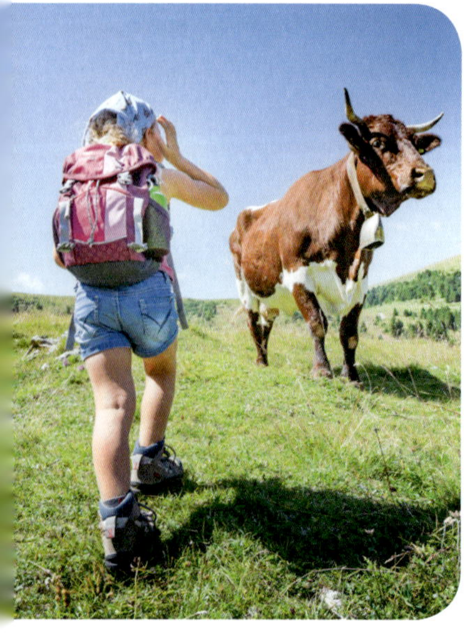

Nur noch 10 Minuten geht es, dem Adolf-Munkel-Weg folgend, bis zur **Brogles-Alm** hinauf. Die Landschaft am Fuß der Geislergruppe ist geprägt von lichten Kiefern, Latschenwald und Geröllfeldern. Anders ist es auf der Brogles-Alm. Hier bestimmen saftige Weiden, die bis zum Brogles-Sattel hinauf reichen, das Landschaftsbild. Der Kontrast zu den markigen Dolomitengipfeln könnte nicht größer sein.

Beim Schutzhaus **Brogles-Alm** ❸ kann man gut einkehren, gemütlich den Alltag

Für die Seele

Ein plätscherndes Rinnsal an der Baumgrenze, im Schatten mächtiger Bergriesen – um uns nur die Elemente Wasser, Erde, Luft: Auszeit pur!

vergessen, zu Mittag essen. Wäsche flattert im Wind, Braunvieh weidet auf den Almwiesen, die steil in den Himmel ragenden Geislerspitzen machen das Südtirol-Klischeebild perfekt. Wäre es nicht echt, man würde es für ein künstliches Arrangement eines Experten für Tourismuswerbung halten. Nur die vielen Menschen beeinträchtigen ein klein wenig die werbewirksame „Einsamkeit" des Almgebiets. Doch das ist nicht weiter schlimm, denn die Wiesenflächen sind weitläufig. Platz, um sich auszuklinken und eine Auszeit zu nehmen, ob mit sich selbst oder mit seiner Familie, gibt es genug!

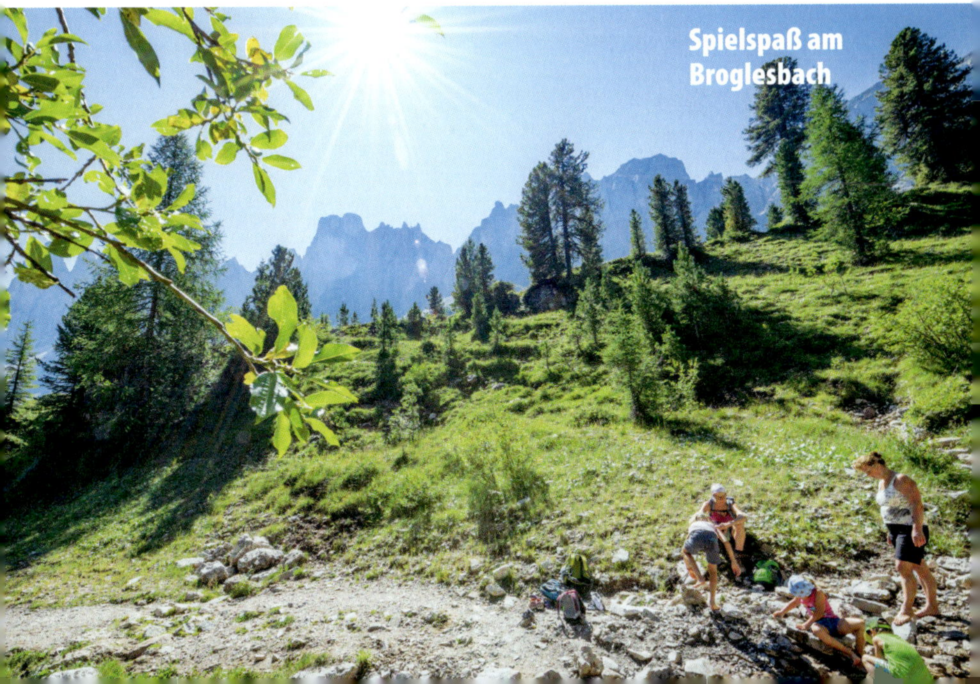

Spielspaß am Broglesbach

Auszeittour 1

*Auf der **Gschnagenhardt-Alm** gibt es traditionelle Gerichte wie Marenden, Knödel und Kaiserschmarrn. Die Geisler-Alm bietet darüber hinaus gehobene Küche mit Rehrücken oder Lammkoteletts vom Villnößer Brillenschaf, einer Rasse, die Villnößer Züchter vor dem Aussterben bewahrt haben.*

Der ganz besondere Ort hält uns länger als geplant fest. Klar, wer kann sich schon der anziehenden Kraft der Pana-Scharte, der Großen Fermeda, der Mittagsspitz, der Mittagsscharte, des Sas Rigais (3025 m) und der Furchetta entziehen? Doch dann heißt es aufbrechen. Der Adolf-Munkel-Weg, die Gschnagenhardt-Alm und die Geisler-Alm warten!

Gemütlich schlängelt sich der Weg, der nach dem ersten Vorsitzenden des Deutsch-Österreichischen Alpenvereins benannt ist, am Fuß der mächtigen Dolomitenriesen entlang. Wir passieren die Abzweigung zur Pana-Scharte, dem Einschnitt unterhalb der Seceda, und dann die Abzweigung zur Mittagsscharte. Ein weißes Geröllfeld liegt vor uns. Es geht mittendurch, dann folgt ein kurzer Anstieg. Schließlich bringt uns der links abzweigende Wandersteig **Nr. 34** mit Richtung **Gschnagenhardt** und **Geisler-Alm** weg vom Adolf-Munkel-Weg. So gelangen wir auf die herrlichen Almwiesen rund um die beiden recht nahe beieinanderliegenden Almen.

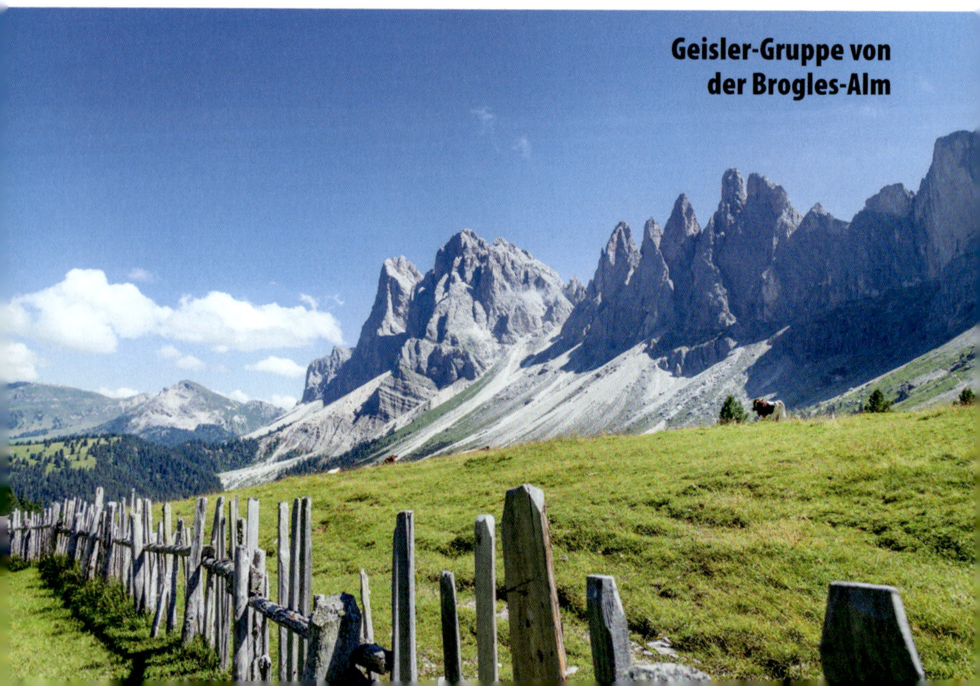

Geisler-Gruppe von der Brogles-Alm

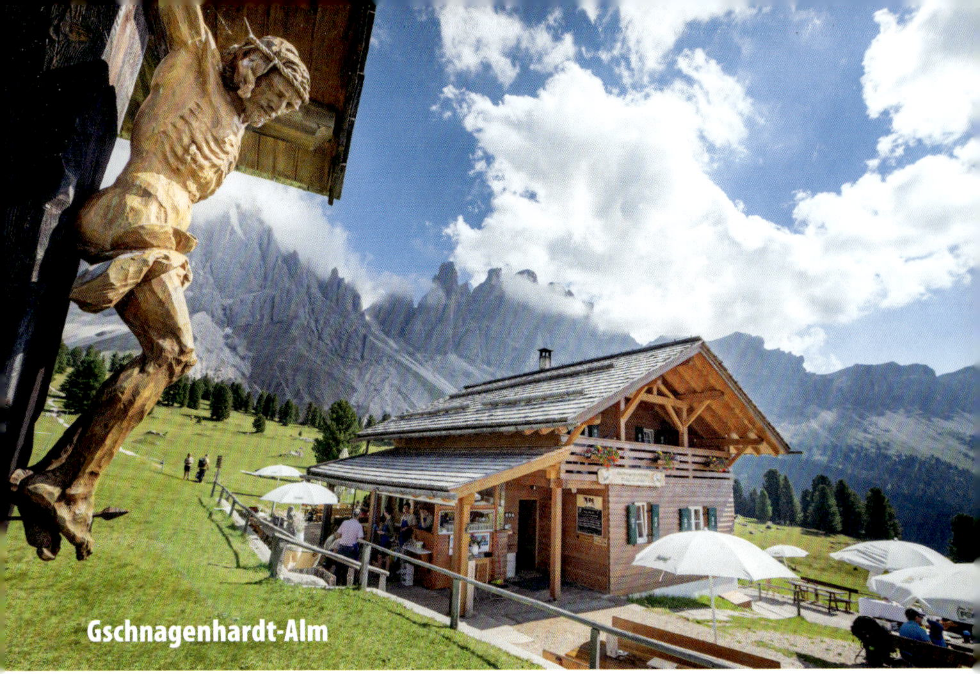

Gschnagenhardt-Alm

Auch hier gibt es genügend Touristen mit Fotoapparaten. Wieder mag sich der Leser die Frage stellen, was das nun mit Auszeit zu tun habe. Der Größe der Almen ist es zu verdanken, dass der Wanderer auch hier seine Rückzugsorte findet und trotz internationaler Bekanntheit dieses „Point of Interest“ das Flair von Magerwiesen mit typischer Almenflora unter der mächtigen Geislergruppe genießen kann.

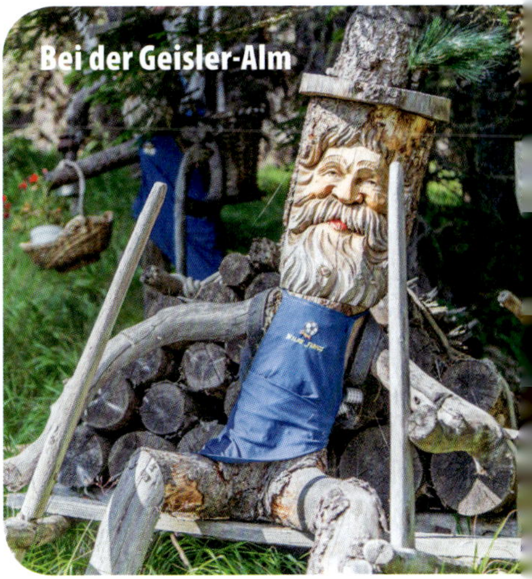

Bei der Geisler-Alm

Je nach Lust und Laune können wir entweder bei der **Gschnagenhardt-Alm 4** als auch bei der **Geisler-Alm 5** einkehren und ehrfürchtig das Bergkino mit der gewaltigen Furchetta und dem Dolomiten-Dreitausender Sas Rigais bestaunen. Grandios!

Etwas mehr als die Hälfte des geplanten Rundwegs liegt hinter uns und der Rückweg vor uns. Der Wanderweg **Nr. 34** ist jetzt ein breiter Forstweg. Er biegt circa 100 Meter hinter der Geisler-Alm nach links ab und führt nach

St. Magdalena hinunter. Wir marschieren zügig den Schotterweg entlang, kürzen eine Doppelserpentine auf einem 50 Meter langen Steig ab, schreiten wieder auf dem Forstweg durch zwei weitere Serpentinen und wandern bei einer dritten Serpentine geradeaus auf dem Steig **Nr. 34 A** weiter. Der führt uns zuerst nach Westen, dann nach Süden, wieder mit Serpentinen, bis zum **Broglesbach**. Kurz darauf hat uns der Wanderweg **Nr. 28** wieder, über den wir aufgestiegen sind. Ihm folgen wir bis zum **Hochseilgarten Villnöß** 6 und weiter bis zum **Viertel Ranui** hinunter. Wieder gilt unser neugieriger Blick dem Postkartenmotiv Ranui-Kirchlein mit Geisler-Hintergrund, bevor wir das Villnößtal glücklich und zufrieden verlassen.

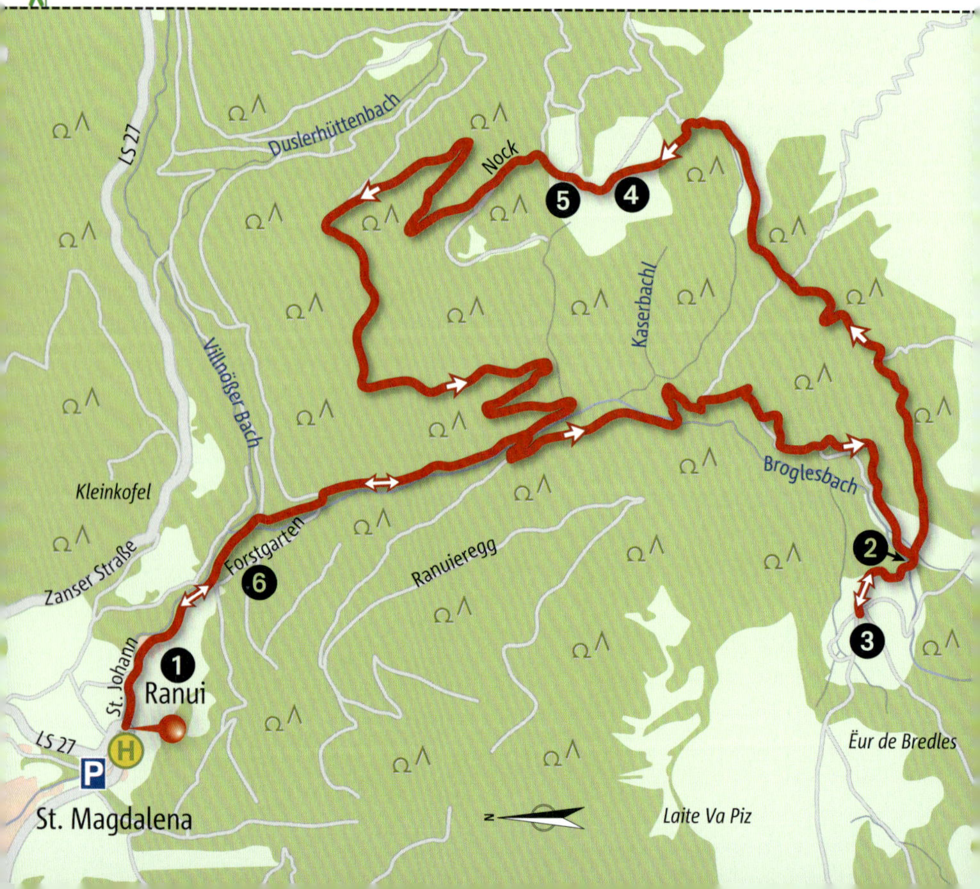

Entspannung ✱✱✱✱✱

Genuss ✱✱✱✱✱

Romantik ✱✱✱✱✱

WIE & WANN:
Alm- und Bergpfade; beste Wanderzeit Juni bis Oktober; Schneeverhältnisse klären

HIN & WEG:
Auto: Parkplatz in St. Magdalena, I-39040 Villnöß (GPS: 46.638483, 11.718100)
ÖPNV: Ab Brixen Bus 330 bis St. Magdalena (Villnöß), Haltestelle Ranui

ESSEN & ENTSPANNEN:
Brogles-Alm ❸ I-39040 Lajen, Tel. (+39/04 71) 65 56 42
Gschnagenhardt-Alm ❹ I-39040 Villnöss, Tel. (+39/04 72) 84 01 58, www.gschnagenhardtalm.it
Geisler-Alm ❺ I-39040 Villnöss, Tel. (+39/3 39) 6 04 46 85, www.geisleralm.com

ENTDECKEN & ERLEBEN:
Kirche St. Johann in Ranui ❶
Broglesbach ❷
Brogles-Alm ❸ 360°-Foto: www.suedtirol-360.com/051
Hochseilgarten Villnöß ❻ Tel. (+39/04 72) 84 06 02, www.hochseilgarten-villnoess.it

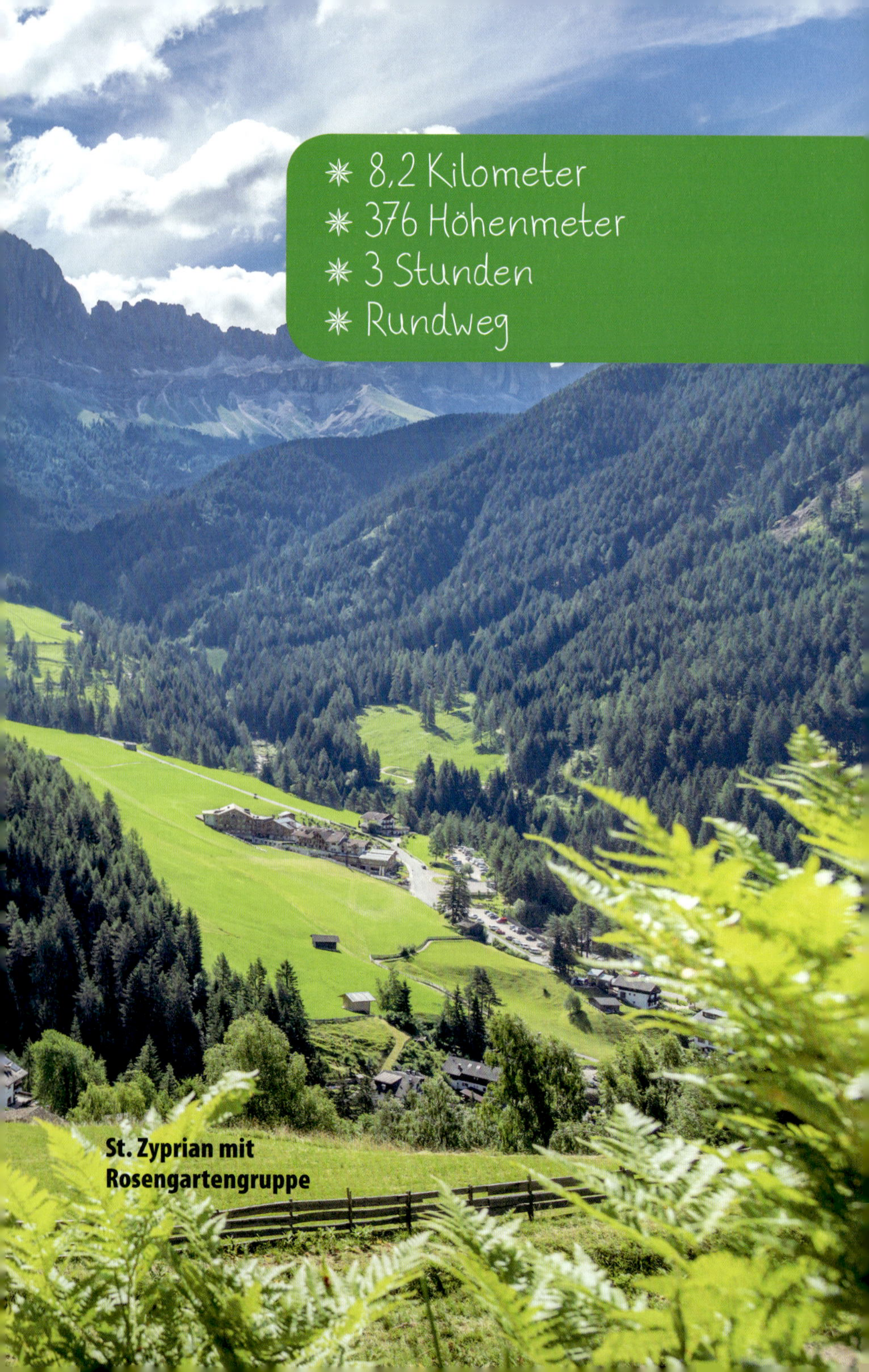

* 8,2 Kilometer
* 376 Höhenmeter
* 3 Stunden
* Rundweg

St. Zyprian mit Rosengartengruppe

Laurins Reich

Wuhnleger Weiher und Völsegg

Der Rosengarten im Bergsee: Wer kennt es nicht, das Spiegelbild des mächtigen Dolomitenberges im Wuhnleger Weiher? Fotokitsch oder echte Alpenidylle? Wie auch immer, genau da soll es heute hingehen! Dafür müssen wir zunächst durch die Ortschaft Tiers hindurch und weiter bis zur Häusergruppe Weißlahnbad oberhalb von St. Zyprian, am Eingang des Tschamintals, fahren. Hier befinden sich genügend Parkplätze.

Auf 1170 Meter Meereshöhe geht es nach Westen, dem Wanderweg **Nr. 6** und dem Wegweiser **Wuhnleger** folgend. Bei einer Weggabelung halten wir uns rechts und marschieren auf dem Steig **Nr. 4 A** weiter. Ein breiter Schotter-Wanderweg steigt zuerst leicht, dann etwas stärker an. Nach circa einem Kilometer Wande-

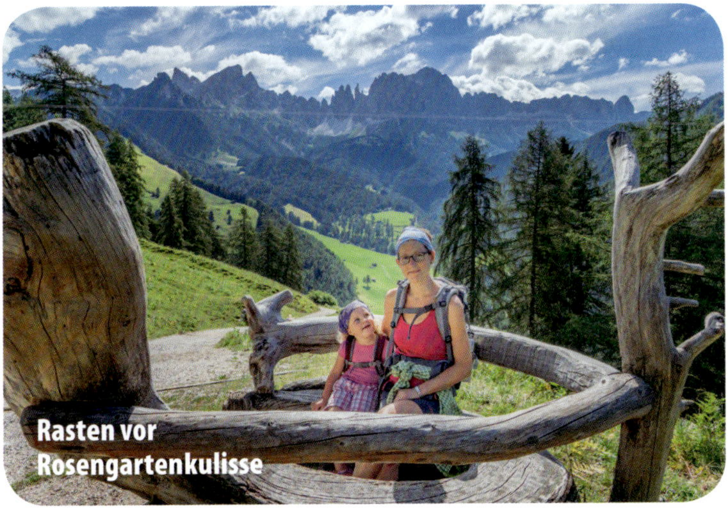

Rasten vor Rosengartenkulisse

rung beeindruckt eine aus gekurvten Baumstämmen gefertigte **Bank** ①. Eine ideale Gelegenheit, sich zu setzen, zu rasten und zu staunen.

Als der sagenhafte ***Zwergenkönig Laurin*** *durch Dietrich von Bern bezwungen und gefangen genommen wurde, verfluchte er seinen Rosengarten. Weder bei Tag noch Nacht sollte ihn ein Menschenauge sehen. Er hatte die Dämmerung vergessen – und so erglüht das Gebiet zu dieser Tageszeit rosenrot.*

Natürlich nutzen wir die Gelegenheit, uns selbst vor der mächtigen Kulisse der Rosengartengruppe zu verewigen. Jetzt, am Vormittag, zeigt die Ostseite des Bergmassives zwar noch ihre dunkle Seite, aber das wird sich mit dem Lauf der Sonne ändern.

Der Wanderweg lotst uns in Nadelwald hinauf. Hier fehlt der Blick auf den Rosengarten, aber die leichte Abkühlung tut gut. Sie währt allerdings nicht lange, denn bald ist die **Wuhnleger Alm** mit ihren bunten Magerwiesen erreicht. Wir überqueren flink die Almwiese und schon schimmert uns der grünblaue Weiher entgegen.

Kleiner als gedacht ist er, der **Wuhnleger Weiher** ②. Wie soll da drin das gewaltige Massiv der Rosengartengruppe Platz finden? Doch an seiner Westseite ist die Spiegelung des Bergmassivs mit dem sogenannten

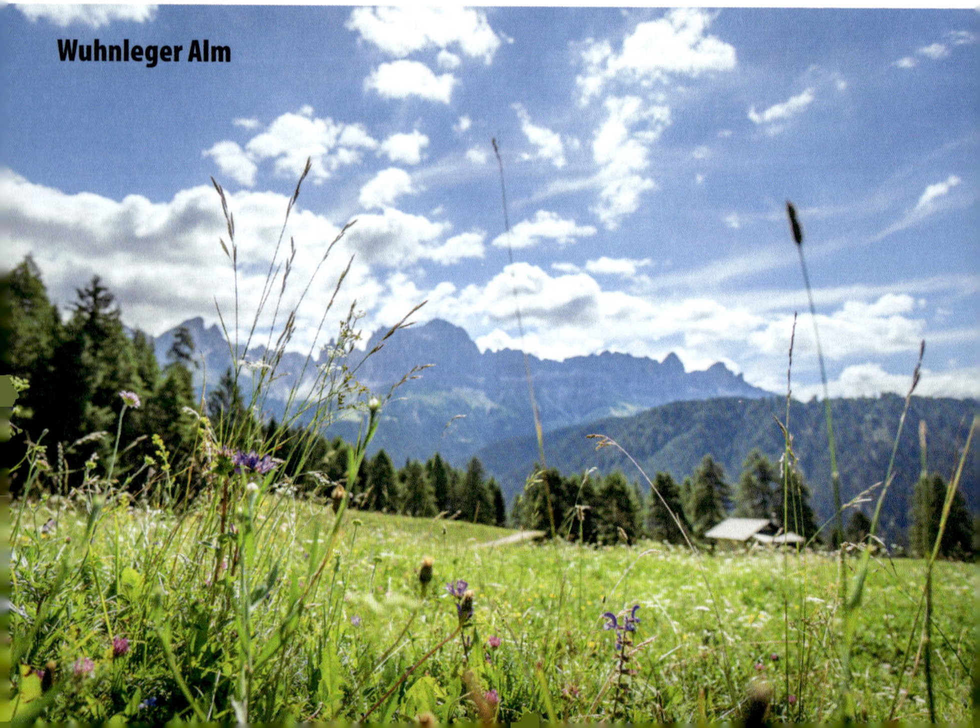

Wuhnleger Alm

Für die Seele

Staunend, schon fast ehrfürchtig, schauen wir auf das Reich des Zwergenkönigs Laurin, den Rosengarten.

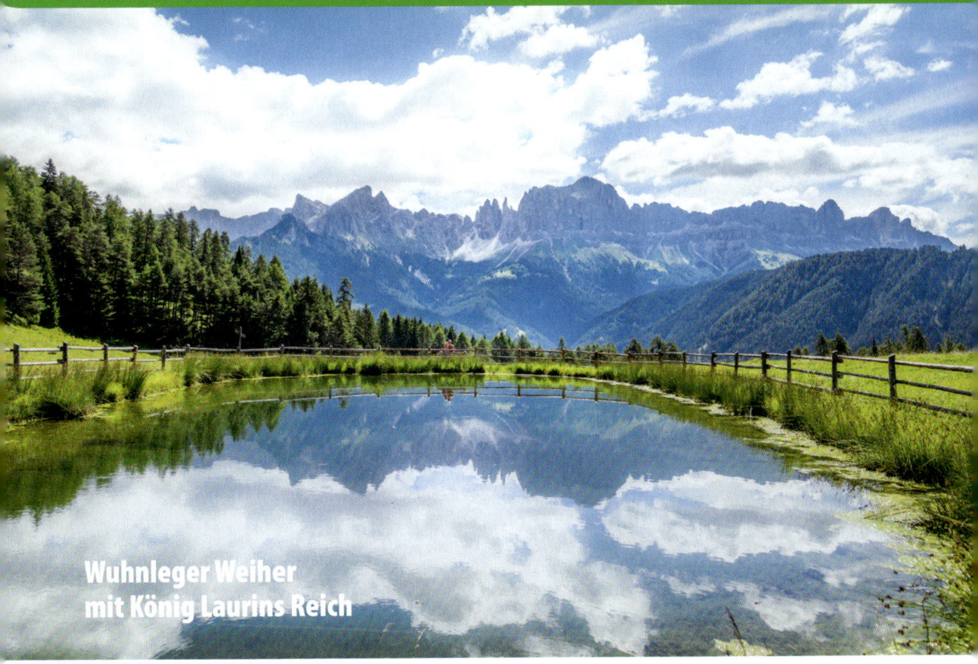

Wuhnleger Weiher mit König Laurins Reich

„Gartl" (König Laurins Rosengarten) und der Rosengartenspitze im Wasser klar zu erkennen. Die Freude über das interessante Bild wird ein wenig von der Uhrzeit und vom Wind gestört. Von der Uhrzeit, weil wir etwas zu früh vor dem See stehen, die Westseite des Rosengartens liegt jetzt um 10.45 Uhr größtenteils im Schatten. Vom Wind, weil er kleine Wellen auf die Wasseroberfläche zaubert, die das Spiegelbild etwas verwackeln. Doch sofern man nicht als Berufsfotograf unterwegs ist, ist das egal. Wir nehmen uns eine

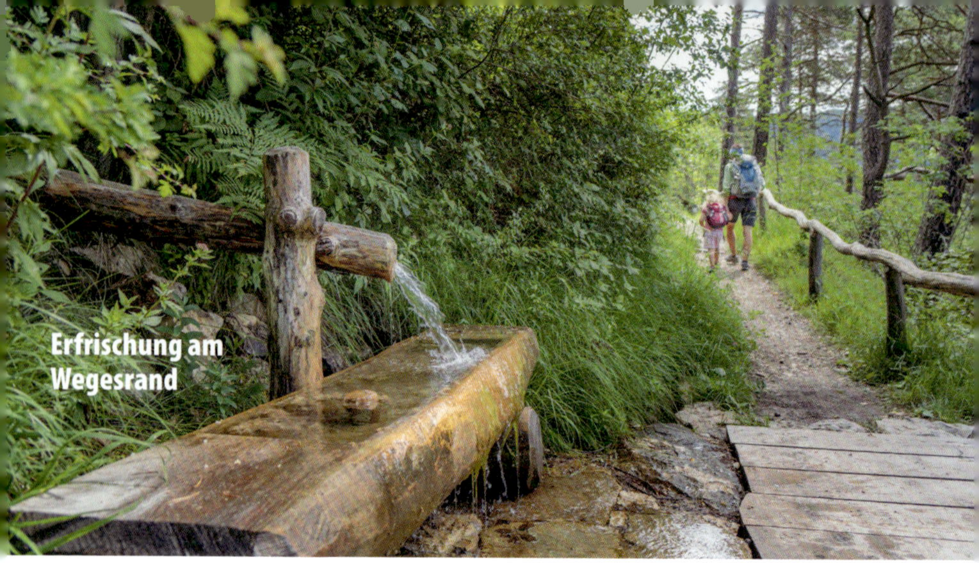

Auszeit vom Alltag, saugen das herrliche Bild in uns auf, prägen es uns ein und profitieren so auch noch nach der Wanderung, in der Erinnerung, davon.

Vom Wuhnleger Weiher führt der Steig **Nr. 4** hinauf auf die Tschafonhütte. Wir folgen ihm zwar, aber nicht hinauf zur Hütte, sondern leicht abwärts. Es geht über das Gebiet der Wuhnleger Alm und anschließend geradeaus. In leicht abfallendem Gelände folgen wir dem Steig Nr. 4. Der Rosengarten verschwindet hinter hohen Lärchen.

In einer 180-Grad-Kurve stehen Wegweiser. Einerseits zur St.-Sebastian-Kapelle, andererseits zum Völsegg. Wir entscheiden uns fürs **Völsegg** und gehen geradeaus weiter **(Nr. 4 B)**. Eine genussvolle Stille begleitet uns. Gemütlich wandern wir, nur leicht an Höhe verlierend, zuerst vorbei an Wiesen, dann durch Wald, am Hang der Völsegg-Spitz bis zum Völsegg hinüber.

Das **Völsegg** ❸, ein Aussichtspunkt mit Bildstock („Völsegger Bild") und einer Bank, lädt zum Rasten ein. Der ideale Platz, um den Rucksack auszupacken und sich eine kräftige Brotzeit zu gönnen. Wer selbst nichts mitgebracht hat, der kann 100 Meter weiter beim gemütlichen **Buschenschank Ansitz Velseck** ❹ einkehren.

Nach der Stärkung bringt uns der **Promenadenweg (Nr. 6)** zurück Richtung Tiers. Der Pfad erweist sich als schöner Naturweg. Alsbald fällt verbrannte Rinde an größeren Föhren auf und dann eine etwas untypische Vegetation. Ich mutmaße, dass es vor einigen Jahren hier einen Waldbrand gegeben haben muss.

Auf dem leicht abfallenden Promenadenweg erwarten uns ein geschnitzter Adler, ein Brunnen und ein Lindwurm. Letzterer dient nicht nur zur Dekoration, sondern auch als Geländer. Am Übergang von Wald zu Wiesen, beim **Ferienhaus Leitner**, kommen wir zwar auf Asphalt (**Oberstraße**, Wanderweg **Nr. 6**), doch die Sicht auf den Rosengarten, der erneut zum Vorschein kommt, entschädigt uns. Immer wieder werfen wir bewundernde Blicke auf das Reich des Zwergenkönigs Laurin.

Die Straße ist schmal, wäre sie nicht asphaltiert, würde man sie mit einem Höfe-Wanderweg verwechseln. Eine tolle Strecke oberhalb des Dorfkerns von Tiers. Nach 1,4 Kilometern auf der Oberstraße erwartet uns eine Gabelung. Wir steigen links zum Obertrompedell-Hof auf. Ein Wanderwegweiser mit der **Nr. 6** verdeutlicht die Richtung.

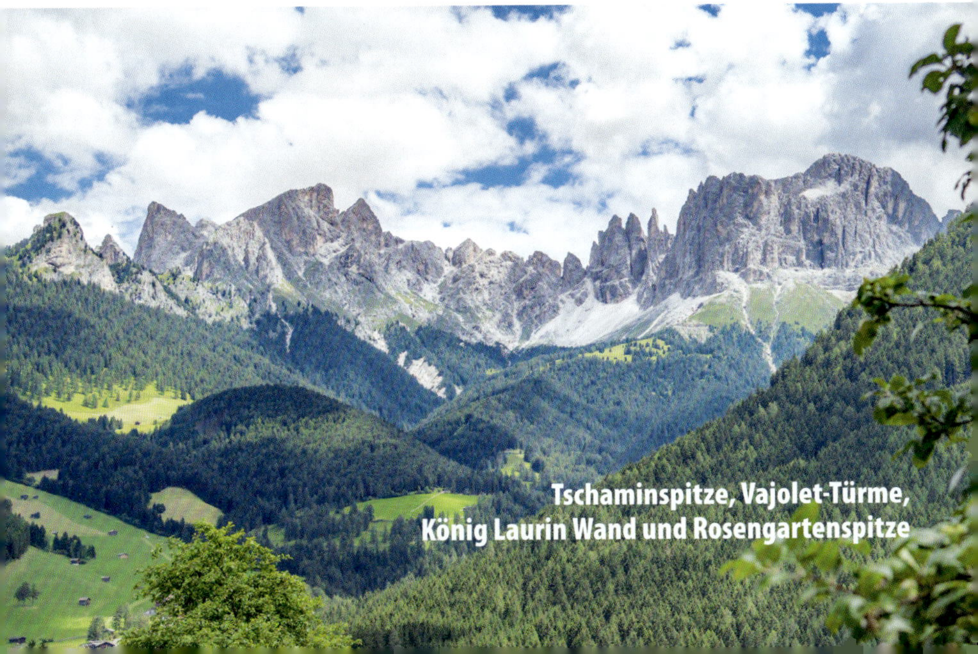

Tschaminspitze, Vajolet-Türme, König Laurin Wand und Rosengartenspitze

Auszeittour 2

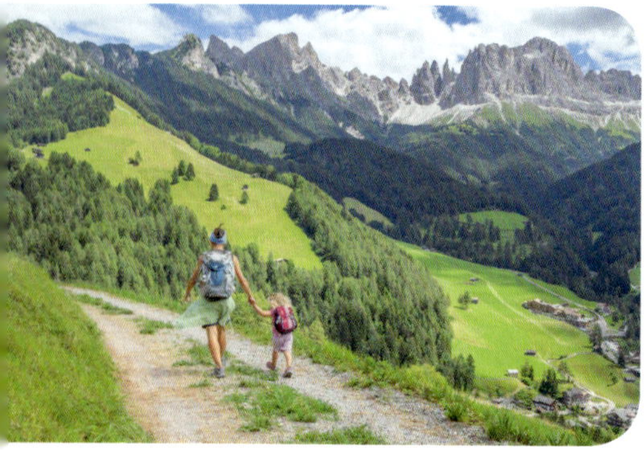

Bald endet der Asphaltbelag und es geht auf Schotter weiter. Das Alpenidyll mit Tiers im Tal und dem Rosengartenmassiv im Hintergrund entfaltet hier seinen Zauber besonders eindrücklich. Das haben sich auch die Einheimischen gedacht und am Wegesrand eine **Bank 5** zum Verweilen aufgestellt. Mein Gott, was für ein herrliches Plätzchen Erde!

Bis zum Ausgangspunkt nach Weißlahnbad sind es nun auf leicht abfallender Strecke nur noch ein paar Hundert Meter.

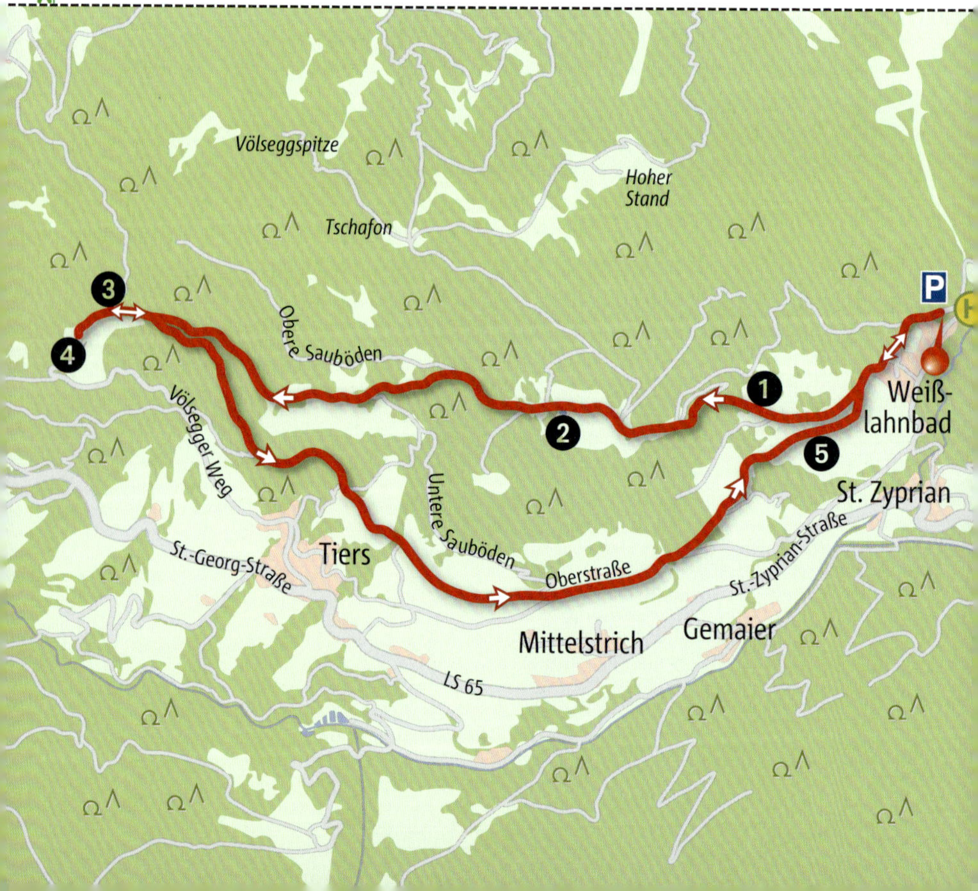

Entspannung ✱✱✱✱✱

Genuss ✱✱✱✱✱

Romantik ✱✱✱✱✱

WIE & WANN:
**Forstwege, Wiesen- und Waldwege, Nebenstraßen;
beste Wanderzeit Mai bis Oktober**

HIN & WEG:
Auto: Parkplatz Weißlahnbad in St. Zyprian in Tiers, I-39050 Tiers
(GPS: 46.478383, 11.558533)
ÖPNV: Von Seis Busbahnhof oder Völs Bus 176 bis St. Zyprian (Tiers), Haltestelle Weißlahnbad

ESSEN & ENTSPANNEN:
Buschenschank Ansitz Velseck ❹ Völseggerweg 25, I-39050 Tiers,
Tel. (+39/04 71) 64 00 06, www.velseck.it

ENTDECKEN & ERLEBEN:
Bank mit Rosengartenblick ❶
Wuhnleger Weiher ❷
Völsegg ❸
Bank mit Rosengartenblick ❺

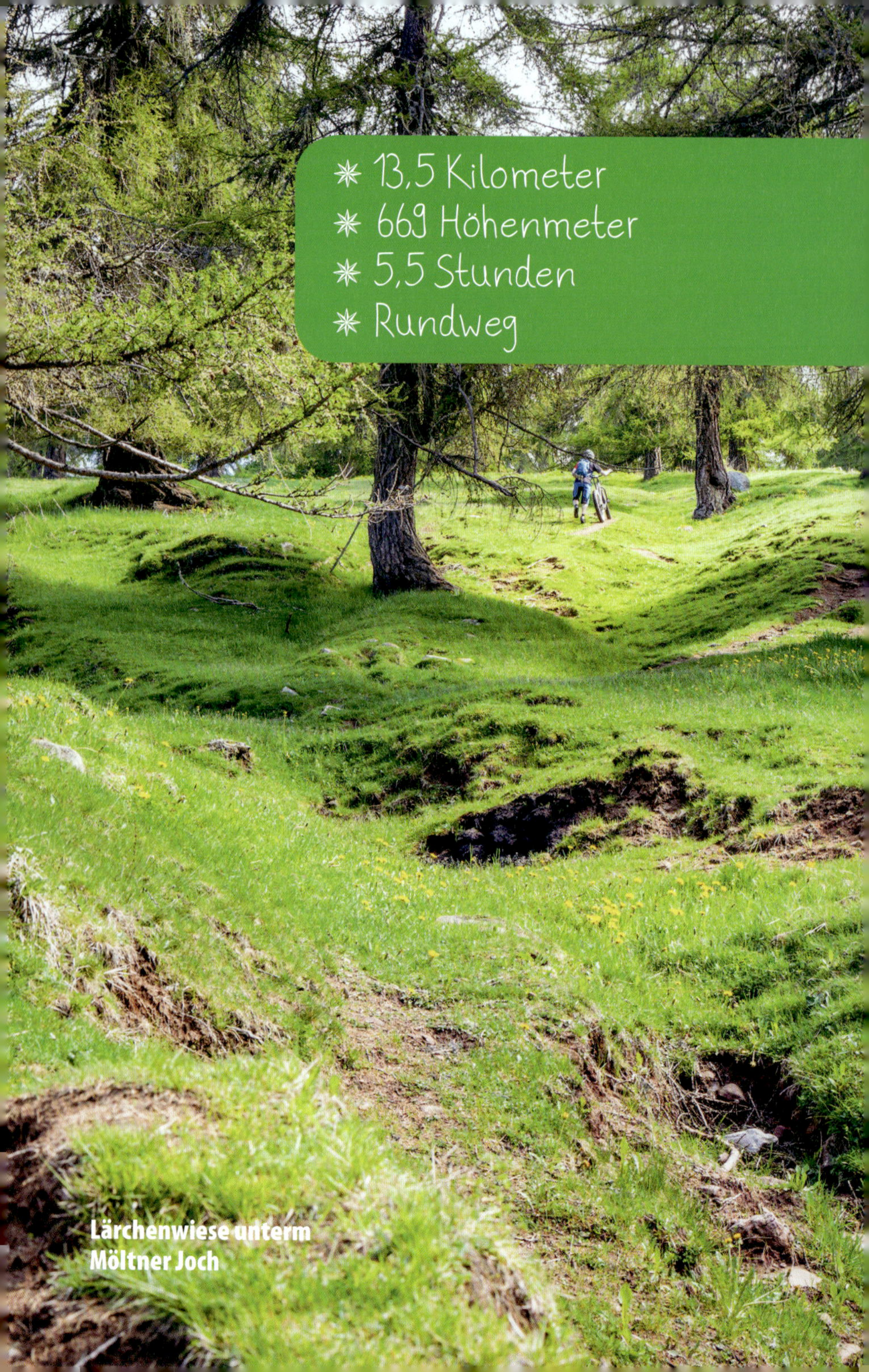

Lärchenwiese unterm Möltner Joch

Ein Kraftort

Zu den Stoanernen Mandln

Steinerne Gesellen bestaunen, vielleicht bunte Krokusse sichten und typische Almgerichte verkosten, das verspricht eine Wanderrunde auf dem Tschögglberg.

Vom großen Parkplatz auf dem Sattel **Schermoos** führt der **Lanzenweg** Richtung Jenesien. Wir folgen ihm nur für 80 Meter, biegen dann links in eine Seitenstraße ein und finden nach weiteren 30 Metern wiederum links den Einstieg in den Wanderpfad **Nr. 1**. Der Steig ist hier Teil des beliebten Europäischen Fernwanderwegs **E 5**. Letzterer wird uns bis zur Alm Möltner Kaser begleiten. Nach circa 600 Metern verlassen wir den Wanderpfad Nr. 1 zugunsten des **Nr. 17**, bleiben aber dem **E 5** treu.

*Zwischen Ende April und Anfang Mai kann man in dieser Gegend unzählige **Krokusblüten** bewundern. Die Frühblüher breiten sich zu dieser Jahreszeit wie ein Teppich über die Lärchenwiesen aus.*

Bald empfängt uns eine große, leicht ansteigende Lärchenwiese. Sie ist mit gelbem Löwenzahn und braunen Furchen durchsetzt. Gepaart mit den mächtigen Lärchenstämmen und den gedämpften Sonnenstrahlen ergibt sich dadurch ein ganz besonders anmutiges und zugleich beruhigendes Landschaftsbild.

Die leichte Steigung mündet in einer gelben, flachen, freien Löwenzahnwiese. Da passt es farblich gut, dass der Europäische Fernwanderweg nun für ein kurzes Stück mit der **Via Alpina – Gelber Weg** zusammenfällt. Sie führt uns ziemlich genau Richtung Norden. Unser Gang wird zum Schlendern, weil die Landschaft mit ihrer Blumenwiesenpracht rund um uns so entschleunigend wirkt. Ein Wegweiser **Möltner Kaser** zeigt an: Wir sind richtig. Verfolgt und überholt von zahlreichen Mountainbikern – der schottrige Almweg ist bei Radlern sehr beliebt – marschieren wir vorbei am **Möltner Jöchl** ❶ und an Wiesen dem Möltner Kaser entgegen. Der Wanderweg ist gemütlich flach und frei, der Blick in den Himmel offen. Nur auf den letzten 800 Metern flankieren uns hohe, dicht stehende Nadelbäume.

Die Alm **Möltner Kaser** ist erreicht. Es ist noch zu früh fürs Mittagessen. Darum lassen wir sie vorerst rechts liegen und steigen über ihr auf dem Wanderweg **Nr. 23 A** zu den Stoanernen Mandln auf. Der Wegweiser gibt eine Stunde Gehzeit an. Der irrt sich sicherlich. Für weniger als 2 Kilometer bei circa 200 Höhenmetern braucht ein Wanderer keine Stunde!

Etwas steiler als bisher, zuerst über einen steinigen Steig, dann aus dem Wald hinaustretend, geht es nun über einen grünen Teppich bis zum Hügel **Hohe Reisch** (2003 m) und den **Stoanernen Mandln** ❷ hinauf.

Die Türme aus Steinen geben der Hohen Reisch ein ungewöhnliches Aussehen und dem Wanderer und Biker einen Anstoß zum Träumen, zum Sinnieren. Manch ein Zeitgenosse würde die Stoanernen

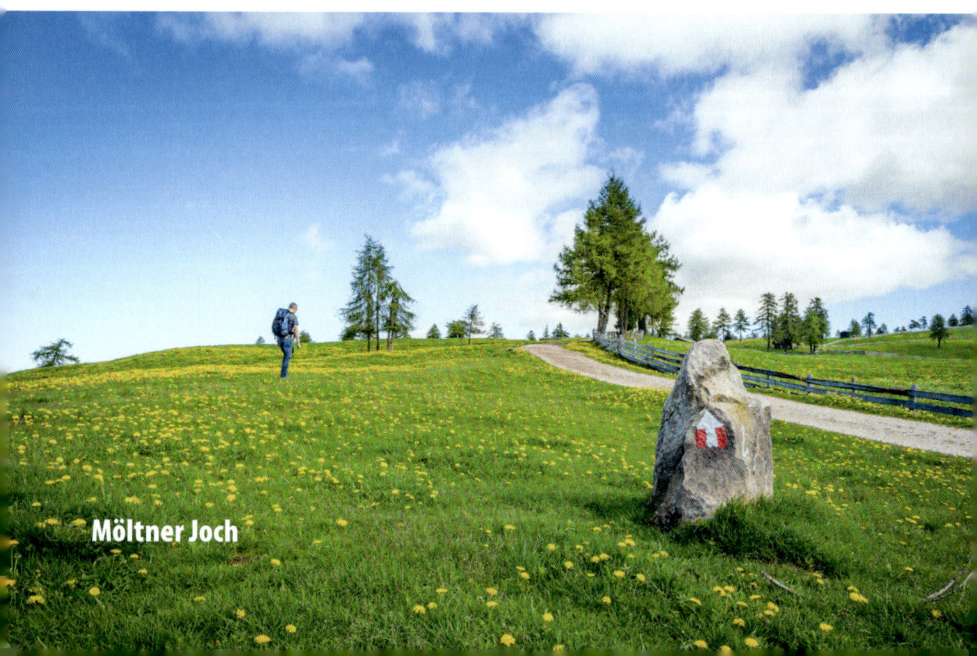

Möltner Joch

Für die Seele

Eine Landschaft, anmutig, beruhigend – und irgendwie magisch zugleich!

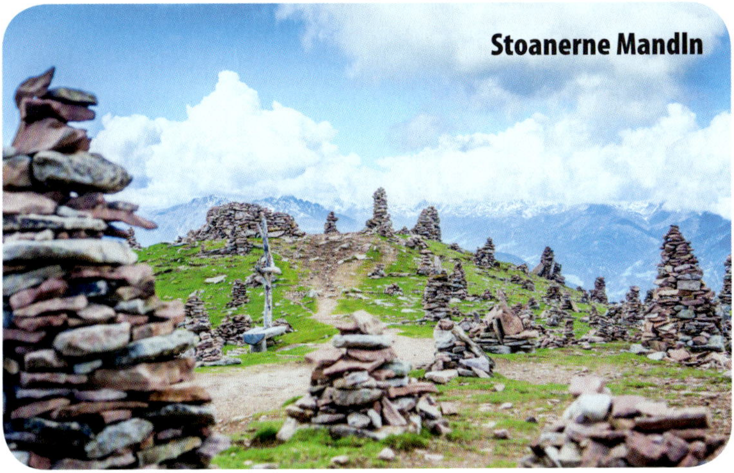

Mandln als Kraftort bezeichnen. Viele Besucher haben eine Mordsfreude daran, einen zusätzlichen Stein auf eine der Gestalten zu legen oder sogar einen neuen kleinen Steinmann zu bauen. So wächst das Heer der Stoanernen Mandln von Jahr zu Jahr und wir können gewiss sein, dass sie uns auch in vielen Jahren noch begrüßen werden.

So langsam meldet sich der Hunger. Über den grünen „Läufer" geht es den gleichen Weg zurück zum Möltner Kaser. Dünne lange Blätter links und rechts des Weges bezeugen, dass wir für die violett-weiße Blütenpracht der Krokusse leider um ein, zwei Wochen zu spät unterwegs sind. Das ist ein klein wenig schade, doch es gibt in der Welt der Blumen zum Glück ja nicht nur Krokusse.

*Die **Stoanernen Mandln**, circa 100 Steingestalten, wurden wahrscheinlich von Hirten zum Zeitvertreib aufgestellt. Eine Gerichtsschrift von 1540 belegt, dass es hier Hexentreffen und Teufelsfeiern gegeben haben soll. Möglicherweise stammen die Mandln aber auch bereits aus der Steinzeit.*

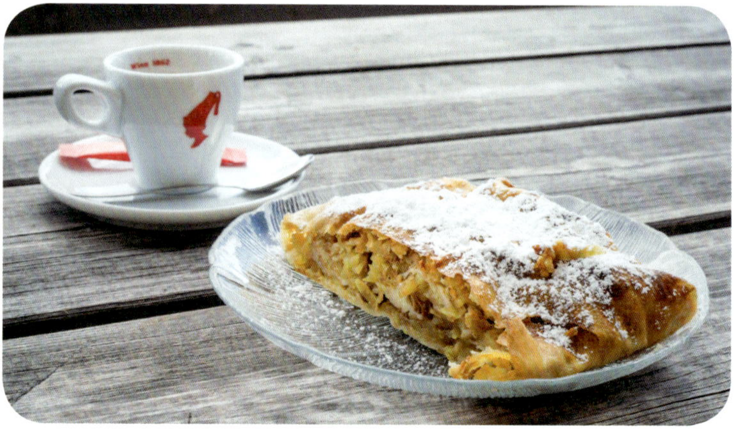

Das Almgasthaus **Möltner Kaser** ❸ ist bekannt für typische Südtiroler Almkost. Auf der Speisekarte stehen beispielswiese Gulasch mit Knödel, Spiegelei mit Bratkartoffeln, Kaiserschmarrn mit Preiselbeermarmelade. Je nach Saison könnten wir uns auch Gerichte mit Produkten aus der eigenen Viehzucht aussuchen, wie schmackhaftes Schöpsernes (Lammfleisch) oder Spezielles wie „Feines vom Kitz". Selbstverständlich nutzen wir die Gelegenheit, die Eigen-

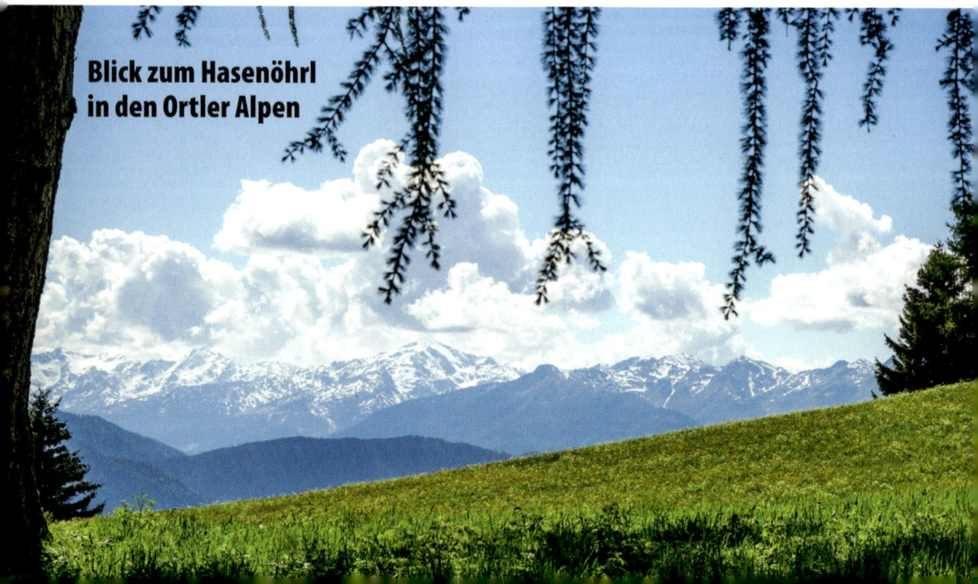

Blick zum Hasenöhrl in den Ortler Alpen

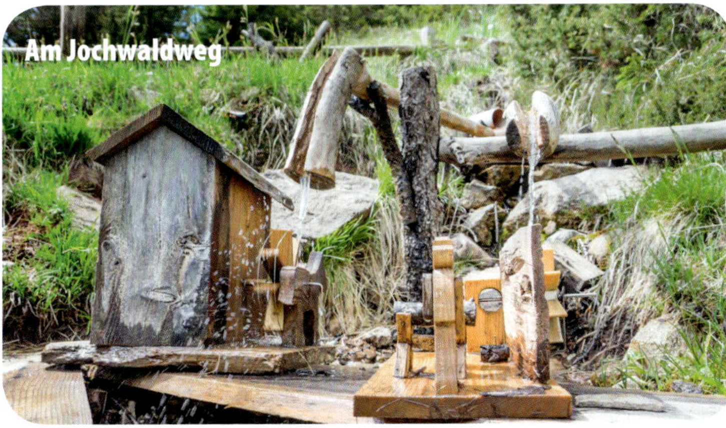

produktion und das Spezielle zu kosten. Als Nachtisch gibt es selbst gemachten Apfelstrudel und eine hausgefertigte Käsesahnetorte. Mmm – das schmeckt!

Die Mägen voll, die leiblichen Gelüste gestillt, würden wir uns am liebsten in die Sonne legen, doch wir müssen ja noch zurück.

Als erkundungsfreudige Wanderer ist uns der gleiche Rückweg ein Graus. Er ist zwar wunderschön, von dieser Warte aus wäre er auch beim zehnten Mal noch lohnend, aber das Neue übt dann doch einen stärkeren Reiz aus. Darum lassen wir uns vom Wegweiser **Nr. 28** zur **Jenesier Jöchl-Alm** leiten. Der schattige Waldsteig überquert auf einem Halbweg den Jochbach und bringt uns vom Gemeindegebiet Mölten auf das Gemeindegebiet Jenesien zur **Jenesier Jöchl-Alm** ④.

Vor der Almhütte biegen wir rechts ab und folgen dem **Jochwaldweg (Nr. 5)**. Bei den Holdertal-Höfen stehen an einem Rinnsal zwei lustige Miniaturwasserräder. Plätscherndes Wasser, auch wenn es nur ein Rinnsal ist, zieht immer magisch an.

Wir bleiben brav auf dem Weg Nr. 5, bis die Fahrer-Höfe erreicht sind. Hier biegen wir rechts in die sehr wenig befahrene Straße **Lanzenweg** ein. Die Sonne scheint uns ins Gesicht, das Kirchlein St. Jakob von

*Das **Jenesier Jöchl** ist eine typische Südtiroler Alm mit Weidetieren. Der Wanderer kann in eine Jausenstation mit almtypischen Gerichten und Brotzeiten einkehren. Von der Sonnenterrasse hat er einen schönen Blick auf die Dolomiten und den Mendelkamm.*

*Die **Kirche St. Jakob auf Langfenn** befindet sich auf einem der höchsten Punkte des Saltens und überragt die rundherum stehenden Lärchenbäume – eine einmalige Lärchenwiesenkulturlandschaft im südlichen Teil des Tschögglbergs.*

Auszeittour 3

St. Jakob auf Langfenn

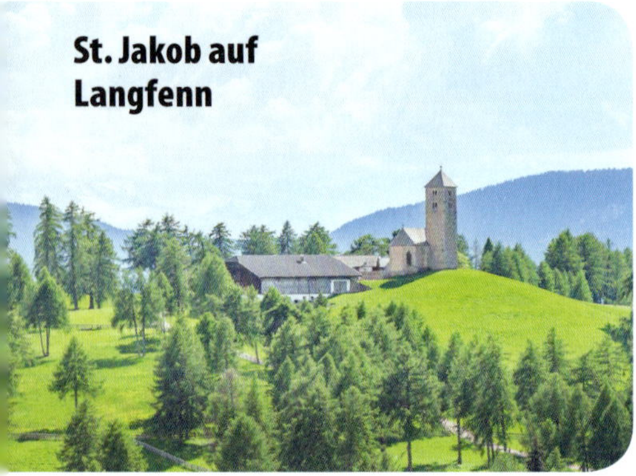

Langfenn lächelt zu uns herauf, über uns türmen sich mächtige Kumuluswolken auf und verleihen dem Himmel Zeichnung. Toll!

Viel zu schnell kommen wir bei unserem Ausgangspunkt auf dem Schermoos-Sattel an. Möglich wäre zum Abschluss noch ein Abstecher von knapp einem Kilometer (einfache Strecke) hinauf zum romanischen **Kirchlein St. Jakob** von **Langfenn** 5. Doch damit ist unsere genuss- und erlebnisreiche Wanderrunde endgültig auch schon wieder vorbei.

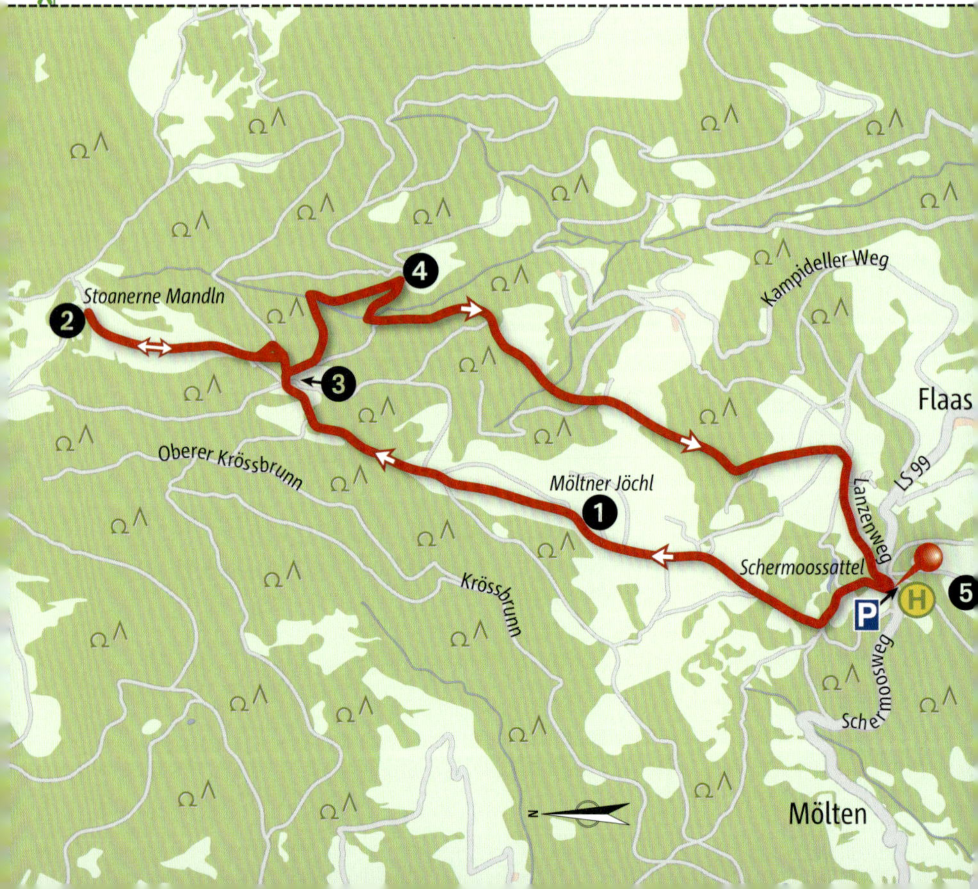

Entspannung ✱✱✱✱✱
Genuss ✱✱✱✱✱
Romantik ✱✱✱✱✱

WIE & WANN:
Almwege, Forststraßen, Waldwege, Nebenstraßen; beste Wanderzeit Ende April bis Oktober. Ende April bis Anfang Mai Krokusblüte zwischen Schermoos und den Stoanernen Mandln

HIN & WEG:
Auto: Parkplatz Schermoos in I-39010 Mölten (GPS: 46.589883, 11.281300)
ÖPNV: Von Jenesien Bus 158 bis Haltestelle Schermoos

ESSEN & ENTSPANNEN:
Möltner Kaser ❸ I-39010 Mölten, Tel. (+39/3 49) 1 24 37 20, www.moeltner-kaser.com
Jenesier Jöchl-Alm ❹ Flaas, Kampideller Weg 22, I-39050 Jenesien, Tel. (+39/3 38) 9 21 32 69

ENTDECKEN & ERLEBEN:
Möltner Jöchl ❶
Stoanerne Mandln ❷ 360° Foto: www.suedtirol-360.com/071
Kirchlein St. Jakob Langfenn ❺

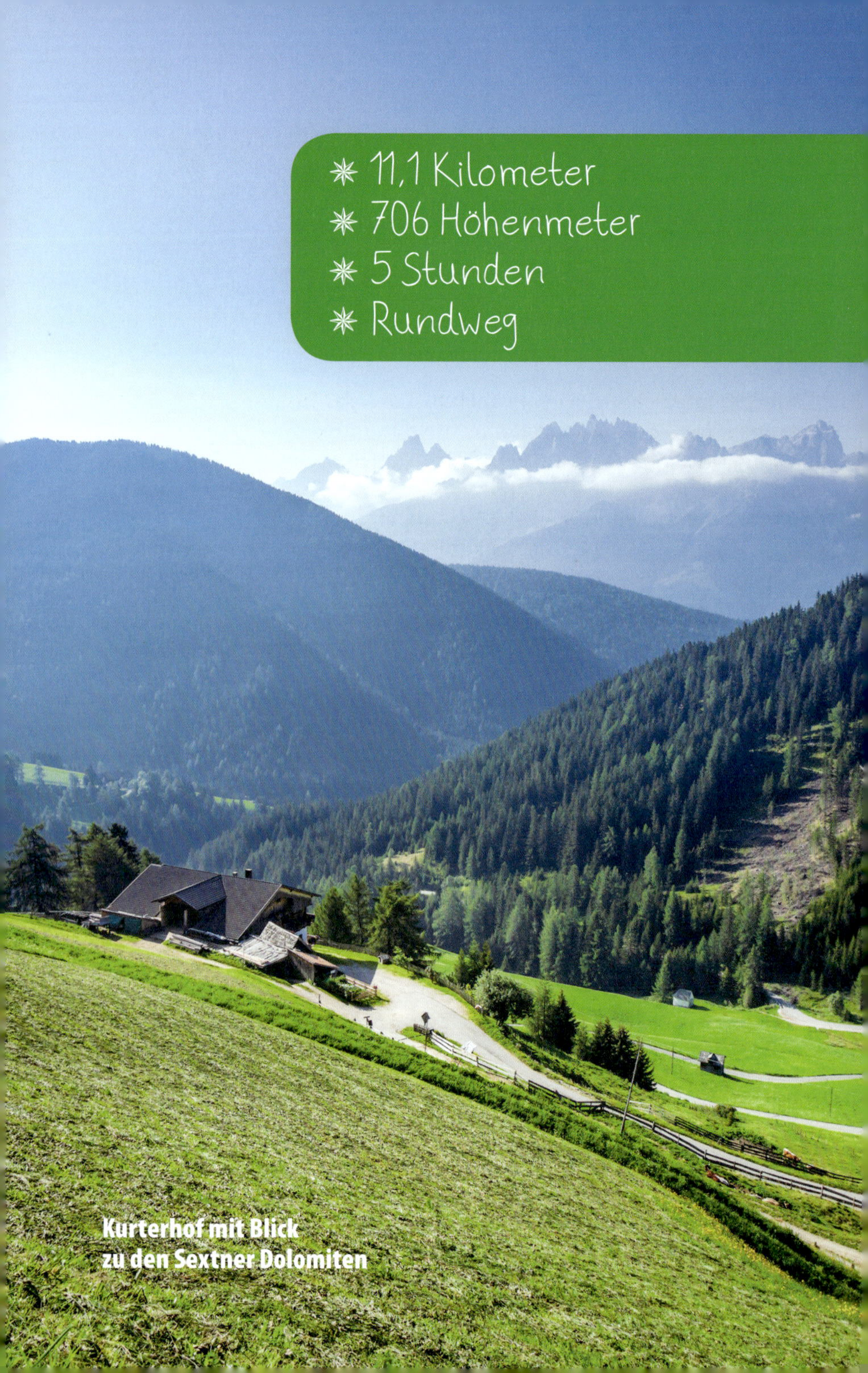

- 11,1 Kilometer
- 706 Höhenmeter
- 5 Stunden
- Rundweg

Kurterhof mit Blick zu den Sextner Dolomiten

Sanfte Bergkuppen

An der Ostflanke des Gsieser Tals

Mit dem Auto fahren wir von Toblach durch das Silvestertal nach Frondeigen bis zum **Gasthaus Kurterhof** auf 1650 Meter Meereshöhe hinauf. Hier steigen wir in den bekannten **Toblacher Höhenweg** ein. Die grüne Bergwiesenkuppe Rosskofel (2165 m) ist unser erstes Etappenziel. Es gilt der Markierung **Nr. 24** zu folgen. Der Blick auf die Sextner Dolomiten mit Dreischusterspitze und Haunold versüßt den Anstieg. In einigen Kehren führt uns zuerst ein Forstweg, dann ein Fußweg empor.

Am Wegesrand verlocken süße Himbeeren zum Naschen. Bald öffnet sich eine freie Graslandschaft – die Wiesen des Flurs Fellazboden, der sich circa 200 Meter vor der Schuier-Alm befindet. Wir wandern nicht zur Alm (Nr. 24 B) hinüber, sondern – nun etwas steiler – rechts die Hangkante hinauf. Dabei leitet uns weiterhin die Markierung des **Toblacher Höhenwegs** und somit von Steig **Nr. 24**.

Der aufsteigende Almwiesenweg führt uns auf das flache **Plankner Ridl**, laut Kompass-Karte: Stacher Riedl. Wie auch immer, zu unserer Linken zieht sich ein breiter, begraster Bergkamm Richtung Gsieser Tal. Diesen Abstecher wollen wir uns nicht nehmen lassen. Wir biegen vom Toblacher Höhenweg links ab und marschieren, einigen **weiß-gelb-schwarzen Markierungen** folgend, hinaus bis zum **Riedler Kreuz** ❶ auf dem Stacherriedl (auch **Rosskofel** oder **Rosskogel**). Hier ist das Ende des besagten Bergkamms erreicht, uns bietet sich ein schöner Rundumblick auf die Bergwelt des Pustertals. Westlich verläuft von Nord nach Süd das

*Der familiengeführte **Gasthof Kurterhof** ist bekannt für seine Tiroler Gerichte, seine traditionellen Berggasthaus-Stuben und den wunderbaren Blick auf Toblach und die Dolomiten. Einkehren vor oder nach einer Wanderung ist somit Pflicht!*

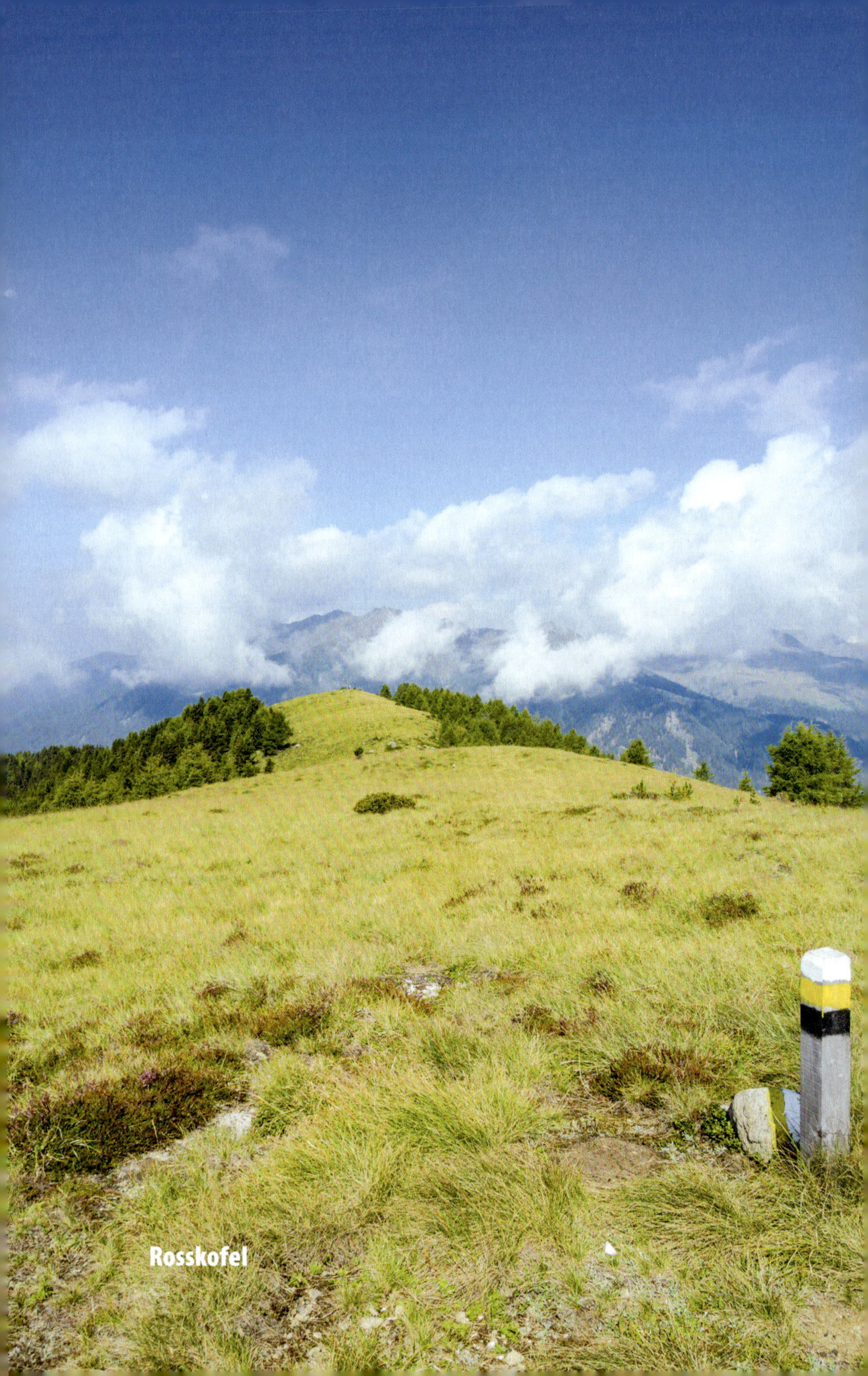

Rosskofel

Für die Seele

Sanfte Bergkuppen, grasige Bergkämme – hier ist alles sanft und rund.

Gsieser Tal. Sein Talboden ist nur teilweise zu sehen. In nordöstlicher Richtung blicken wir hinauf zu den Gipfeln Golfen und Hochhorn. Letzteres ist ein beliebtes Ziel für Bergwanderer, die von Frondeigen aus starten, aber lieber eine deftige Bergtour machen möchten.

Wir wollen es viel geruhsamer angehen. Darum kehren wir zurück zum **Plankner Ridl** und folgen dort nicht dem Toblacher Höhenweg Nr. 24, sondern dem **Steig Nr. 43**. Gemütlich wandern wir, am Übergang von Wald zu Wiesen in einem Bogen absteigend, hinunter zur **Oberen Stacher-Alm** ❷.

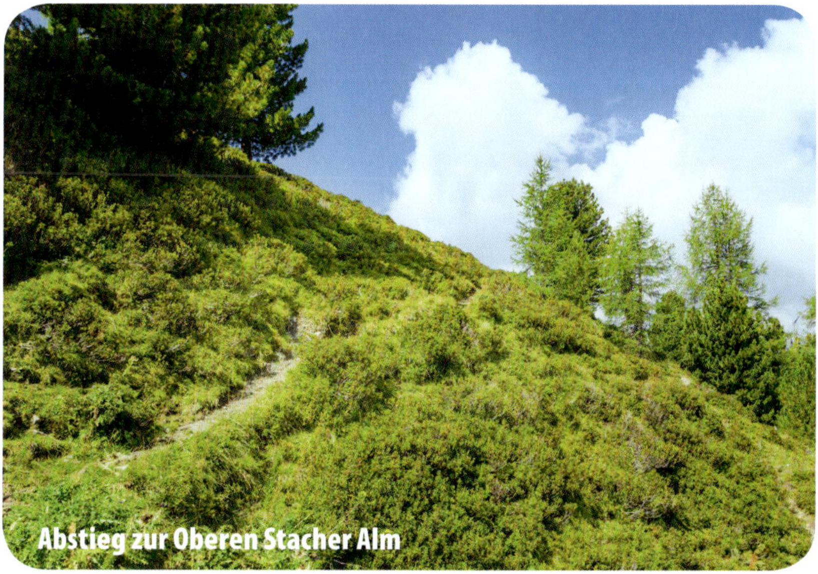

Abstieg zur Oberen Stacher Alm

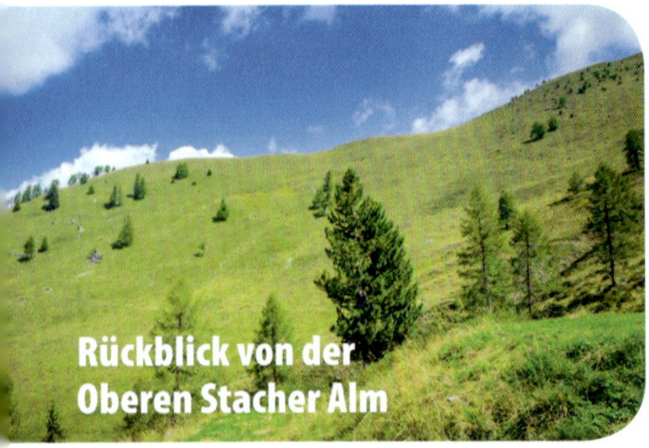

Rückblick von der Oberen Stacher Alm

Ab jetzt ist es ein Forstweg, immer noch mit der Markierung 43, der uns für circa 850 Meter leitet. An einer Wegkreuzung biegen wir rechts ab zum **Stacherbach**, überqueren ihn und marschieren weiter bis zur **Stacherberg-Alm ③**. Das ist zwar wiederum ein Abstecher, aber wir wollen uns die schön gelegene Alm nicht entgehen lassen. Sie ist nicht bewirtschaftet, doch mit entsprechender Verpflegung im Rucksack spielt das keine Rolle.

Nach diesem Abstecher heißt es zurückkehren auf den Forstweg **Nr. 43** und ihm Richtung Westen folgen. So können wir bald zurück auf die von uns gerade besuchte Stacherberg-Alm blicken.

Der Weg führt uns, leicht an Höhe verlierend, gegen den Uhrzeiger an bewaldeten Hängen um den Rosskofel herum. Zuerst geben die Bäume nur ab und zu die Sicht auf das Gsieser Tal frei. Doch plötzlich ist

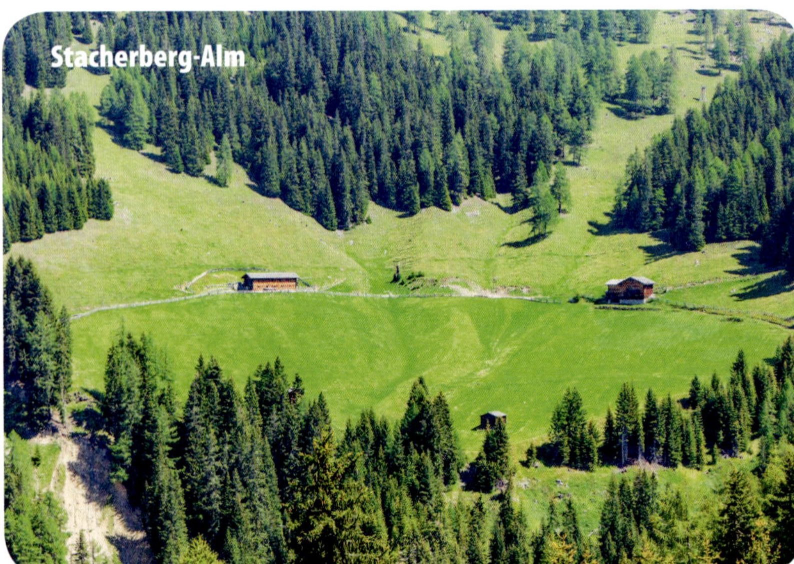

Stacherberg-Alm

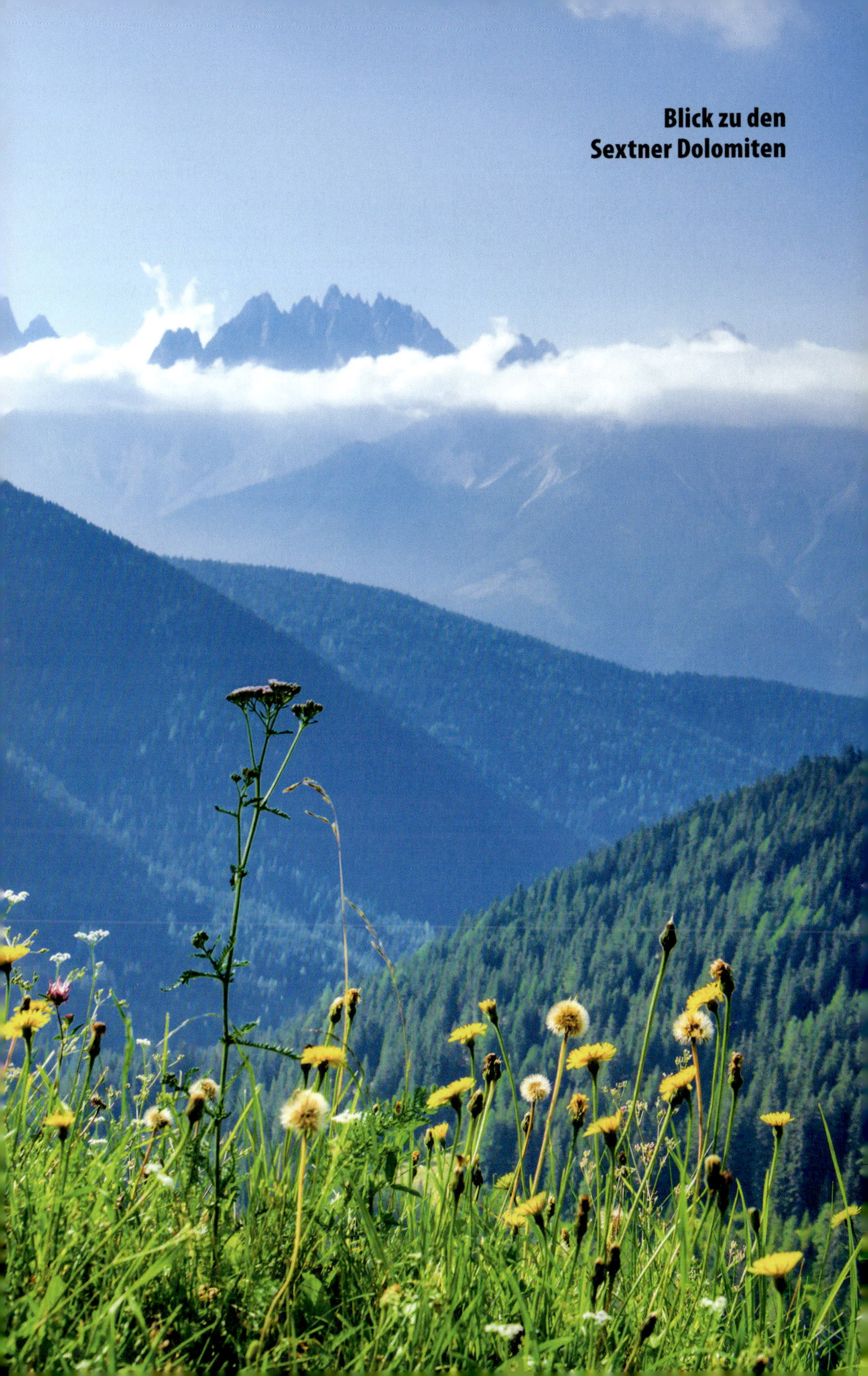

Blick zu den
Sextner Dolomiten

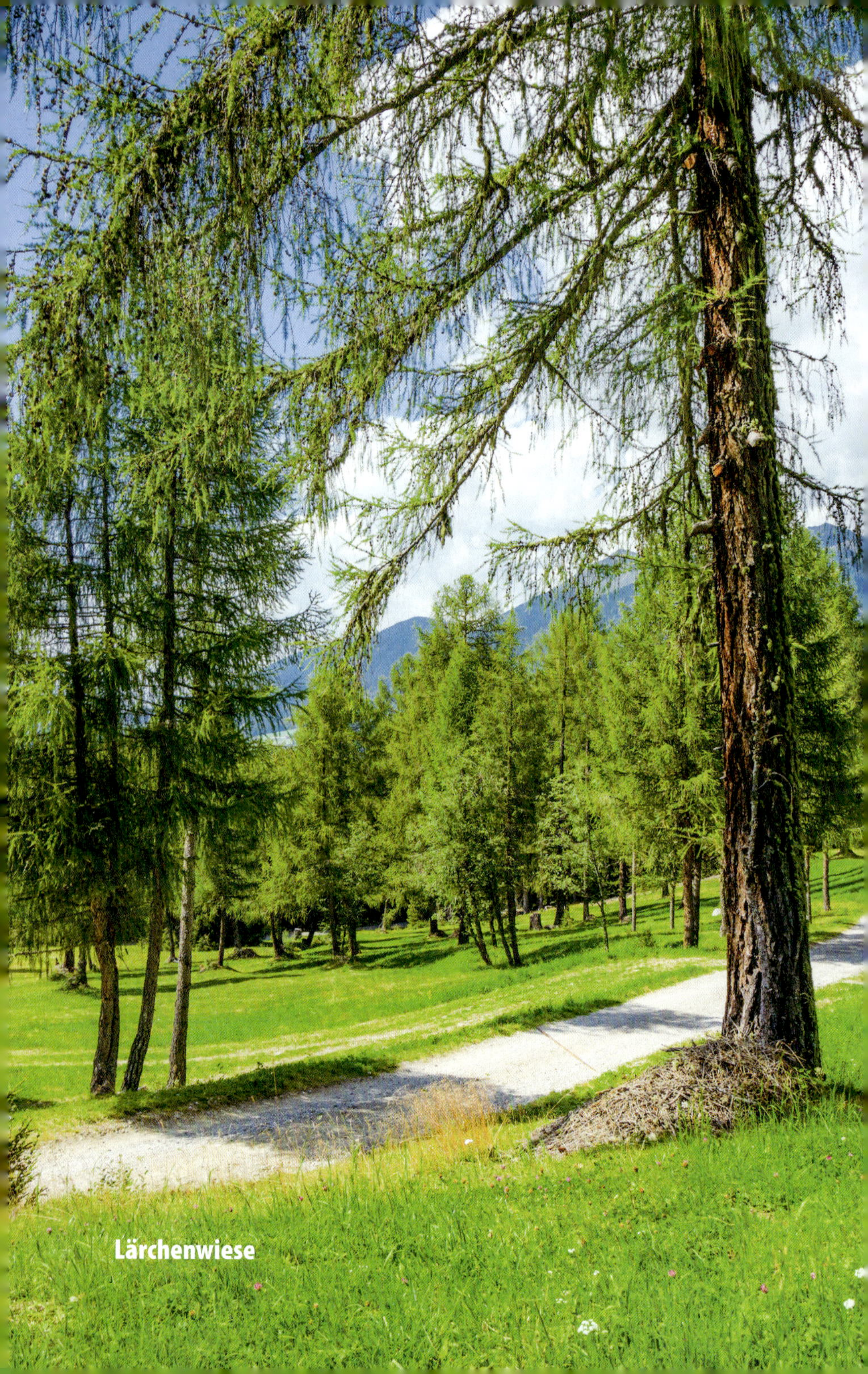

Lärchenwiese

es doch so weit: Wir dürfen einen Blick auf dieses wunderschöne Fleckchen Erde werfen. Gsies mit St. Nikolaus in Pichl schaut zu uns herauf. Das breite grüne Tal mit seinen Streuhöfen und kleinen Ortschaften strahlt sanfte Ruhe aus. Eingebettet in dunkelgrüne Waldhänge zieht es sich scheinbar bis zum Horizont, dahinter erhebt sich der beliebteste aller Südtiroler Skiberge, der Kronplatz. Er ist mit seinen Liftanlagen leicht mit bloßem Auge auszumachen. Links davon blicken uns die Dolomitenberge des Naturparks Fanes-Sennes-Prags entgegen. Traumhaft!

An einer Kreuzung biegt der Weg Nr. 43 nach rechts hinunter. Wir machen das nicht mit, sondern wandern geradeaus weiter, queren den Finsterbach. Alsdann marschieren wir auf dem Forstweg **Stadlwiesen–Finsterbach** weiter (zuerst Wanderweg **Nr. 91**, dann **60 A**, dann **60**), der uns zu unserem Ausgangspunkt nach Frondeigen zurückbringen wird. Eine wunder-

Lärchenwiesen *sind durch selektives Auslichten von Wäldern entstanden: Nur die Lärchen blieben stehen. Der Mensch erhält so Brennholz, aber auch Mähwiesen. Lärchenwiesen sind ökologisch wertvoll und landschaftlich reizvoll. Ihr Erhalt wird vom Land Südtirol gefördert.*

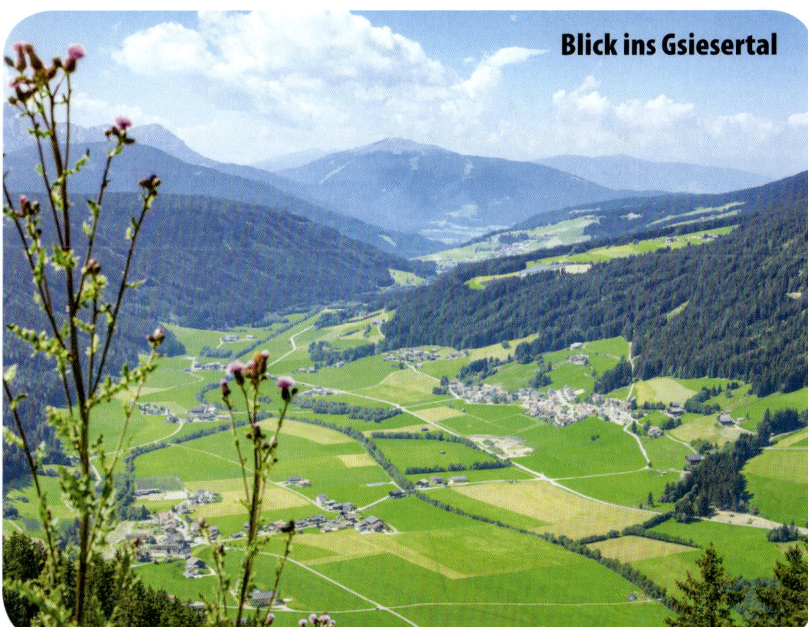

Blick ins Gsiesertal

Auszeittour 4

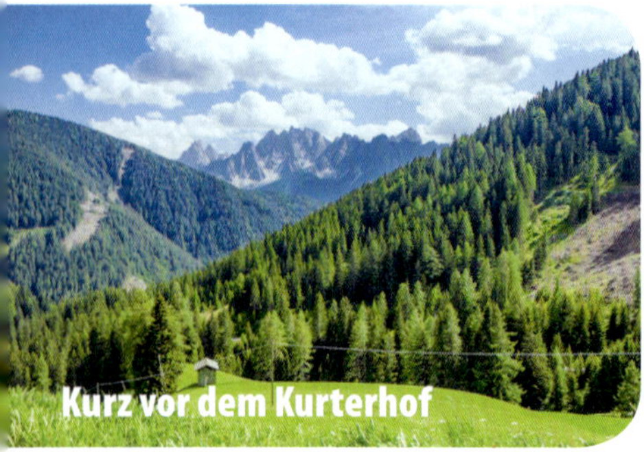

schöne **Lärchenwiese** ❹ überrascht uns. Vereinzelte Schupfen (Heuschober) stehen unter Solitärlärchen. Diese herrliche Kulturlandschaft lädt zum Verweilen ein. Wir halten an und genießen bei ein, zwei Schlucken Wasser die Landschaft. Margeriten, Silberdisteln, Preiselbeeren und andere Blumen, Kräuter und Beeren wachsen auf der Almwiese und an ihrem Rand.

Nun ist es bis Frondeigen nicht mehr weit. Nach links zweigt ein ausgetretener Pfad ab. Der quert eine Wiese und trifft dann direkt auf den **Gasthof Kurterhof** ❺, von dem wir gestartet sind.

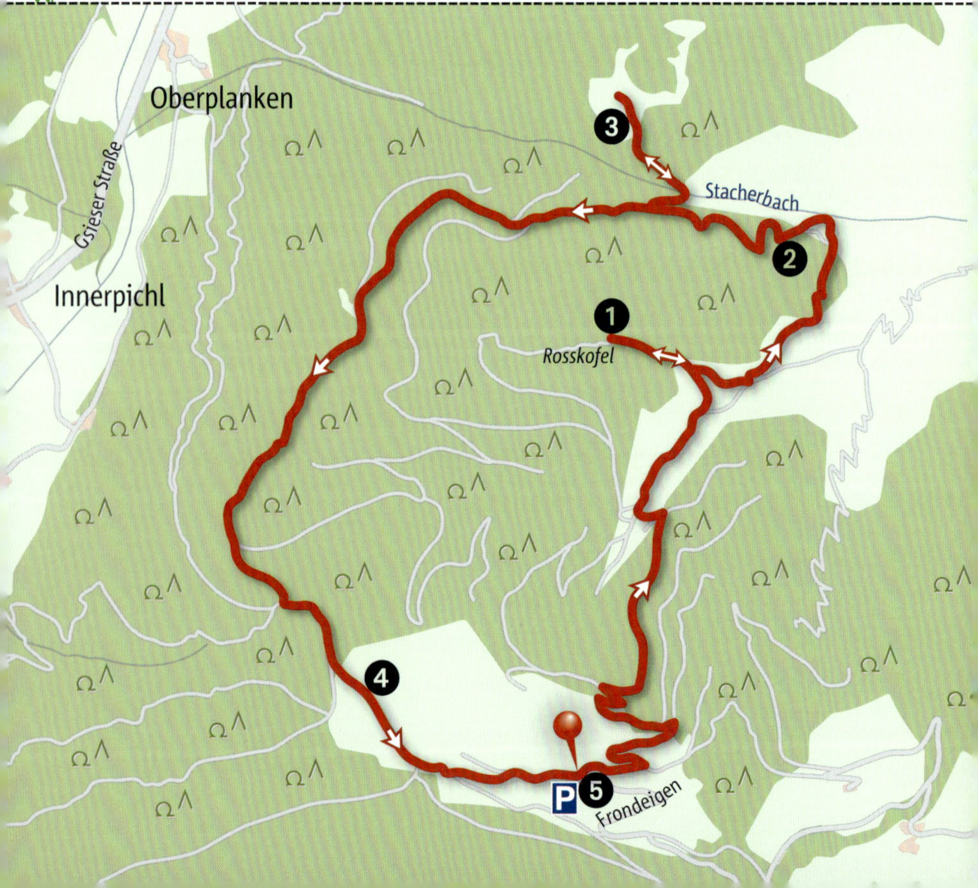

Entspannung ★★★★★

Genuss ★★★☆☆

Romantik ★★★☆☆

WIE & WANN:
Forststraßen, Almsteige und -wege;
beste Wanderzeit Ende Juni bis Oktober

HIN & WEG:
Auto: Von Toblach nach Frondeigen bis zum Gasthof Kurterhof, Frondeigen 2, I-39034 Toblach (GPS: 46.763733, 12.230050)
ÖPNV: Keine Anbindung

ESSEN & ENTSPANNEN:
Gasthof Kurterhof ❺ Frondeigen 2, I-39034 Toblach, Tel. (+39/04 74) 97 90 93

ENTDECKEN & ERLEBEN:
Riedler Kreuz ❶ 360°-Foto: www.suedtirol-360.com/081
Obere Stacher-Alm ❷
Stacherberg-Alm ❸
Lärchenwiese ❹ 360°-Foto: www.suedtirol-360.com/082

Dolomitenblick

- 13,9 Kilometer
- 749 Höhenmeter
- 5,5 Stunden
- Rundweg

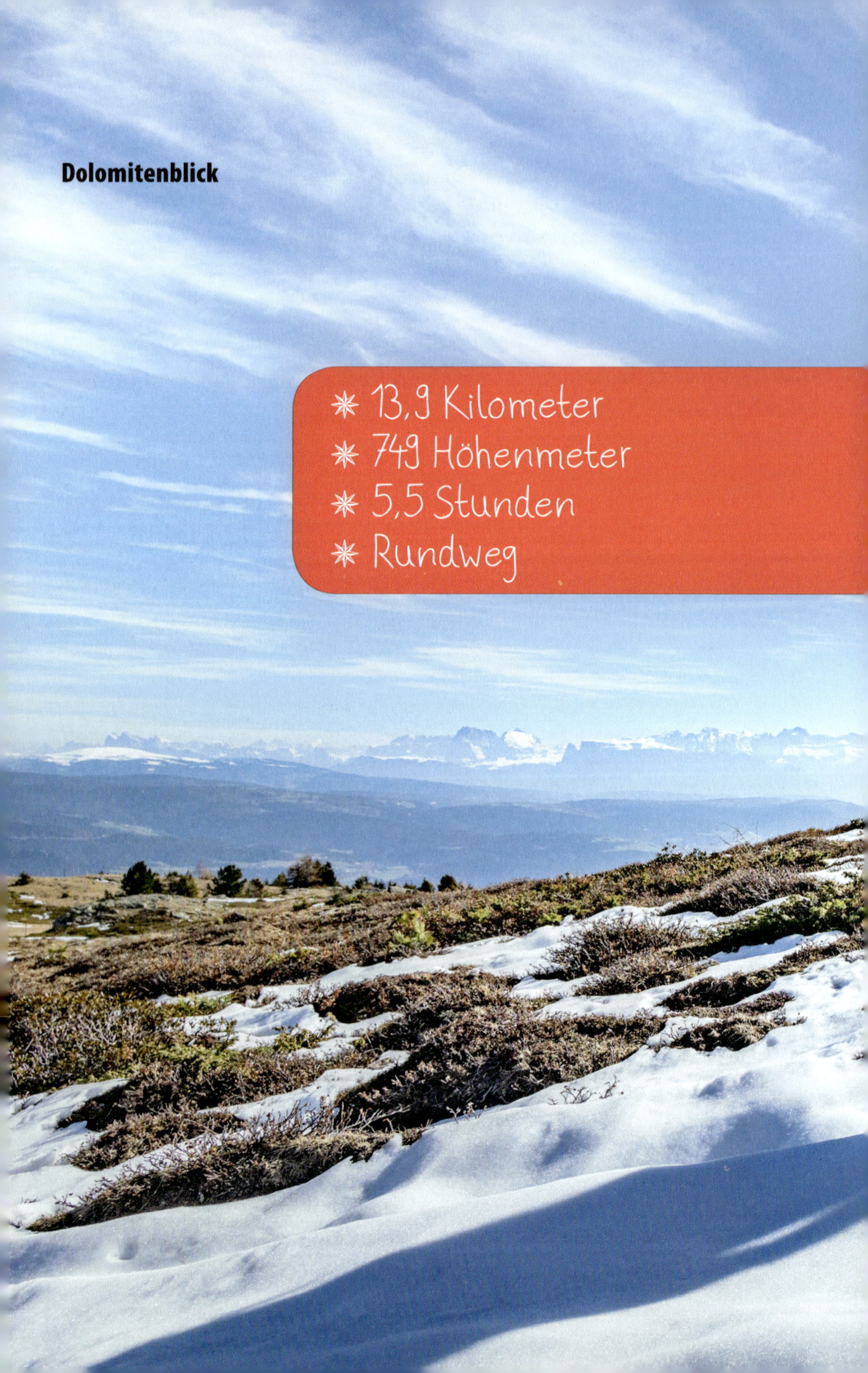

In 7 Minuten hievt uns die **Panoramaseilbahn** Aschbach von Rabland (522 m) hinauf zum idyllischen Bergdorf **Aschbach** (1349 m). Begleitet von den ersten Sonnenstrahlen nehmen wir vom Ausgang der Seilbahn die Asphaltstraße nach links und wandern nach wenigen Schritten, ihrer Rechtskehre folgend, ober-

Unverhoffter Blick

Naturnser Alm und Vigiljoch

halb des Aschbacher Häuserkerns hoch. Ein Blick über die Kirchturmspitze zu den mächtigen Bergspitzen der Ortler-Alpen muss reichen, denn nach 400 Metern verlassen wir den aussichtsreichen Verkehrsweg, treten links in schattigen Wald ein und folgen dem Wegweiser Richtung **Naturnser Alm**. Es ist zuerst der Wandersteig **Nr. 28**, dann, nach einer Abzweigung nach rechts, der Steig **Nr. 27**, der uns in angenehmer, konstanter Steigung bis zur **Naturnser Alm** **1** hinaufleitet.

„1922 m" steht auf einem Holzschild, das mit einem Tannenzweig, einem Enzian und einem Edelweiß verziert ist. Es prangt über der Eingangstür der Alm. Wir treten nicht ein, sondern lassen uns auf der großen Panoramaterrasse nieder und genießen einen Kaffee mit Strudel. Ein klein wenig „Sünde" darf heute schon sein.

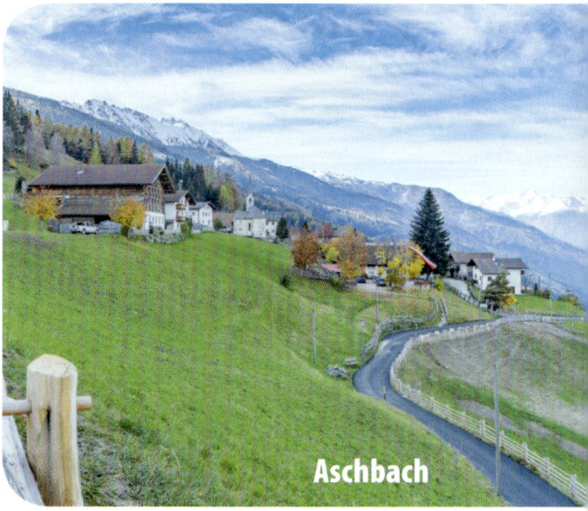
Aschbach

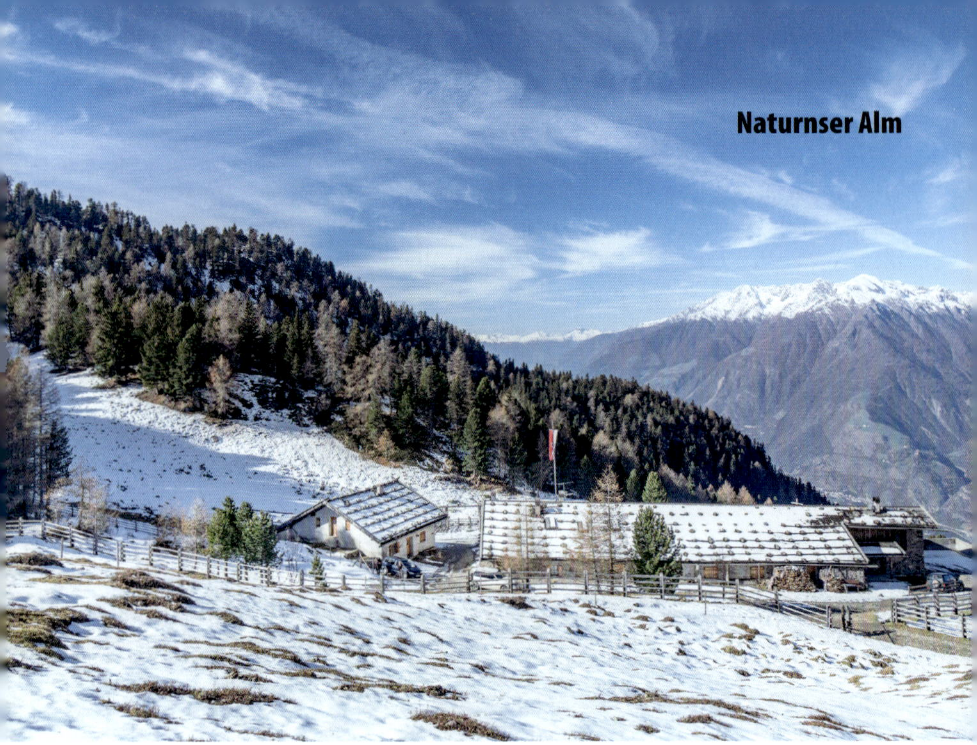

Im Umfeld der ***Naturnser Alm*** *öffnet sich ein fantastischer Blick hinüber auf die Bergwelt des Schnalstals und die Gipfel der* ***Ötztaler Alpen****.*

Nächstes Ziel sind die Naturnser Böden. Die sind leider nicht beschildert. Wir wandern hinter der Naturnser Almhütte dem Wegweiser **Nr. 9 B** folgend durch ein Waldstück zu einem Wiesenrücken hinauf. Der sanfte Wiesenhügel wird von den Einheimischen als **Naturnser Böden** ❷ bezeichnet. Er hat es auch ohne markante Beschilderung in sich!

Ein herrlicher Rundumblick erschließt sich uns: im Westen die traumhaften Dolomiten, darunter im Vordergrund das Etschtal, nach rechts der steil abfallende Gantkofel, dann der Laugen und die Ulterner Bergwelt. Hinter uns erhebt sich das Naturnser Hochjoch, dann sehen wir den Vinschgau, anschließend den Eingang ins Schnalstal. Weiter nach rechts schließen die Texelgruppe und die Sarntaler Alpen die 360-Grad-Runde.

Obwohl recht weit entfernt, ziehen uns die weltbekannten „bleichen Berge“, die Dolomiten, in ihren magischen Bann. Da passt es gut, dass Mittag ist und wir eh vorhatten, eine Mittagspause zu halten. Die

Dolomiten sind weder die größten noch die höchsten Berge Südtirols, dennoch sind sie aufgrund ihrer bizarren Formen und der bleichen Farben die unbestrittenen Könige unter ihnen. Neben ihnen kann kein anderes Bergmotiv bestehen, auch wenn es um Kilometer näher liegt.

Für die Seele

Auf den Naturnser Böden stehen wir plötzlich staunend inmitten eines 360-Grad-Bergpanoramas par excellence.

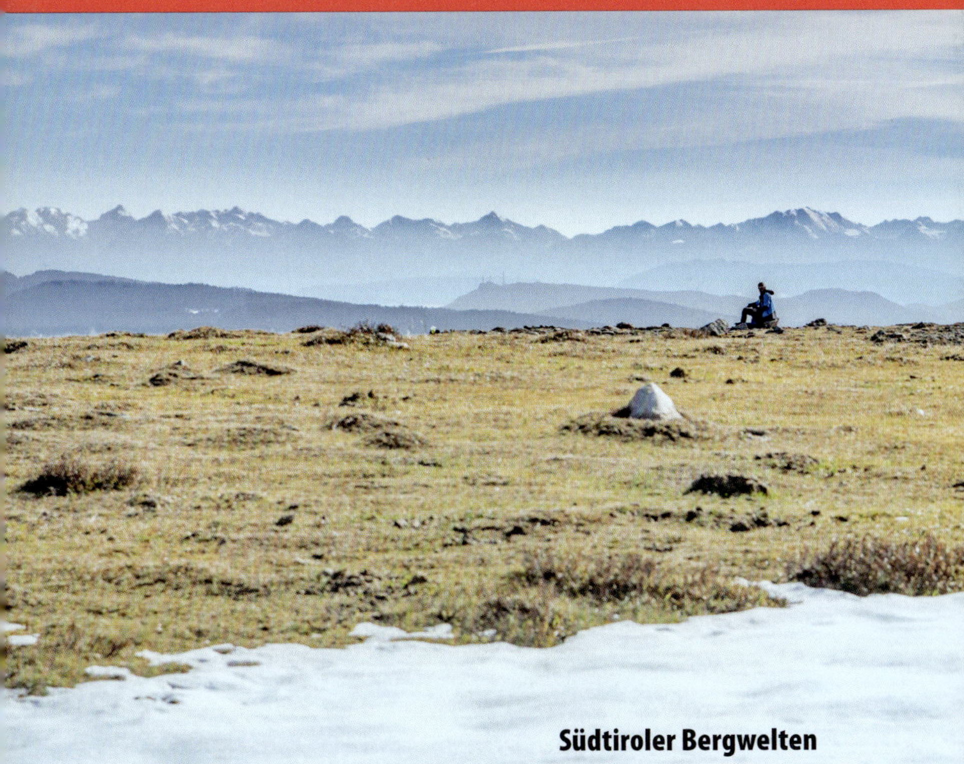

Südtiroler Bergwelten

Die **Kirche St. Vigil am Joch** *(1793 m) ist eine römisch-katholische Kirche, die dem heiligen Vigilius geweiht ist. Erbaut wurde sie an der Stelle eines heidnischen Kultplatzes, was für die kulturhistorische Bedeutung des Vigiljochs spricht.*

Die Mittagsjause aus dem Rucksack ist verzehrt, Körper und Seele gestärkt, das Vigiljoch wartet. Dafür marschieren wir über die Wiesenkuppe auf dem Wanderweg Nr. 9 B Richtung Süden weiter und erreichen eine Kreuzung mit Wegweisern. Bevor wir scharf nach links abbiegen, machen wir auf Weg **Nr. 9** noch einen wenige Hundert Meter langen Abstecher hinüber zum **Martscheinberg**, wo die Geländekante hinunter ins Ultental abbricht.

Ein herrliches **Feuchtgebiet** ③ beeindruckt hier mit Strukturen und Formen, die das Herz eines jeden Fotografen höherschlagen lassen. Wow! Der Blick flach über den Wasserlauf des Moors hinaus über die Geländekante nimmt wieder die circa 40 Kilometer entfernten Dolomiten ins Visier. Richtung Süden schauen uns der Kleine und Große Laugen entgegen, zwei beliebte Aussichtsberge.

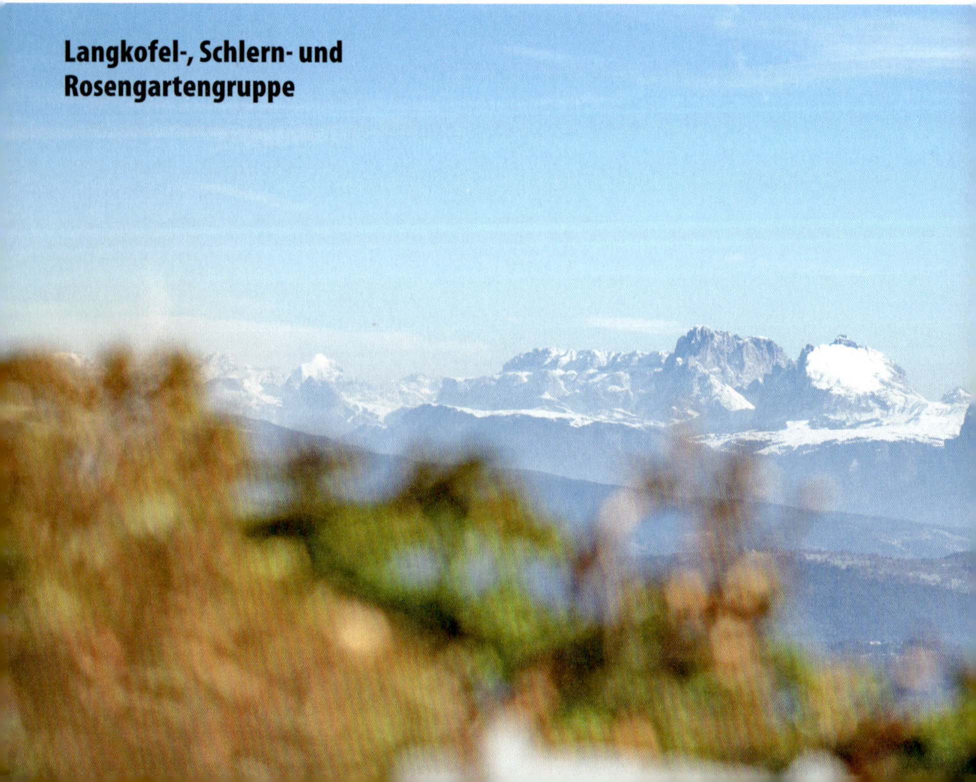

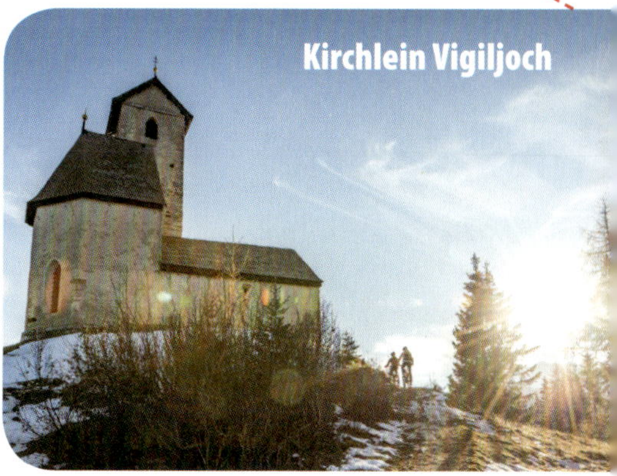

Nach derart viel Bildgewalt müssen wir nun die wenigen Hundert Meter zurück zur Wegkreuzung. Auf dem **Alpenrosenweg**, an der Ostflanke des Rauhen Bichls entlang, nimmt uns eine Waldlandschaft auf. So marschieren wir in Richtung **Vigiljoch**, folgen brav den Wegweisern und kommen auf eine Forststraße, der wir gemütlich bis zu dem beliebten Ausflugsziel der Burggräfler folgen.

Mit der idyllischen einsamen Naturherrlichkeit rund um die Naturnser Böden kann das **Vigiljoch** zwar nicht mithalten, trotzdem freuen wir uns auf die kurze Rast in der Sonne, direkt am **Kirchlein St. Vigil am Joch** ❹.

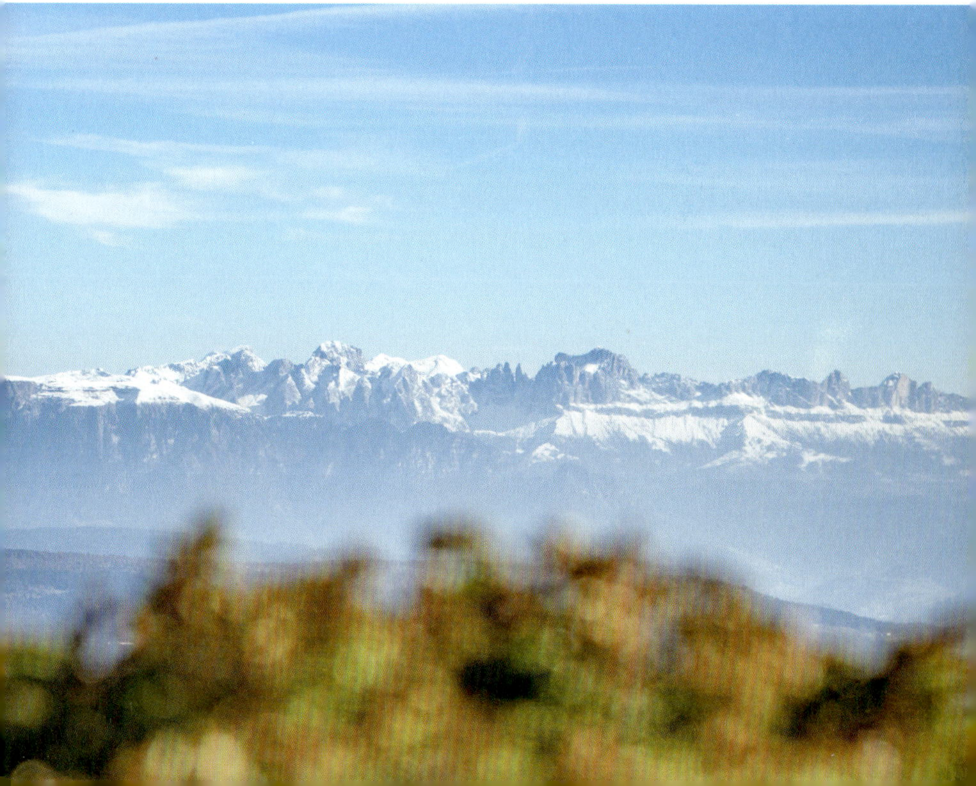

Panoramatour 5

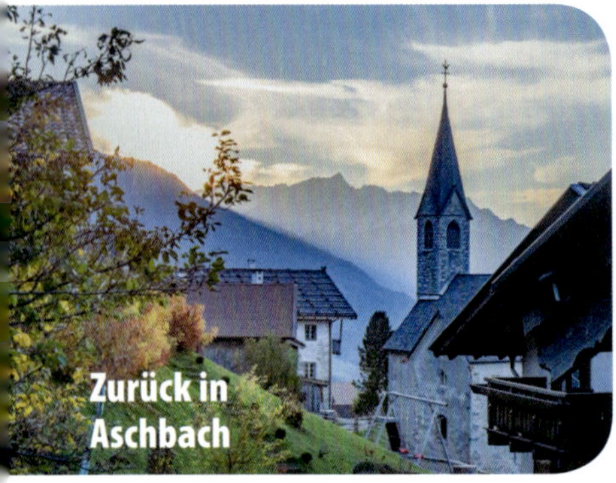

Zurück in Aschbach

Vom Kirchlein auf der Wiesenkuppe führt der **Glaubensweg** circa 1 Kilometer, vorbei am **ehemaligen Gasthaus Seehof**, zur **Schwarzen Lacke** (beschildert) hinüber. Die **Schwarze Lacke** **5** ist ein Biotop mit See und einer Einkehrmöglichkeit mit kleinem Spielplatz, dem **Gasthaus Seespitz** **6**.

Von hier aus bringt uns der Wandersteig **Nr. 28 A** die 2,5 Kilometer hinunter zu unserem Ausgangspunkt nach **Aschbach**, wo gerade die letzten Sonnenstrahlen den Vinschgau gelborange aufleuchten lassen, bevor er in dunkles Blau abtaucht.

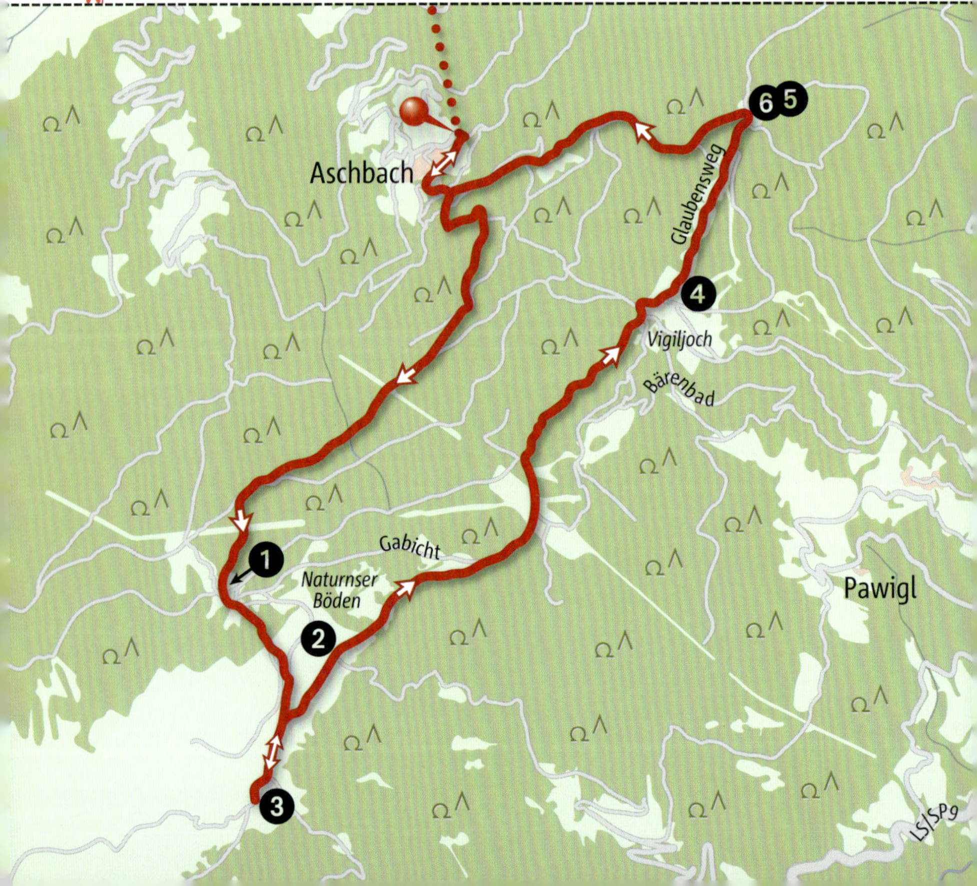

Alles auf einen Blick

WIE & WANN:
Wald- und Almwege; beste Wanderzeit von Mai bis November, aber auch im Winter mit Schneeschuhen möglich

Entspannung ★★★★★
Genuss ★★★☆☆
Romantik ★★★★☆

HIN & WEG:
Auto: Parkplatz Talstation Seilbahn Aschbach in Saring, Rabland, I-39020 Partschins (GPS: 46.6646532, 11.0676542)
ÖPNV: Bahn oder Bus bis Bahnhof Rabland; von dort Seilbahn nach Aschbach

ESSEN & ENTSPANNEN:
Naturnser Alm ❶ Nörderberg, I-39025 Naturns, Tel. (+39/3 28) 4 34 66 59
Gasthaus Seespitz ❻ Vigiljoch 13, I-39020 Marling, Tel. (+39/04 73) 56 29 55

ENTDECKEN & ERLEBEN:
Naturnser Böden ❷ 360°-Foto: www.suedtirol-360.com/011
Feuchtgebiet auf dem Martscheinberg ❸ 360°-Foto: www.suedtirol-360.com/012
Kirchlein St. Vigil am Joch ❹
Schwarze Lacke (Biotop mit See) ❺

Villanderer Alm

- 10,9 Kilometer
- 832 Höhenmeter
- 6 Stunden
- Rundweg

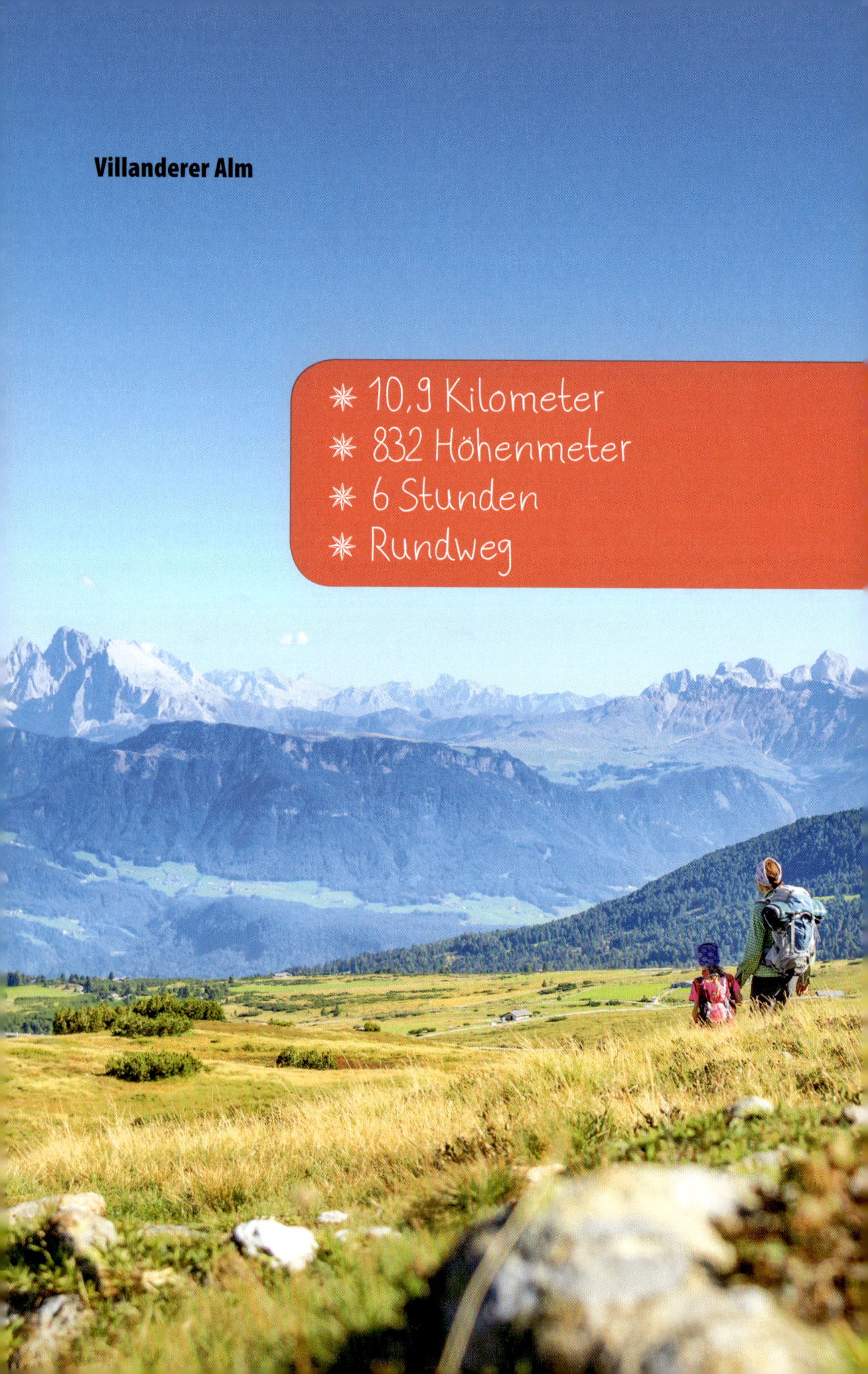

Vom Mittelpunkt Südtirols, der Talstation der Seilbahnen Reinswald im Sarntal, marschieren wir südöstlich flach den **Rundweg zum Toten** zu den **Reinswalder Mühlen** hinein. Es ist gleichzeitig der Kinder-Themenweg **Urlesteig**. Die zwei Mühlenhäuschen sind bald erreicht. Daneben gibt es eine Einkehrmöglichkeit, den

Sarner Ausblicke

Seebergseen und Villanderer Alm

Almschank Reinswalder Mühlen 1, und viel Platz zum Spielen für Kinder.

Vor einer Hütte liegt Mehl. Die Tür knirscht beim Öffnen. Wow, eine echte Mühle. Ein Wasserrad, zwei Mühlsteine, Mehlreste – alles da. Toll!

Die Mühlen-Attraktion hilft uns, Anna vom Urlesteig abzulenken. Sie war von dessen Stationen fast nicht loszueisen. Wir müssen nämlich jetzt den Urlesteig, der nach Norden führt, verlassen und dem **Mühlenweg** entlang des Getrumbachs abwärts nach Süden bis zum **Binderhof** folgen. Unser Vorhaben ist, den **Rundweg zum Toten** gegen den Uhrzeiger zu begehen.

Meckernde Zwergziegen beim Bindergütl-Hof – und schon ist der Urlesteig vergessen. Geht doch!

Jetzt heißt es einen sehr steilen, durch dichten Wald verlaufenden Steig emporstei-

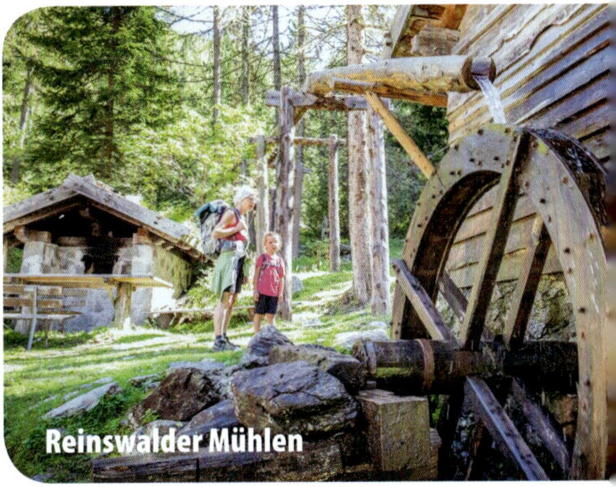

Reinswalder Mühlen

Auf dem „Rundweg zum Toten"

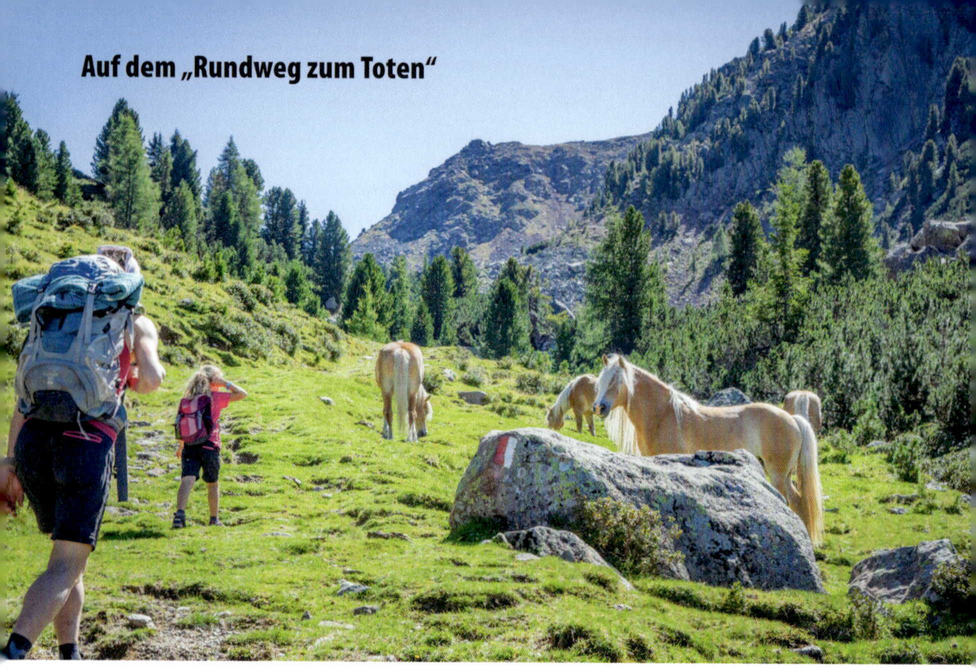

gen. Buh, das ist richtig anstrengend! Einen, nein zwei Gänge müssen wir zurückschalten.

Endlich erreichen wir eine querende Forststraße. Hier heißt es höllisch aufpassen, um den als Rundweg zum Toten markierten Steig nicht zu verfehlen – gibt es doch in dieser Gegend einige breite Waldwege, die als Sackgasse enden.

Die Landschaft öffnet sich, Kuhglocken bimmeln, die **Gschwendt-Alm** breitet sich vor uns aus. Wir dürfen die saftige Almwiese queren, schreiten anschließend einige Hundert Meter weiter und blicken urplötzlich in die großen Augen von vier Blonden. Es sind Haflinger Pferde. Die schönen Tiere schauen uns kurz neugierig an, zupfen dann seelenruhig weiter am würzigen Almgras.

10 Minuten nach der Pferdebegegnung wird der Steig schließlich flacher und das **Gschwendtnerjöchl** ❷ auf 2083 Meter Höhe ist erreicht. Die Strapazen des deftigen Anstiegs liegen hinter uns, als Belohnung dürfen wir uns an drei Bergseen erfreuen: dem **Schwarzen See**, dem **Blauen See** und dem **Grünen See**, oft **Seebergseen** ❸ genannt.

Die drei Gewässer werden links von Latschen, im Hintergrund durch die Alm „Moar in Ums“ und rechts durch ein braunes Moorgebiet begrenzt. Über dem Moor auf der Seeberg-Alm grasen einige Kühe. Darüber auf einem Joch unterbricht ein klitzekleines Kapellchen die Gelände-Silhouette. Es ist das Totenkirchl.

Für die Seele

Bei den Seebergseen – wo Natur noch Natur sein darf – fühlen auch wir uns verbunden mit der Natur.

Vorbei an den Seen, treffen wir auf einen Stolleneingang, aus dem erzhaltiges Wasser rinnt. Die wenigen Höhenmeter zur **Seeberg-Alm** sind schnell geschafft. Unser nächstes Ziel, das **Totenkirchl** ④, liegt direkt vor unseren Augen. Schwitzend, aber glücklich,

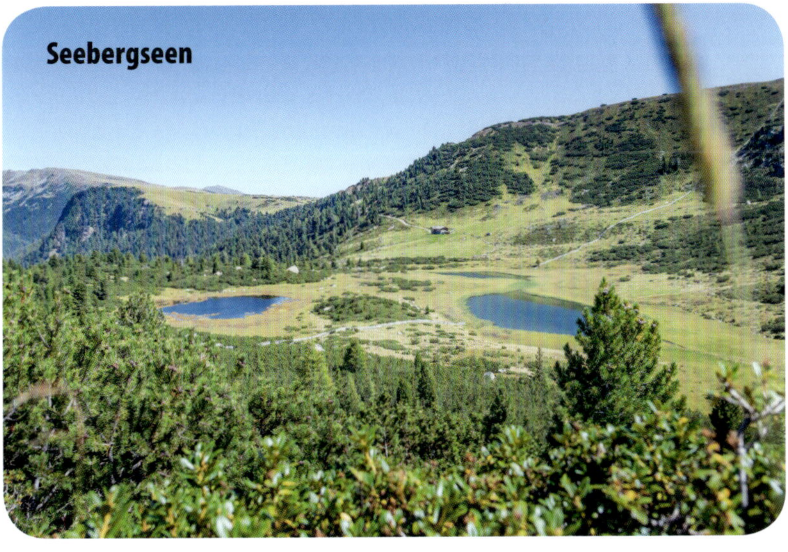
Seebergseen

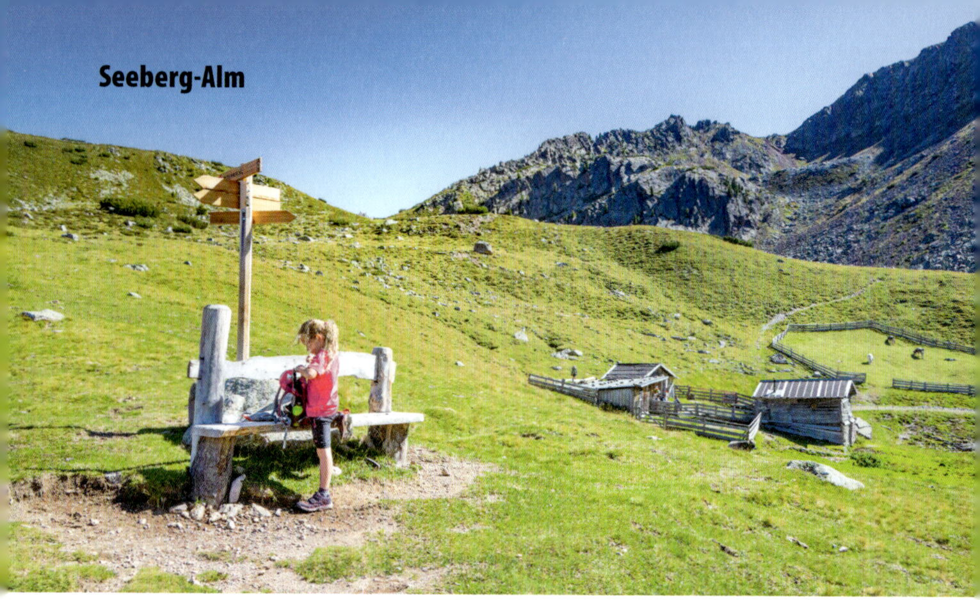

*Das **Totenkirchl** wurde wahrscheinlich von Bergknappen errichtet, die bis ins 16. Jahrhundert auf der Sarner Seite ein Bergwerk betrieben. Der Name geht wohl auf Villanderer zurück, die sich in der letzten Pestepidemie hierher zurückgezogen haben sollen.*

schaffen wir auch das letzte Stückchen Weg und haben so fast 1000 Höhenmeter bewältigt.

Im Inneren der Kapelle wacht ein mächtiger Christus über unzählige Sterbebildchen. Aber die eigentliche Attraktion ist die Rundsicht draußen.

Wir sind restlos begeistert! Vor unseren Füßen breitet sich die weitläufige **Villanderer Alm** aus, am Horizont ragen die bleichen Gipfel der Dolomiten-Granden auf: Von links nach rechts reihen sich die Peitlerkofelgruppe, im Hintergrund die Heiligkreuzkofelgruppe, die Geislerspitzen, im tiefen Hintergrund der König der Dolomiten, der Antelao, der Thron der Götter, der Pelmo. Weiter geht es mit der Puezgruppe, dem Sellastock, dem Langkofel, dem Plattkofel, dann der Königin der Dolomiten, der Marmolata, schließlich dem Schlern, der Rosengartengruppe und dem zerklüfteten Latemar.

In Anbetracht von so viel Bergwelt schauen wir auf der nun folgenden Wegstrecke ständig nach rechts. Es geht auf dem Totenrücken Richtung Norden zum **Prackfiederer Jöchl**. Der Pfad **Nr. 16** ist auf der Almwiese nicht immer gut erkennbar, die weiß-roten Markierungen muss man gelegentlich suchen. Doch wenn wir immer auf dem Bergrücken bleiben, stimmt unser Kurs bis zur **Prackfiederer Alm**.

Leider heißt es nun vom wundervollen Dolomitenblick Abschied nehmen. Der Abstieg links hinunter über den **Kreuzweg Herz Jesu** nach **Reinswald** steht bevor. Der Steig ist gut beschildert und aufgrund der Kreuzwegstationen nicht zu verfehlen.

Teilweise steil geht es hinab. Eine kleine Holzbrücke führt über den **Knappenbach**, dahinter treffen wir auf den **Rundweg zum Toten** und nach insgesamt 40 Minuten Abstieg auf den **Getrumbach**, dem wir in Fließrichtung folgen.

Bei einer größeren **Kreuzwegstation** biegen wir über eine Holzstammbrücke links ab und folgen nun nicht mehr dem Kreuzweg, sondern dem **Rundweg zum Toten**. Dieser birgt für Anna einige Überraschungen! Es ist zugleich der **Urlesteig** ⑤, der beliebte Sarner Themensteig für Kinder.

Wow, die Stationen „Unwetter", „Balance" und „Erlebnis Wildbach" begeistern. Letztere ist eine Konstruktion aus einem ausgehöhlten Baumstamm, die wie eine Brücke über dem Getrumbach schwebt. Anna darf hineinkriechen und so dem Rauschen des Baches aus einer ungewöhnlichen Position von oben lauschen.

Bei der nächsten Attraktion, einem großartigen Baumhaus, lässt sich Anna nicht lang bitten. Sie klettert

*Der Naturerlebnisweg **Urlesteig** besteht aus sechs Abschnitten: Wasser, Geschichte und Kultur, Naturgewalten, Tiere, Pflanzen und Almwiese. Wir berühren gegen Ende der Wanderung die Abschnitte Naturgewalten und (wie bereits am Beginn) Almwiese.*

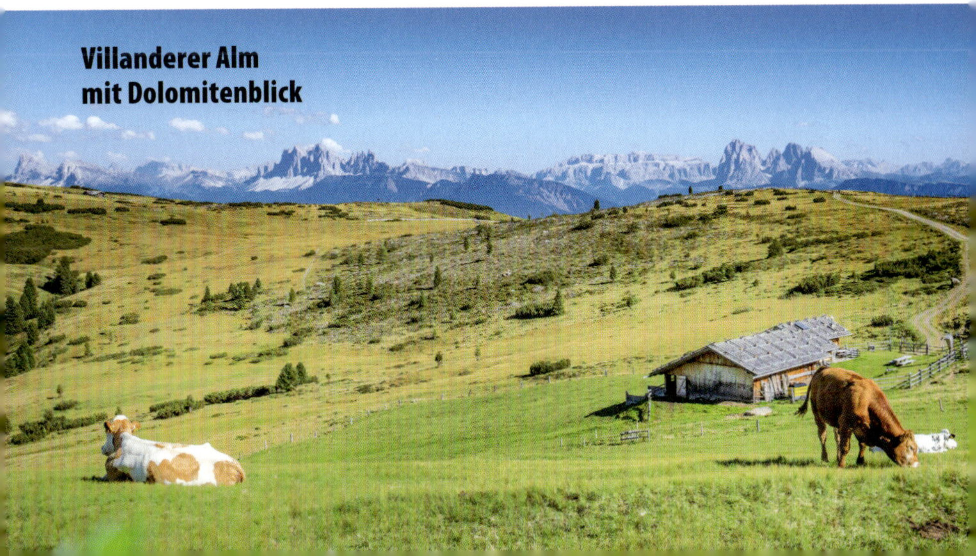

Villanderer Alm mit Dolomitenblick

hinauf, setzt sich auf die Bank im Inneren der detailverliebten Konstruktion und strahlt wie eine Schneekönigin.

Mit den **Reinswalder Mühlen** schließt sich die Rundwanderung, sodass wir nur noch an den Stationen „Puppe“ (im Sinne von Kokon), „Raupe“ und „Eiablage“ vorbeikommen, bevor der Parkplatz bei der Talstation wieder erreicht ist.

Eine anstrengende, aber dafür abwechslungs- und erlebnisreiche Bergtour liegt hinter uns. Wir durften zwei Mühlen, drei Bergseen, Almen, eine besondere Kirche, einen Dolomitenblick par excellence, einen Kreuzweg und einen wundervollen Kinder-Themensteig erleben.

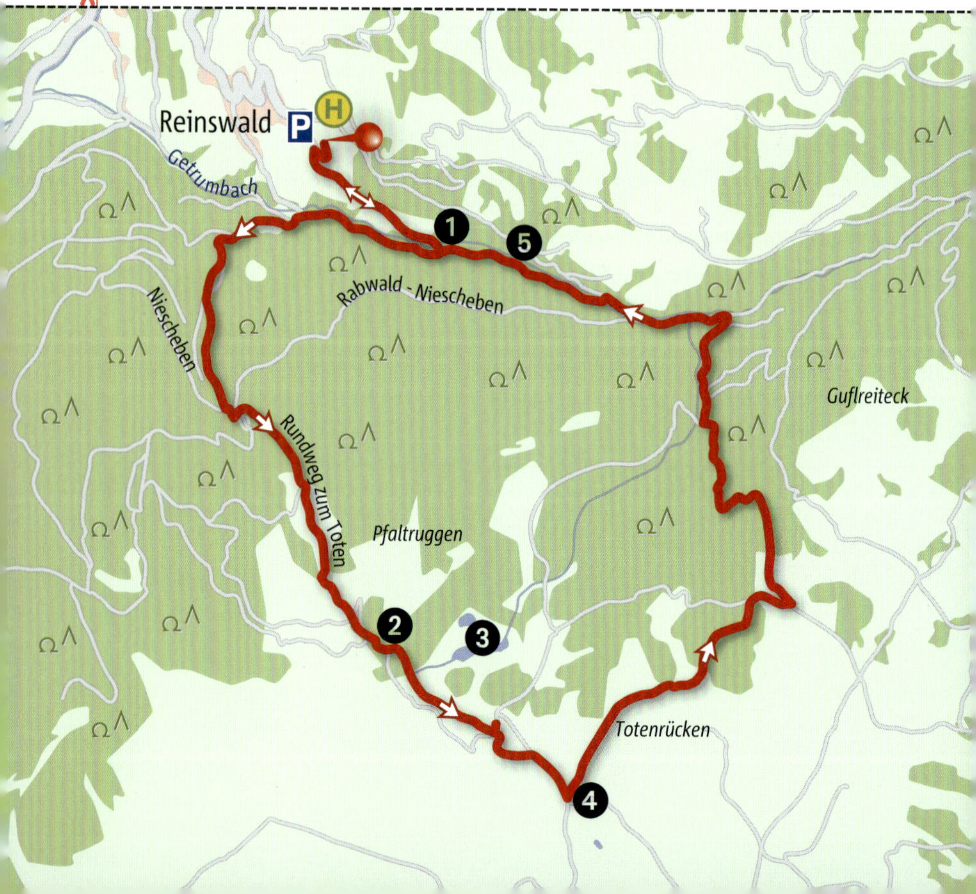

WIE & WANN:
Wald- und Almwege, teilweise steil; beste Wanderzeit Juni bis Oktober

Entspannung ✱✱✱✱✱ (3 von 5)
Genuss ✱✱✱✱✱ (3 von 5)
Romantik ✱✱✱✱✱

HIN & WEG:
Auto: Parkplatz an der Talstation der Aufstiegsanlagen in Reinswald, I-39058 Sarntal (GPS: 46.686915, 11.421875)
ÖPNV: Von Sarnthein Busbahnhof Bus 152 bis Haltestelle Reinswald Kabinenbahn

ESSEN & ENTSPANNEN:
Almschank Reinswalder Mühlen ❶ Reinswald 21/A, I-39058 Sarntal, Tel. (+39/3 38) 7 74 61 91, www.hinterproslhof.it > Almschank

ENTDECKEN & ERLEBEN:
Reinswalder Mühlen ❶
Gschwendtnerjöchl ❷
Seebergseen: Schwarzer See, Blauer See und Grüner See ❸ 360°-Foto: www.suedtirol-360.com/021
Totenkirchl ❹ am Übergang Sarntal–Villanderer Alm
Urlesteig ❺ Naturerlebnisweg für die Kleinen

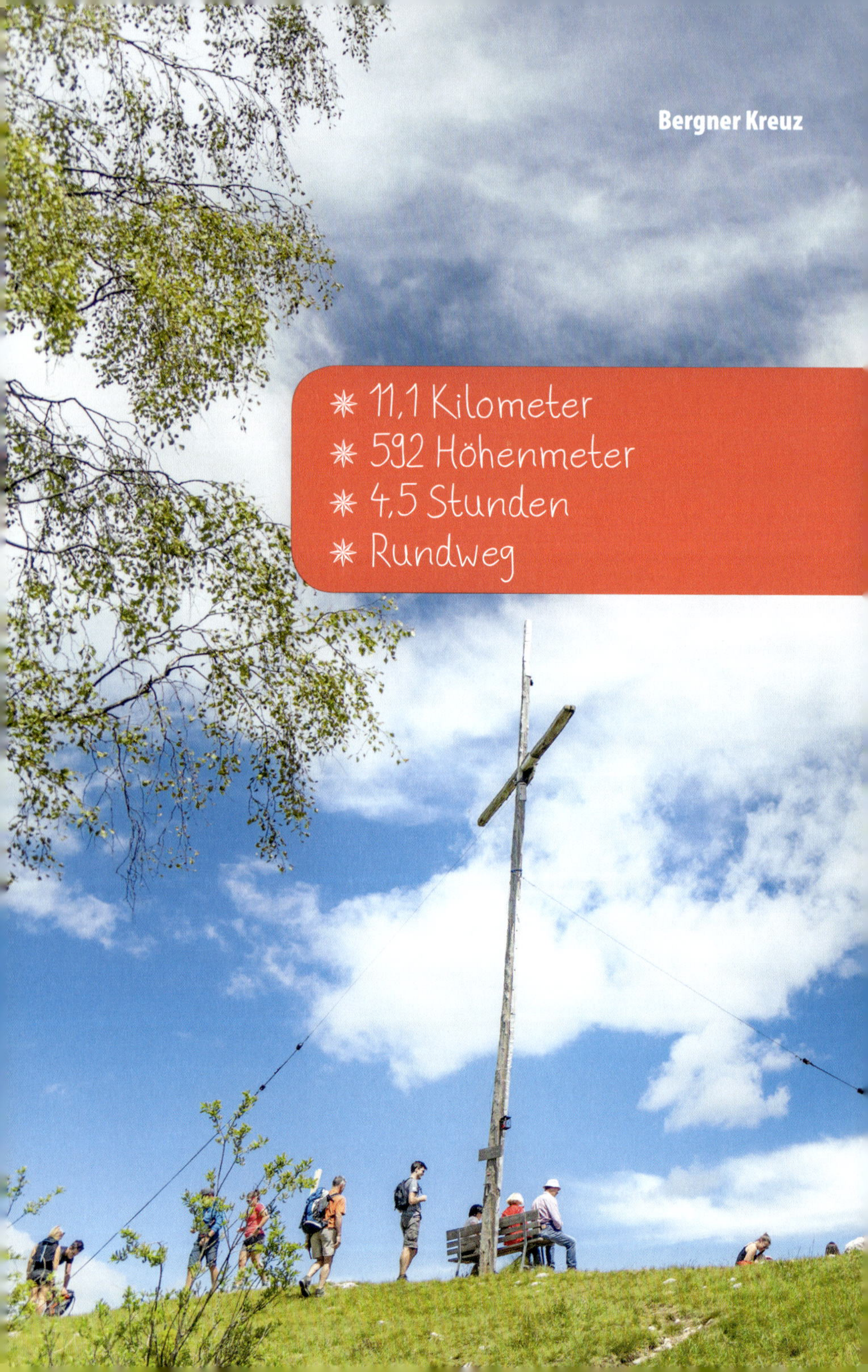
Bergner Kreuz
* 11,1 Kilometer
* 592 Höhenmeter
* 4,5 Stunden
* Rundweg

Die Anfahrt über den Mendelpass und dann weiter bis herauf auf den **Penegal** war bereits ein Erlebnis. Nun wollen wir, ausgehend vom **Panorama-Hotel Penegal**, den Mendelkamm auf einem Teilstück des Dolomiten-Höhenwegs Nr. 10 in nördlicher Richtung erkunden. Das Bergner Kreuz (1776 m) ist unser Wanderziel.

Bozen von oben

Vom Penegal zum Bergner Kreuz

Zuerst genießen wir, hinter dem Hotel, den Tiefblick hinunter nach Kaltern und zum spiegelnden Kalterer See. Dann geht es über den gut beschilderten Wandersteig **Nr. 500** los Richtung **Gantkofel** (italienisch: Monte Macaion).

Kurz vor dem Monte Largaden, der mit seinen gewaltigen Funkmasten nicht zu übersehen ist, zeigt sich rechts, durch eine grasige Schneise, nochmals der Kalterer See. Dann wandern wir, links des Gipfels, leicht bergab. Der Wandersteig wird schmäler, er ist begrünt, nur leicht mit Föhren und Lärchen bewaldet. Gelbe Trollblumen und rote Alpenrosen begleiten uns, während es nicht steil, aber stetig bergab geht. So erreichen wir einen **Aussichtspunkt mit einer Holzbank** ❶, die zum Rasten einlädt. Der Blick auf das Weindorf Eppan und die Alpenstadt Bozen ist beeindruckend.

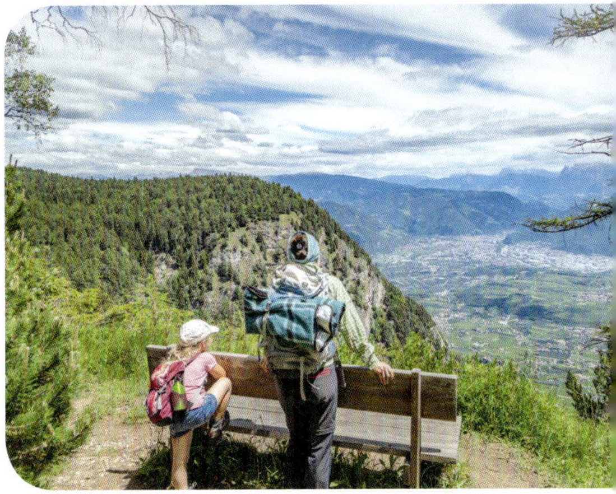

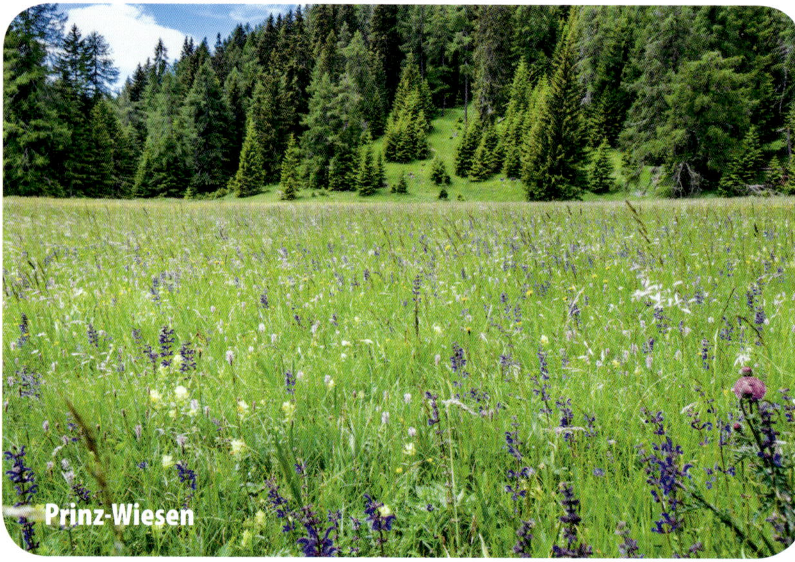

Über den **Wiesenboden „Bus dal francolim"** geht es hinunter bis zur **Furglauer Scharte ❷** (italienisch: Forcolana). Der Wegweiser **Bait del Prinz** und **Monte Macaion** ist der unsrige. Er weist uns geradeaus weiter zu den Prinz-Wiesen, eine von Lärchen umgebene Magerwiese, an deren Ostseite eine kleine private Holzhütte **Bait del Prinz** steht.

Die vom Penegal herunter in die Furglauer Scharte verlorenen Höhenmeter gilt es nun wettzumachen. Ein Schotterweg hilft uns dabei. Lustig plätschert ein Rinnsal in die Magerwiese. Der Weg verläuft, parallel zum circa 500 Meter von uns entfernten Mendelkamm, Richtung Tret und Gantkofel nach Norden. Der Steig ist zusätzlich als Schneeschuhweg ausgezeichnet, was für seine gute Begehbarkeit spricht.

Vor uns taucht ein Wegweiser mit der Aufschrift **Kematscharte** auf. Wir müssen rechts abbiegen und folgen dem Steig **Nr. 546**, der uns zum Kamm hinausführt. Wunderschön mit saftigem Gras verwachsen, schlängelt er sich bis zur Kematscharte.

50 Meter vor der Scharte biegt links der Steig **Nr. 547** zum Bergner Kreuz hinauf. Ein kurzer, deftiger Anstieg, der kurz vor dem Ziel nach rechts hinunter einen beeindruckenden Tiefblick mit sich bringt. Er verlangt uns zwar kein besonderes technisches Können, aber entsprechende Trittsicherheit ab. Schon ist

Für die Seele

Der Panoramablick vom Bergner Kreuz auf den Bozner Talkessel ist schlichtweg grandios. Hier reichen sich Täler und Berge die Hand.

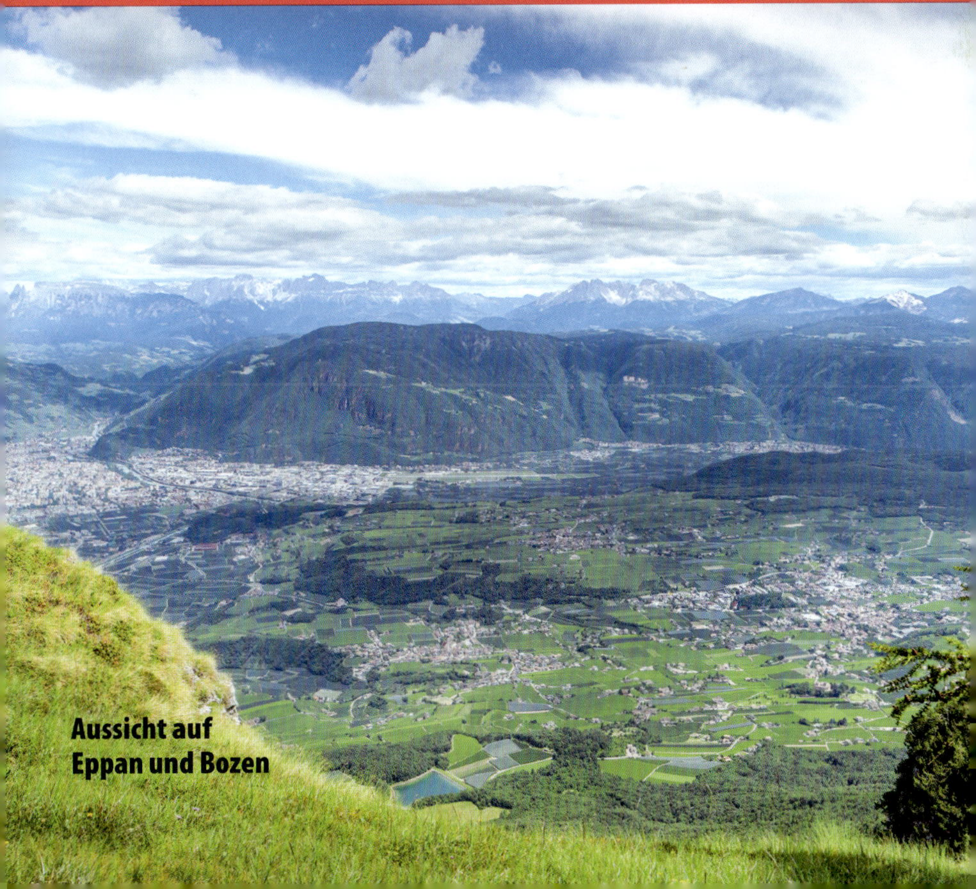

Aussicht auf Eppan und Bozen

Am Herz-Jesu-Sonntag, dem zweiten Sonntag nach Fronleichnam, zünden die Tiroler auf zahlreichen Berggipfeln Feuer an. Damit erneuern sie jedes Jahr den Bund mit dem Herzen Jesu, den sie 1796 angesichts der Kriegsgefahr durch Napoleon eingegangen sind.

das Gipfelkreuz sichtbar. Noch einige Schritte, und wir stehen auf der imponierenden Abbruchkante am **Bergner Kreuz ③**.

Unter uns das Weindorf der drei Burgen, Eppan, die Alpenstadt Bozen, dahinter die Dolomitengipfel der Peitlerkofelgruppe, der Geislergruppe, des Schlernmassivs, der Rosengartengruppe und des zerklüfteten Latemars. Herrlich!

Hier könnten wir sicherlich an jedem Tag des Jahres eine herrliche Ruhe genießen. Nur nicht heute. Herz-Jesu-Tag! Der Gipfel ist mit Menschen bevölkert, die sich auf das Herz-Jesu-Feuer freuen. Trotz-

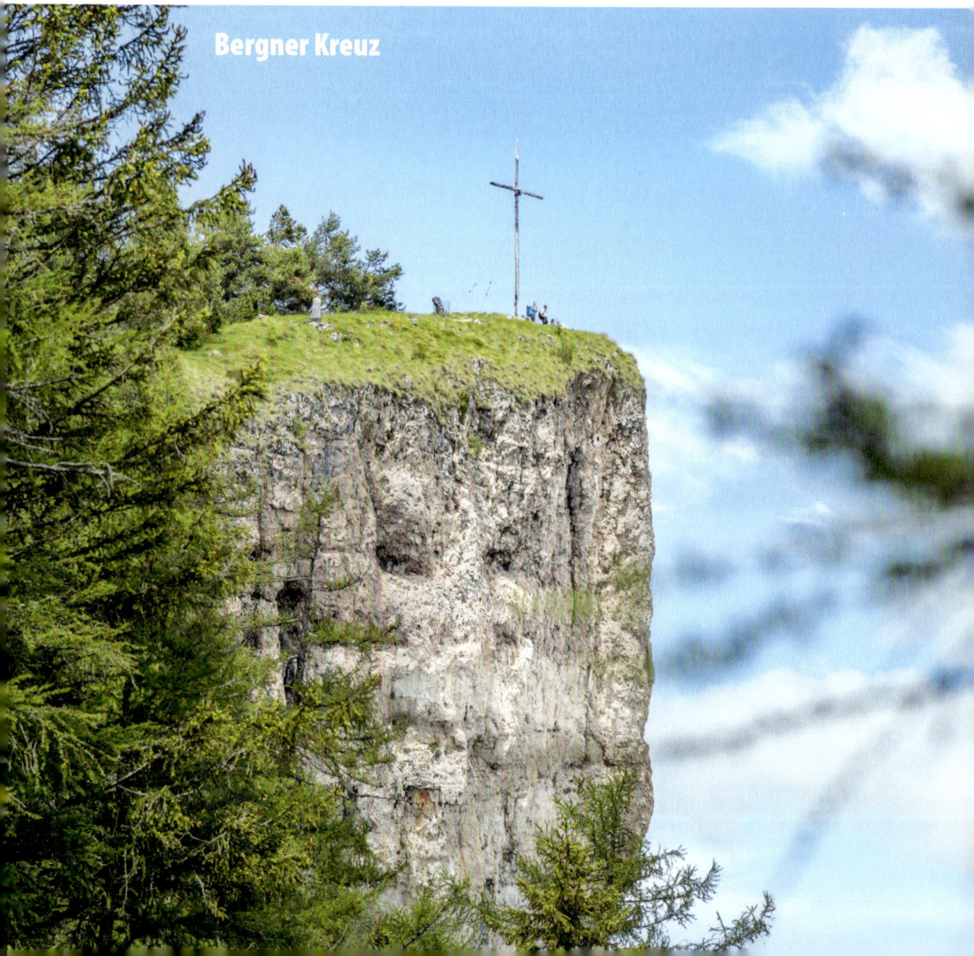
Bergner Kreuz

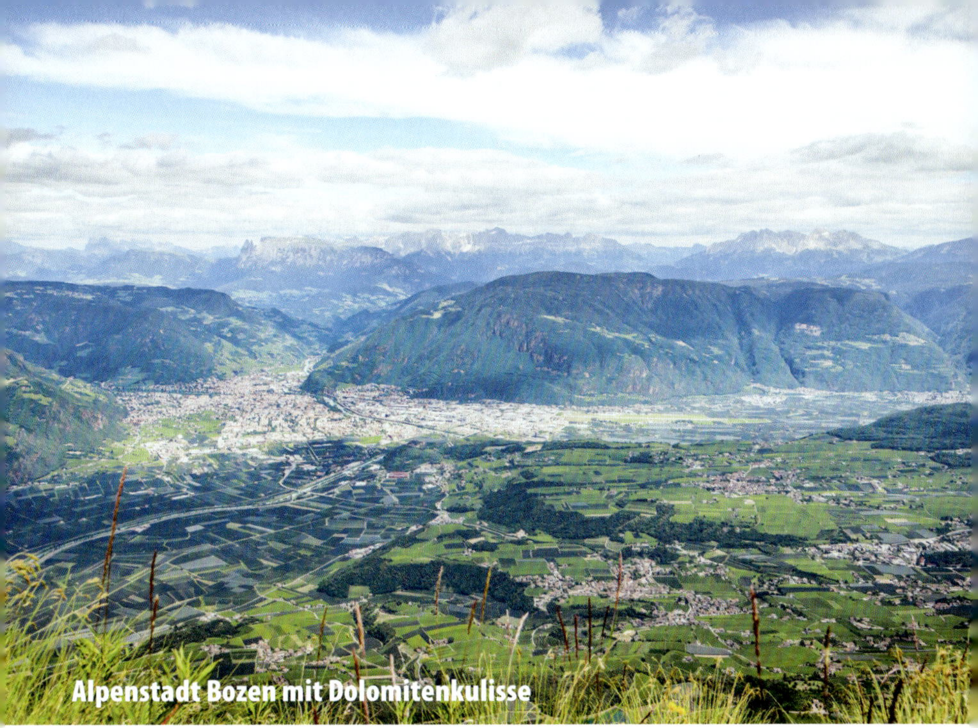

Alpenstadt Bozen mit Dolomitenkulisse

dem findet sich für jeden noch ein schönes Plätzchen zum Sitzen.

Nach zahlreichen Fotos verlassen wir das bunte Vorbereitungstreiben und steigen auf dem gleichen Weg zur Kreuzung ab, wo wir 50 Meter vor der Kematscharte zum Gipfelkreuz hinauf abgebogen sind. Nun geht es mit dem Bergner Kreuz im Rücken geradeaus zur **Kematscharte 4** weiter.

Nein, nicht die steile, versicherte Scharte wollen wir hinunter, die darf ruhig links liegen bleiben. Wir marschieren vom Bergner Kreuz herunterkommend geradeaus weiter in einen grünen, idyllischen Wald-Wiesen-Steig hinein. Er führt uns bald nahe an der Abbruchkante des Mendelkamms Richtung Furglauer Scharte, also Richtung Süden. Die Prinz-Wiesen bleiben somit 500 oder 600 Meter rechts von uns liegen. Dafür kommen wir bei den **Niederfriniger Wiesen** an einem **Aussichtspunkt 5** vorbei, wo ebenfalls wieder Menschen mit Herz-Jesu-Vorbereitungen beschäftigt sind. Ein rascher Blick hinab auf Eppan und Bozen

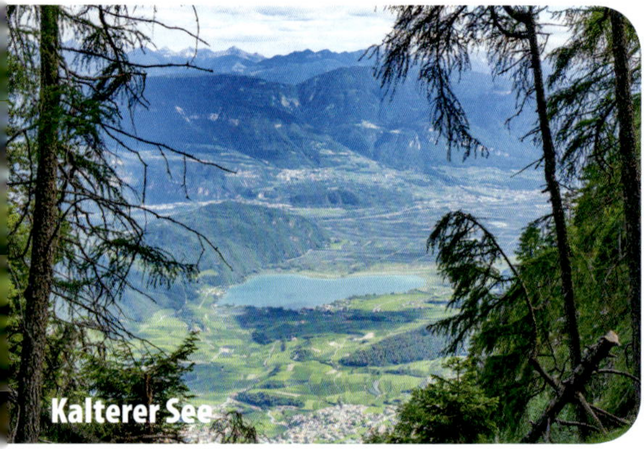

muss genügen, dann geht es weiter, bis kurz vor der **Furglauer Scharte** der Hinweg zu uns stößt.

Nun wandern wir den gleichen Weg zurück: von der Furglauer Scharte über den Wiesenboden „Bus dal francolim“ zum Aussichtspunkt mit Bank, dann an Alpenrosen und Trollblumen vorbei hinauf auf den Penegal. Zum Abschluss bietet sich noch eine aussichtsreiche Einkehr im **Panorama-Hotel Penegal** 6 an.

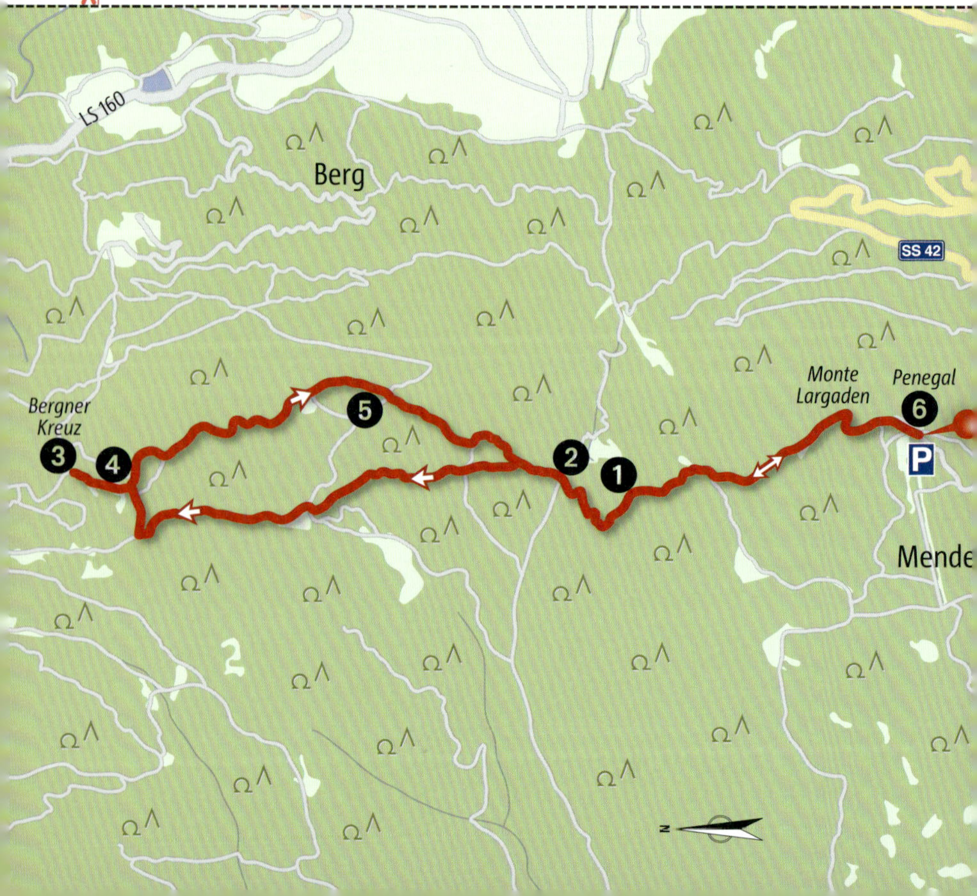

Alles auf einen Blick

WIE & WANN:
Wald- und Wiesenpfade; auf dem Abstecher zum Bergner Kreuz Trittsicherheit erforderlich; beste Wanderzeit Mai bis Oktober

Entspannung ✸✸✸✸✸
Genuss ✸✸✸✸✸
Romantik ✸✸✸✸✸

HIN & WEG:
Auto: Parkplatz vor dem Hotel Penegal, Penegal 8, I-38010 Mendelpass (GPS: 46.437533, 11.216167)
ÖPNV: Keine Anbindung

ESSEN & ENTSPANNEN:
Panorama-Hotel Penegal ❻ Penegal 8, I-38010 Mendelpass, Tel. (+39/04 71) 20 07 69, www.penegal.com

ENTDECKEN & ERLEBEN:
Aussichtspunkt mit Holzbank ❶
Furglauer Scharte ❷
Bergner Kreuz ❸
Kematscharte ❹
Aussichtspunkt Niederfriniger Wiesen ❺

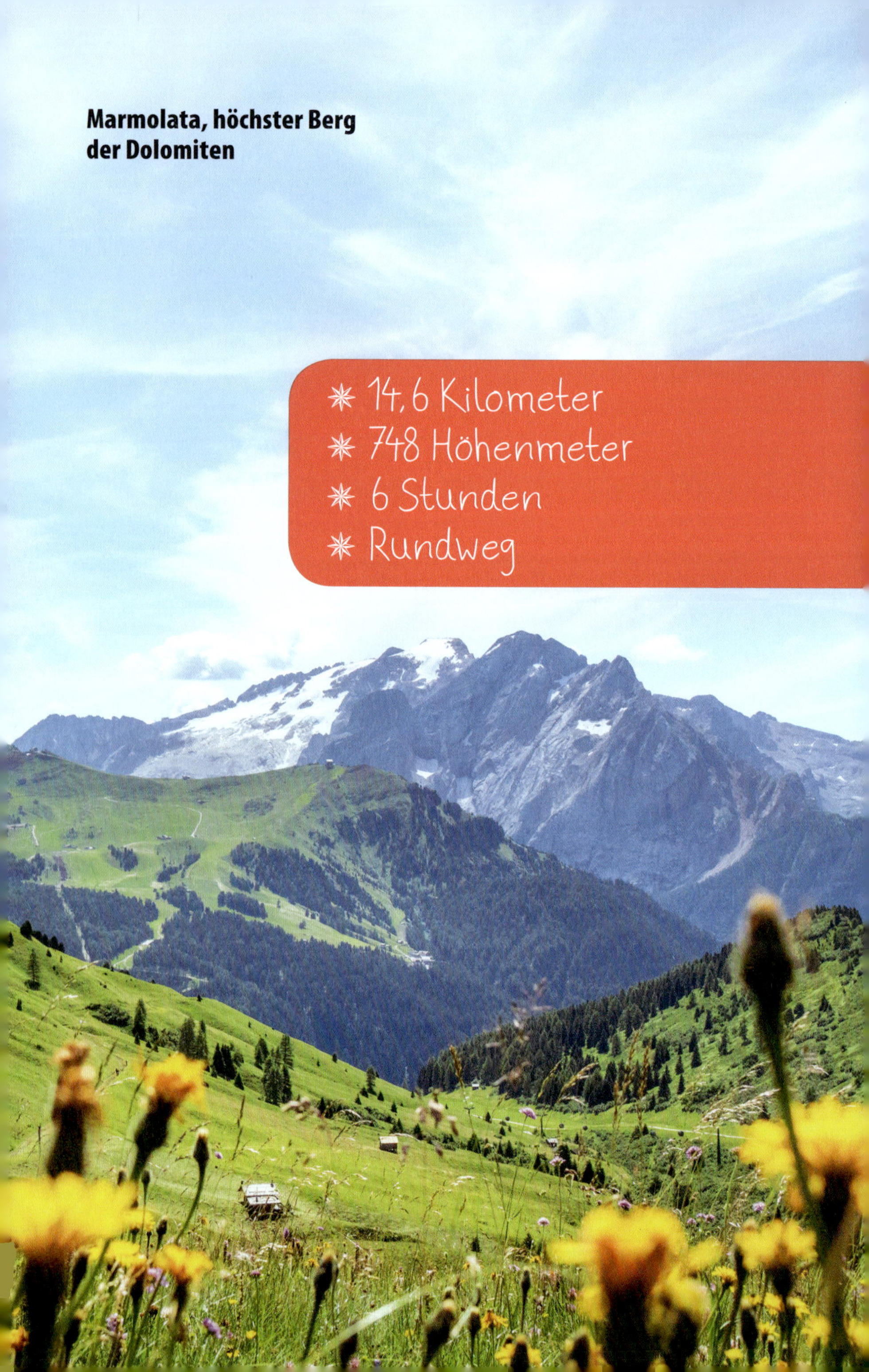

Marmolata, höchster Berg der Dolomiten

Langkofel und Plattkofel, diese beiden Dolomitengranden, stehen auf unserem heutigen Wanderprogramm. Ausdauer ist dafür gefragt. Als Belohnung winkt ein Dolomiten-Bergpanorama der Extraklasse. Die Umrundung stellt ein wahres Wander-Highlight, ja fast ein Muss für alle Südtiroler Wanderfreunde dar!

Dolomitengranden

Rund um Plattkofel und Langkofel

Ob mit oder gegen den Uhrzeiger, sei jedem selbst überlassen. Wer sich von der Sonne begleiten lassen will, der wähle den Uhrzeigersinn. Auf geht's!

Wir stellen das Auto auf einem der Parkplätze am Sellajoch ab und nehmen die Umrundung auf dem **Friedrich-August-Weg (Nr. 557)** in Angriff. Gestartet wird vor dem Hotel **Passo Sella Mountain Resort**. In südlicher Richtung geht es zuerst leicht ansteigend zum **Rifugio Salei** hinauf.

*Der **Friedrich-August-Weg** wurde auf Wunsch des wanderbegeisterten Sachsenkönigs Friedrich August III. angelegt. Er führt panoramareich, ohne nennenswerte Höhenunterschiede, vom Sellajochhaus am Fuß des Plattkofels bis zur Plattkofel-Hütte am Fassajoch.*

Der Weg begeistert mit seinem Panoramablick. Ehrfürchtig wandern wir unter den sich hoch aufbäumenden Felswänden von Plattkofel und Langkofel und staunen bei jedem Blick zurück: Dann präsentieren sich uns die Königin der Dolomiten, die vergletscherte Marmolata, der mächtige terrassierte Sellastock und die wunderschöne Puez-Gruppe.

Selten ist man auf dem beliebten Wanderweg allein unterwegs. Doch das schmälert den Genuss keineswegs. Der sich durch Grashänge schlängelnde Pfad könnte für Dolomitenliebhaber, wie es der sächsische König Friedrich August III., der Namensgeber des Weges, einer war, kaum schöner sein.

Wir passieren die Schutzhütte **Rifugio Salei** ①. Die Bezeichnung „Schutzhaus" war zu Zeiten des Königs wahrscheinlich angebracht, mittlerweile ist die Salei-Hütte ein Viersternehotel, in dem man aber auch als Wanderer für Speis und Trank einkehren kann. Ab der Scharte Forcella Rodella verlieren wir – abgesehen vom mächtigen Felsstock des Plattkofels, der uns zu unserer Rechten ständig begleitet – die Dolomitengipfel des Grödnertals aus den Augen. Als angemessener Ersatz stellt sich die Rosengartengruppe vor uns ins Blickfeld.

Nach der **Schutzhütte Friedrich August** ② – wiederum ein Hotel und selbstverständlich Einkehrmöglichkeit – werden die Grashänge etwas steiler. Links könnten wir auf dem Hosenboden ins italienische Fassatal

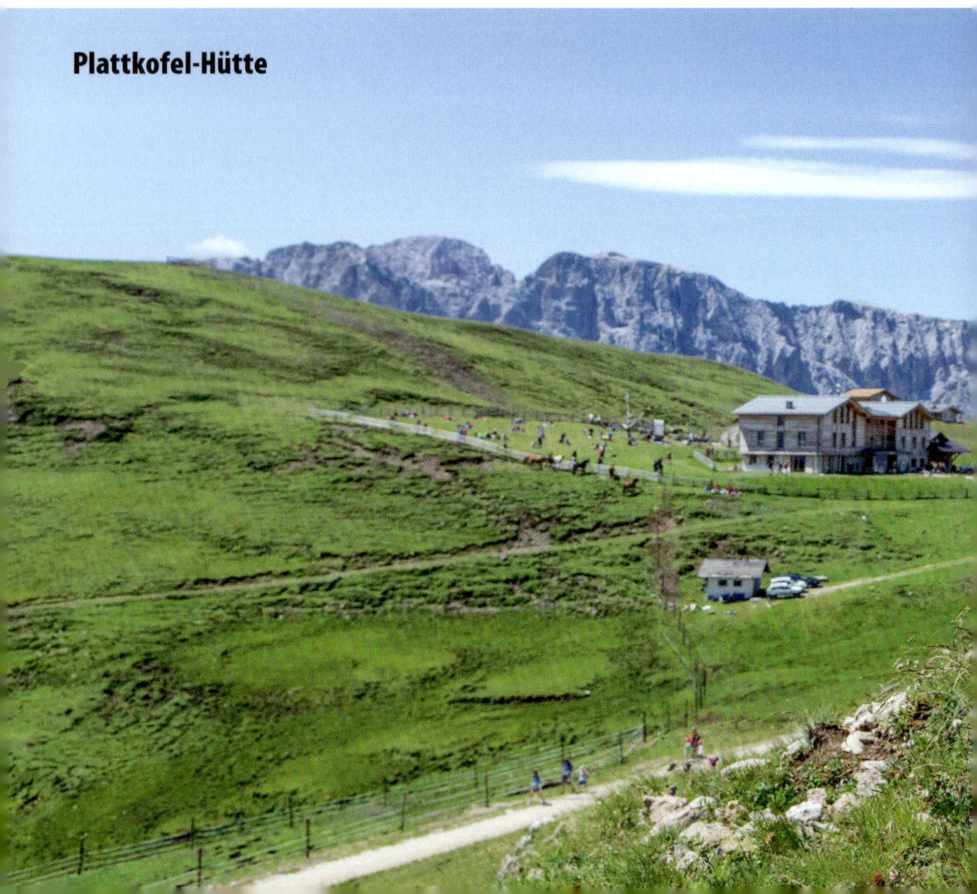

Plattkofel-Hütte

hinabrutschen. Trotzdem ist der Pfad leicht und angenehm begehbar, eines Königs würdig!

Scheinbar hat Friedrich August Einkehrmöglichkeiten geliebt. Nach dem Rifugio Salei und der Friedrich-August-Hütte treffen wir nun auf das **Rifugio Sandro Pertini** **3**. Diese Hütte hat ihren Schutzhütten-

Für die Seele

Der Blick auf die weite, grüne Seiser Alm macht die Seele frei. Wir haben das Gefühl, richtig tief durchatmen zu können.

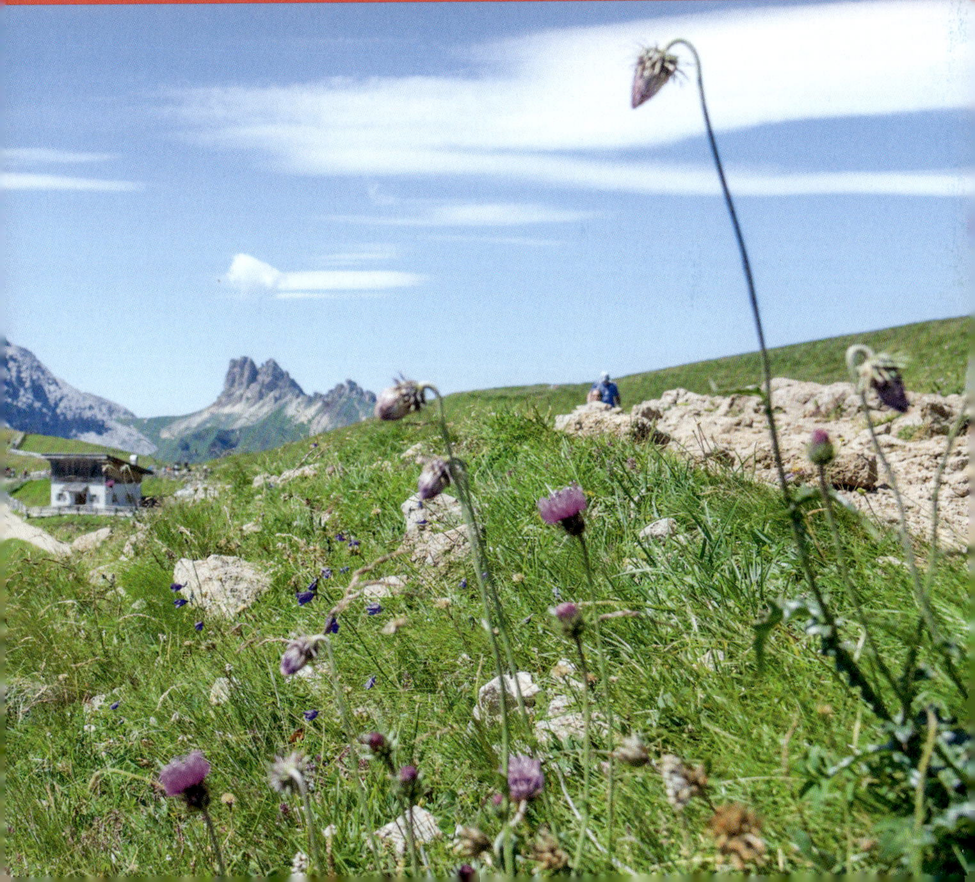

Charme bewahrt. Sie wirbt damit, sie liege „auf dem berühmten Friedrich-August-Weg Nr. 557 (Hoher Ladinerweg)", „mit herrlichem Blick auf die Dolomiten des Fassatals (Rosengarten, Latemar, Monzonikette, Sellagruppe und mit wunderbarem Blick auf den Gletscher der Marmolata)".

Der königliche Pfad bleibt unschwierig, aber Vierjährige, die mit den Gedanken in den Wolken schweben, sollte man doch lieber an der Hand führen.

Ab der **Plattkofel-Alm** erwartet uns flaches Almgelände, und bei der **Plattkofel-Hütte** ④ am **Fassajoch** befinden wir uns bereits auf der Seiser Alm, Europas größter Hochalm.

Auch die Plattkofel-Hütte bezeichnet sich als alpines Schutzhaus, sie bietet kulinarischen Almhüttengenuss und Übernachtungsmöglichkeiten. Auch hier können wir einkehren, schlemmen und die herrliche Bergwelt der Dolomiten und der Seiser Alm genießen. Im Hintergrund erhebt sich der Rosengarten, rechts davon die Rosszähne, die zur Schlerngruppe gehören.

Rosszähne und Schlern

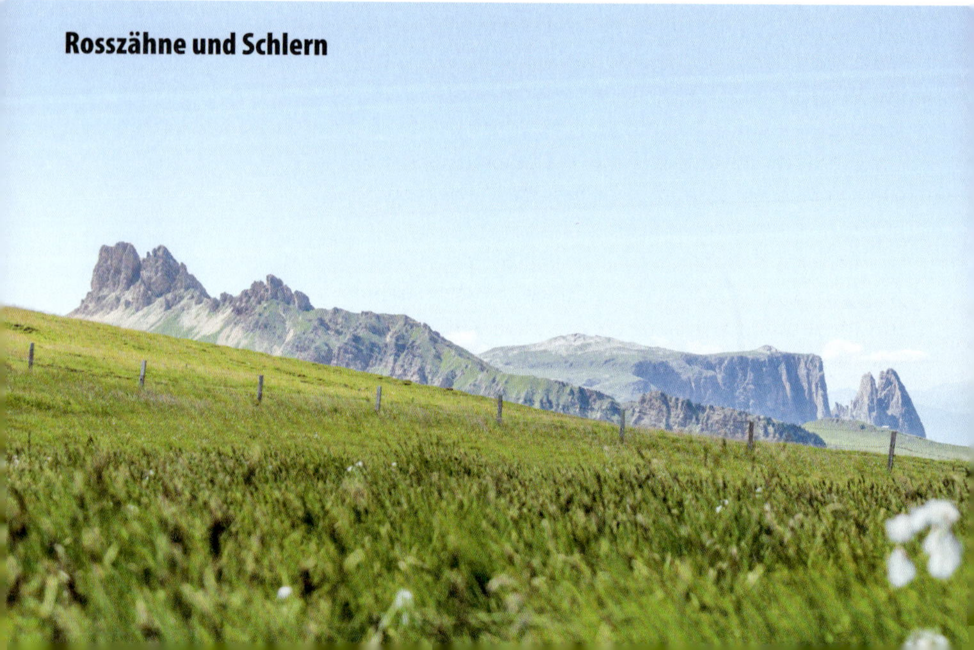

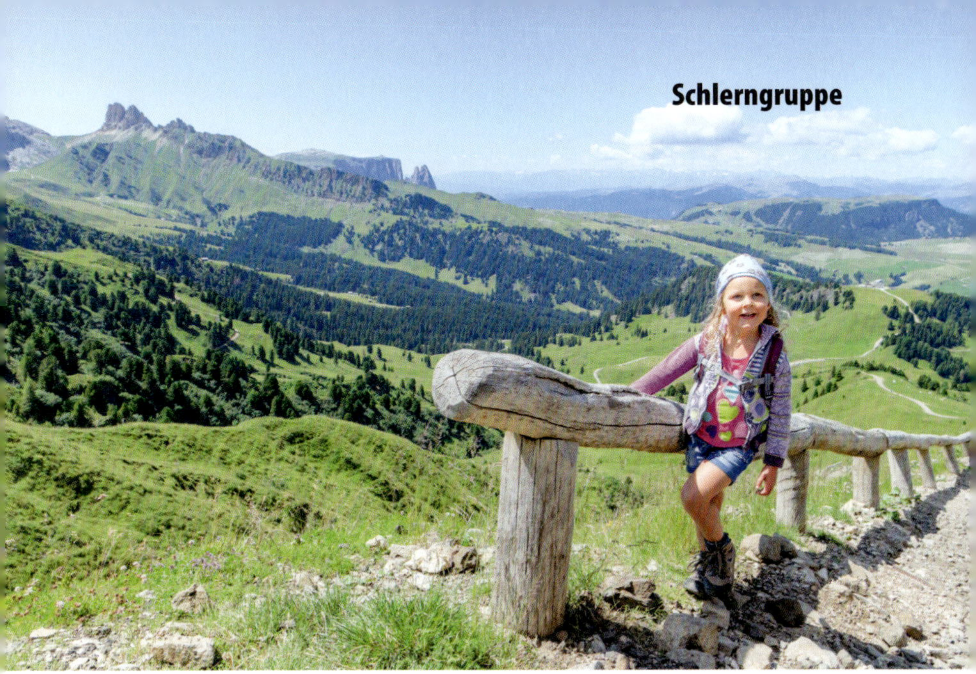

Nun lassen wir die Plattkofel-Hütte und den Friedrich-August-Weg hinter uns und folgen dem Steig **Nr. 9** und **Nr. 527**. Achtung: nicht dem steilen Steig, der klar sichtbar hinauf auf den Plattkofel führt, sondern dem Schotterweg, der vom Fassajoch, begleitet von einem Holzzaun aus Baumstämmen, ziemlich breit nach unten Richtung Seiser Alm führt. Nach circa 300 Metern verlässt die Nr. 527 die Nr. 9. Die **Nr. 527** führt uns, rechts abbiegend vom breiten Schotterweg, auf einem schmalen Pfad oberhalb der Murmeltierhütte Richtung Norden. Die herumspazierenden Wanderer werden weniger, der Panoramablick auf die Seiser Alm üppiger.

Bis zum **Wiesenrücken Piz da Uridl** (deutsch: Hochegge) führt der Steig Nr. 527 nur leicht abwärts, dahinter bringt er uns, etwas steiler, bis zu einer Kuhweide. War die Umrundung bis zur Plattkofel-Hütte mehr oder weniger ohne nennenswerte Steigungen und Gefälle abgelaufen, so verlieren wir auf dieser Strecke 350 Höhenmeter. Die gilt es nun wiederzugewinnen. Die ersten 150 wollen am Stück bewältigt werden – beim schweißtreibenden Aufstieg bis zur **Abzweigung Langkofel-Hütte**

Am Buckel unweit des Piz Ciaulong bietet sich für trittsichere Wanderer eine Abkürzungsmöglichkeit: Wer sich circa 200 Höhenmeter und 30 Minuten Gehzeit ersparen will, kann über den ***Steig Nr. 526 A*** *dicht an der Wand des Langkofels bis zur Comici-Hütte gehen.*

beziehungsweise Langkofelscharte. Von rechts oben schaut die Langkofel-Hütte zu uns herunter, während wir uns mit einem Schluck Wasser stärken.

Weiter geht es – nein, nicht zur Langkofelhütte hinauf, sondern geradeaus, entlang des Steigs **Nr. 526**. Zuerst bleibt er flach, dann wird er etwas steiler und bietet ein klitzeklein wenig Tiefblick, ist aber technisch unschwierig. Er bringt uns hinauf auf einen **Buckel** ⑤, circa 300 Meter vom Piz Ciaulong entfernt, wo ein mächtiger Holztisch uns zur Rast einlädt. Hier öffnet sich der Blick auf die markige Silhouette des Schlernmassivs mit den charakteristischen vorgelagerten Türmen, dem Santner und dem Euringer. Darunter strömt die Seiser Alm Gelassenheit aus und beruhigt das Auge. Es ist die letzte Möglichkeit, die

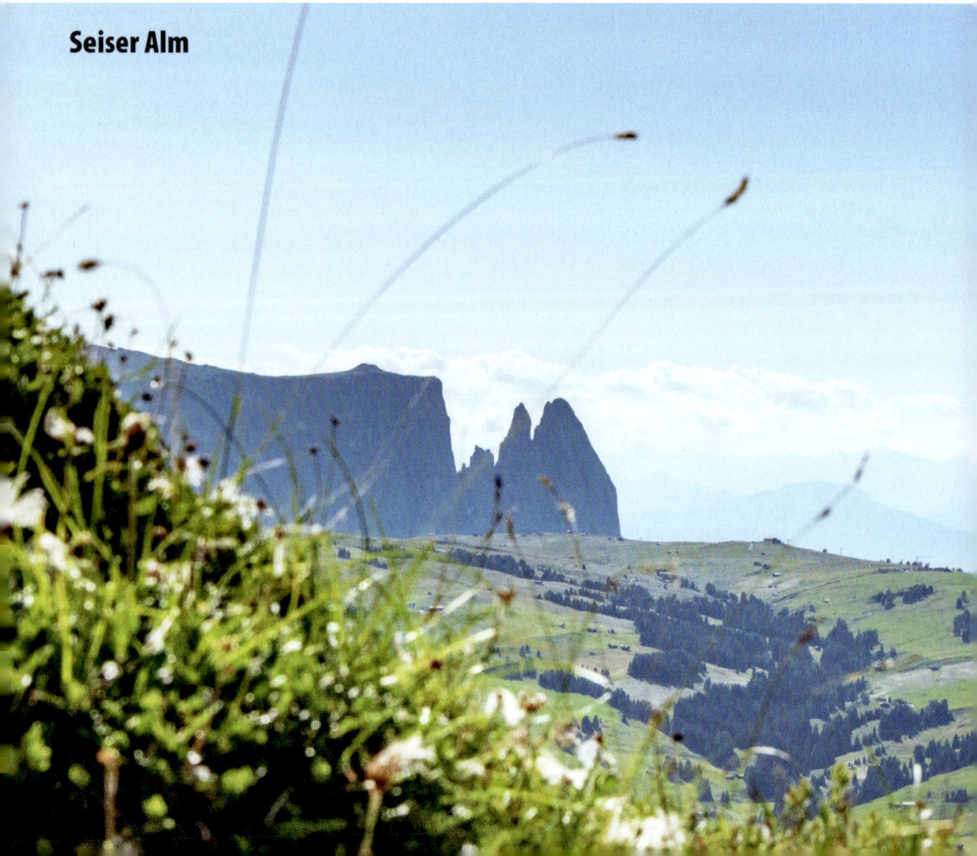

Seiser Alm

Sicht Richtung Südwesten zu genießen, ab nun richtet sich der Blick Richtung Nordosten zu den Bergen des Grödnertals.

Wir gehen auf dem Steig **Nr. 526** leicht abwärts und dann mit Blick auf die mächtige Nordwand des Langkofels hinauf zur nächsten Einkehrmöglichkeit, der **Schutzhütte Emilio Comici** ❻.

Vorbei an der Picknickzone und der Rutschbahn – die Comici-Hütte ist sehr familienfreundlich – wandern wir jetzt auf einem unschwierigen Weg weiter, der teilweise sogar kinderwagentauglich ist. Über den **Bach Ruf de Vallongia** hinweg und unter dem Sessellift Gran Paradiso hindurch geht es Richtung Steinerne Stadt. Dabei bleiben wir immer auf Weg **Nr. 526** (nicht 526 C wählen!).

!

*Die **Steinerne Stadt** ist eines der größten Klettergebiete in Südtirol. Circa 140 Kletterrouten unterschiedlicher Schwierigkeitsgrade von 4 bis 7c sind anzutreffen. Auch für Nicht-Kletterer ist sie interessant, da landschaftlich sehr reizvoll!*

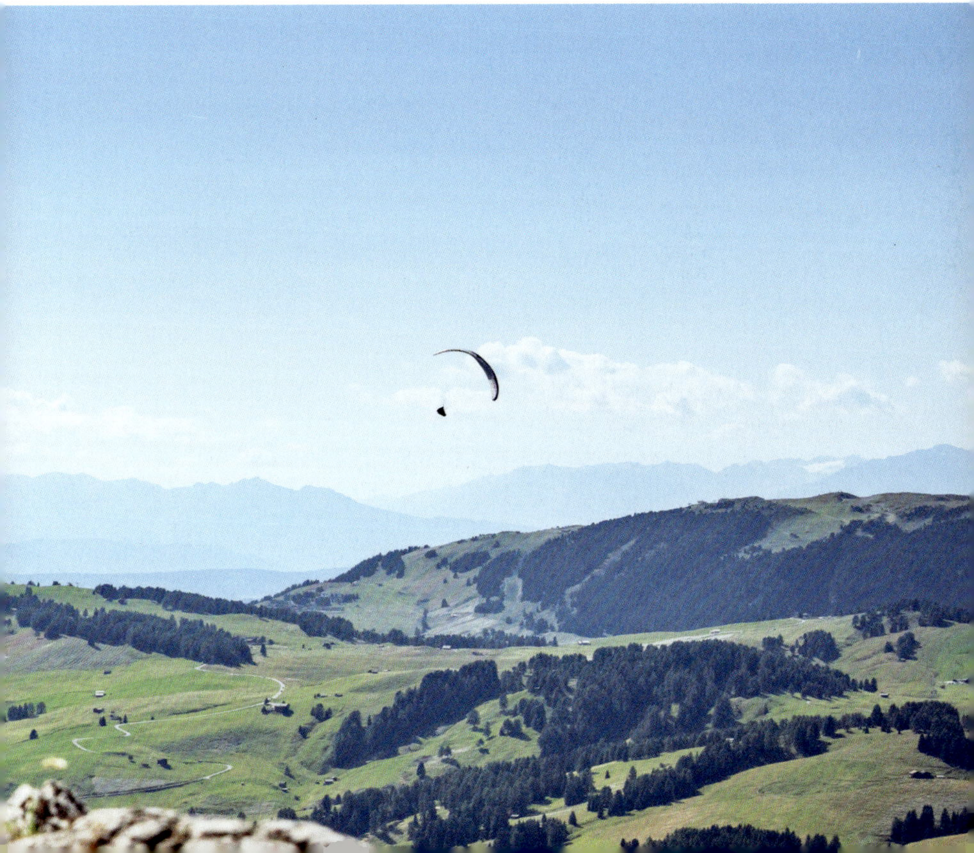

Panoramatour 8

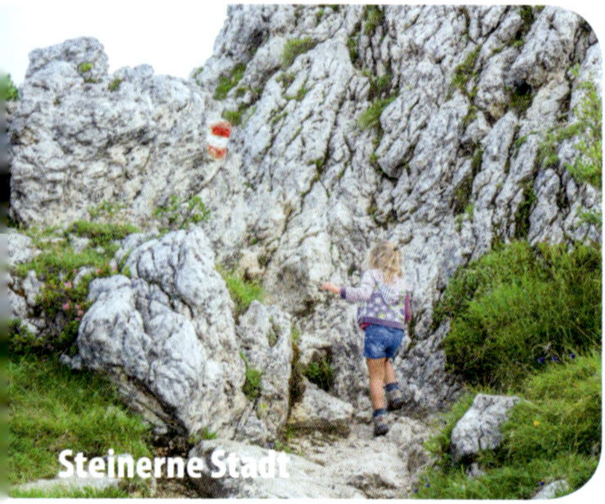

So langsam stellt sich Müdigkeit ein. Doch die **Steinerne Stadt 7**, die natürlich keine wirkliche Stadt ist, sondern ein mit zahlreichen kleineren und größeren Felsblöcken durchzogenes Gelände, rüttelt uns nochmals wach. Es macht Spaß, durch diese eigentümliche Landschaft zu wandern.

Urplötzlich schreiten wir aus der Stadt aus Stein heraus und stehen schon fast vor dem Schutzhaus Sellapass beziehungsweise dem Hotel Passo Sella Mountain Resort und haben somit die Runde um die Langkofelgruppe geschafft.

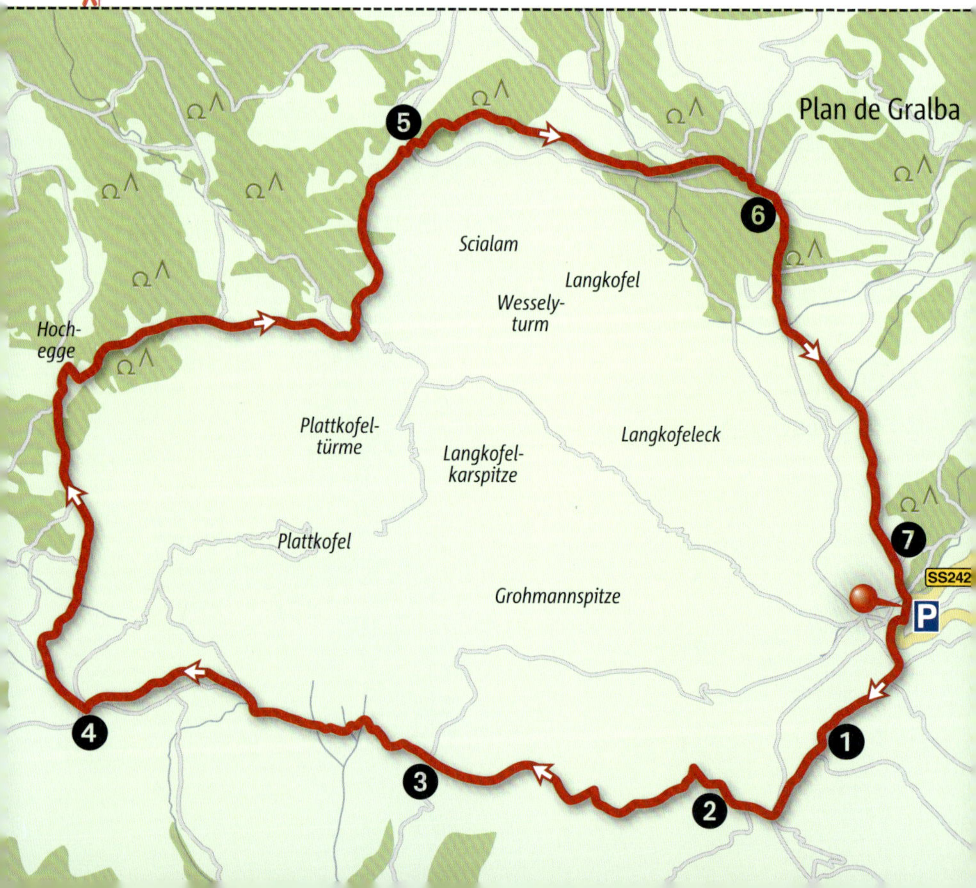

Alles auf einen Blick

WIE & WANN:
Alm- und Bergpfade; beste Wanderzeit Juni bis Oktober; Schneeverhältnisse klären

Entspannung ✱✱✱✱✱
Genuss ✱✱✱✱✱
Romantik ✱✱✱✱✱

HIN & WEG:
Auto: Parkplätze am Sellajoch, I-39048 Wolkenstein in Gröden
(GPS: 46.509533, 11.757733)
ÖPNV: Von Plan (Grödnertal) Bus 471 bis Haltestelle Schutzhaus Sellajoch

ESSEN & ENTSPANNEN:
Rifugio Salei ❶ I-38032 Canazei, Tel. (+39/3 35) 7 53 63 15, www.rifugiosalei.it
Schutzhütte Friedrich August ❷ Località Col Rodella, I-38031 Campitello di Fassa, Tel. (+39/3 77) 3 87 75 67, www.friedrichaugust.it
Rifugio Sandro Pertini ❸ Località Pian di Sasc, I-38031 Campitello di Fassa, Tel. (+39/3 28) 8 65 19 93, www.rifugiopertini.com
Plattkofel-Hütte ❹ St. Vigil 18, I-39040 Seis am Schlern, Tel. (+39/3 34) 9 56 96 26, www.plattkofel.com
Schutzhütte Emilio Comici ❻ Plan de Gralba 24, I-39048 Selva di Val Gardena, Tel. (+39/04 71) 1 93 03 88, www.rifugiocomici.com

ENTDECKEN & ERLEBEN:
Buckel ❺ unweit des Piz Ciaulong, 360°-Foto: www.suedtirol-360.com/041
Steinerne Stadt ❼

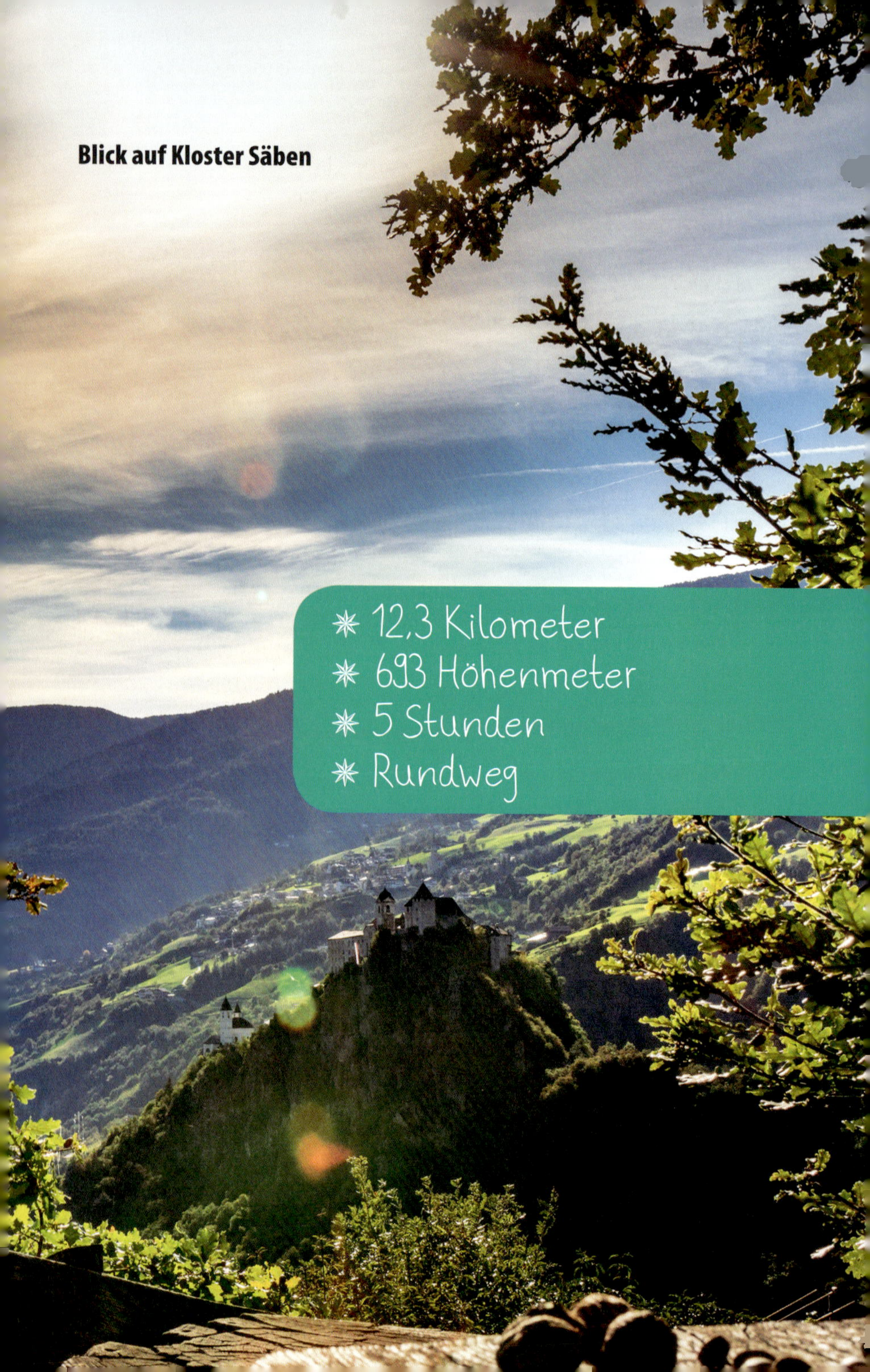

Blick auf Kloster Säben

- 12,3 Kilometer
- 693 Höhenmeter
- 5 Stunden
- Rundweg

Unser erstes Wanderziel, der Wallfahrtsort Kloster Säben, schaut auf uns herunter, während wir vom großen Parkplatz am Nordende des Künstlerstädtchens **Klausen** Richtung Zentrum marschieren. Die **St.-Kassian-Brücke** bringt uns zum linken Ufer des Eisacks. Wir schreiten die **Bahnhofstraße** bis zur **St.-Andreas-Brücke** hinunter und wechseln dort wieder zurück zur rechten Seite des Flusses. Der kleine Umweg erlaubt uns einen umfassenderen Blick auf die Hauptattraktion des Städtchens, das auf dem Felshügel thronende Kloster Säben, aber auch auf seine Pfarrkirche und die Burg Branzoll.

*Beim **Törggelen** genießt man deftige Südtiroler Gerichte, gebratene Kastanien (Keschtn), Nüsse (Nussn) und süße Krapfen. Dazu wird Traubenmost in den ersten Tagen der Gärung (Sußer) oder junger Wein (Nuier) getrunken.*

Vom Hauptplatz biegen wir links ab, schlendern die **Unterstadt**-Gasse hinunter bis zum **Tinneplatz**.

Törggele-Genuss

Zwischen Klausen und Feldthurns

Hier findet ab und an ein Bauernmarkt statt. Das **Stadtlcafé** ① lädt zu einem Espresso oder Cappuccino und Croissants ein. Zu einer echten Genusstour gehört so ein italienisches Frühstück einfach dazu.

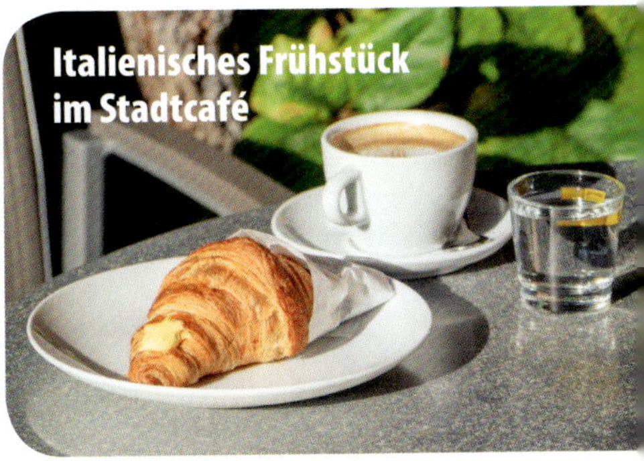
Italienisches Frühstück im Stadtcafé

Gestärkt müssen wir nun zwei Dutzend Schritte zurück, um dann links zwischen den Häusern in den gut beschilderten **Aufgang zum Berg Kloster Säben** einzubiegen. Dieser führt uns zuerst in eine mittelalterliche Häuserwelt, zu einer ehemaligen **Wiere**. Es handelt sich dabei um ein Überbleibsel aus der Zeit, bevor es Wasserleitungen

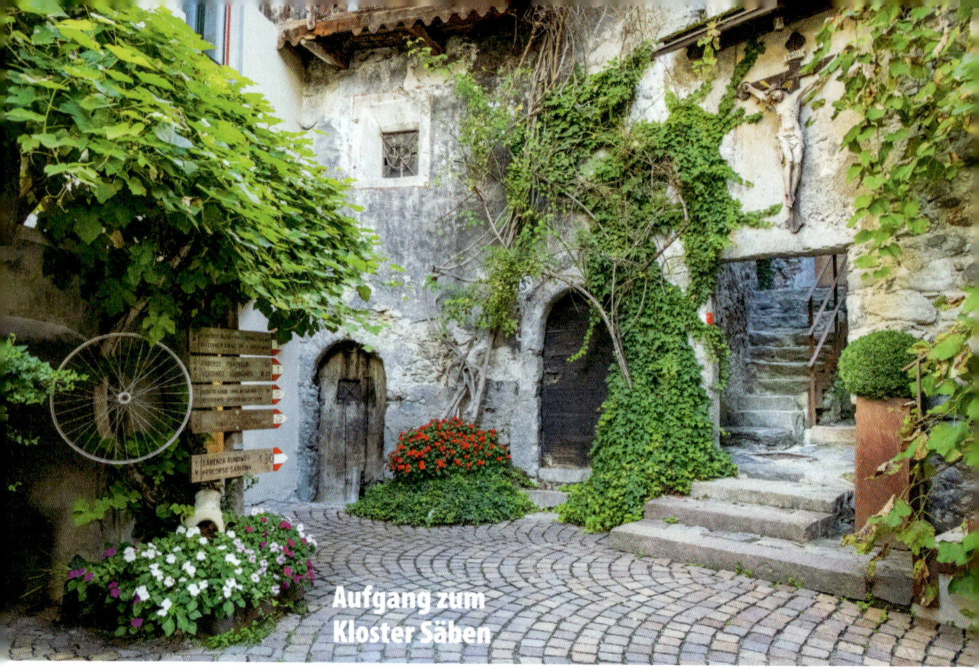

Aufgang zum Kloster Säben

gab. Damals nutzten Handwerker und Waschweiber diese offenen, durch die Straßen verlegten Wasserläufe.

Unser Weg führt unter dem Herrgott hindurch und eine fantastische Steintreppe zur Burg Branzoll empor. Über einen gepflasterten Kreuzweg erreichen wir die **Liebfrauenkirche 2**. Der große Vorhof der Kirche ist von einer Ringmauer mit Zinnen umgeben. Durch Pechnasen-Fenster lugen wir nach Klausen hinunter und nach Villanders hinüber.

*Der **Säbener Felshügel** war schon in vorgeschichtlicher Zeit besiedelt. In der spätrömischen Epoche entstand hier der Sitz eines Bischofs. Säben wird als „Wiege des Christentums" oder als „Heiliger Berg Tirols" bezeichnet.*

Nun geht es west- und nordseitig an der imposanten Kloster-Ringmauer bis zum Benediktinerinnenkloster hinauf. Dabei passieren wir einen Felsentunnel.

Vier Kirchen beherbergt Kloster Säben. Die **Kirche Heilig Kreuz 3** ist die höchstgelegene und gleichzeitig auch die imposanteste und geschichtsträchtigste. Ihre ersten Erwähnungen reichen bis 600 nach Christus zurück. Die Besichtigung ist lohnend.

Doch dann müssen wir weiter und lassen den wahrscheinlich ältesten Wallfahrtsort Tirols hinter uns. Ein gepflasterter steiler Weg führt vermeintlich in eine Senke hinunter. In Wirklichkeit ist es ein Sattel. Eine Schotterstraße, die fast den Eindruck einer Brücke vermittelt, weil der Sattel so schmal ist, dann eine asphaltierte Straße führen uns – wir folgen dabei dem Wegweiser **Keschtnweg** – bis zur Höfegruppe **Pardell**.

Der Wegweiser mit der **Kastanie** begleitet uns auf Asphalt bis zum **Gasthaus Huber**, dann auf einem Feldweg vorbei an einer Apfelwiese und schließlich im Zickzack auf einen Hügel mit Kastanienbäumen. Der Weg dreht sich – und plötzlich öffnet sich der Blick Richtung Osten auf die Dolomitengipfel der Geislergruppe und Richtung Süden über das Tal des Törggelens, das Eisacktal.

Törggelen – genau das schwebt uns vor. Aber nicht unten im Eisacktal, sondern oben in Feldthurns. Es geht nun mitten durch den urigen Törggelehof **Moar zu**

Für die Seele

Tiroler Klostergeschichte, wiederentdeckte Kastanienkultur gepaart mit einem grandiosen Dolomitenblick – das ist der Keschtnweg!

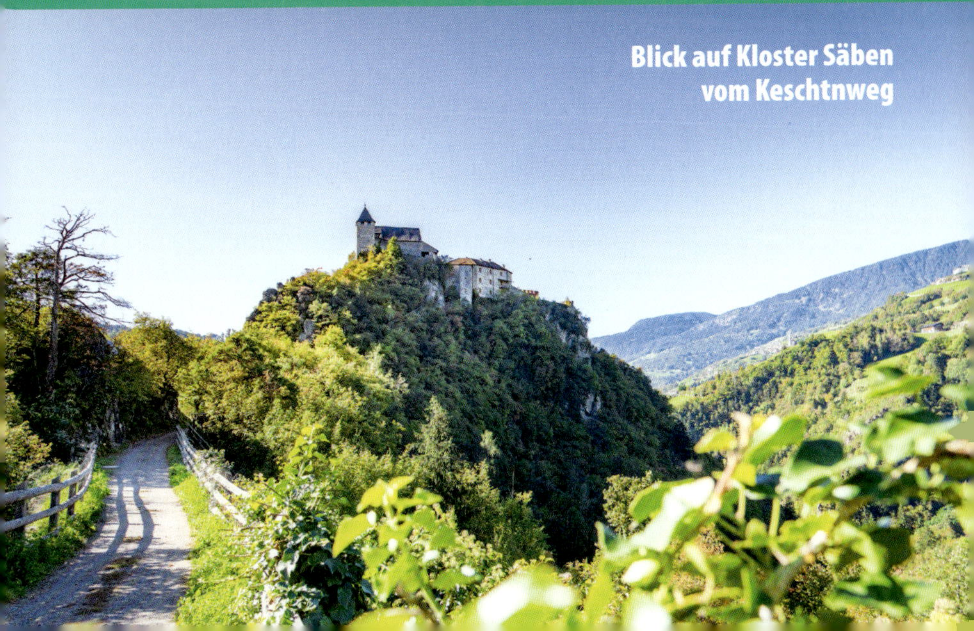

Blick auf Kloster Säben vom Keschtnweg

Verwöhntour 9

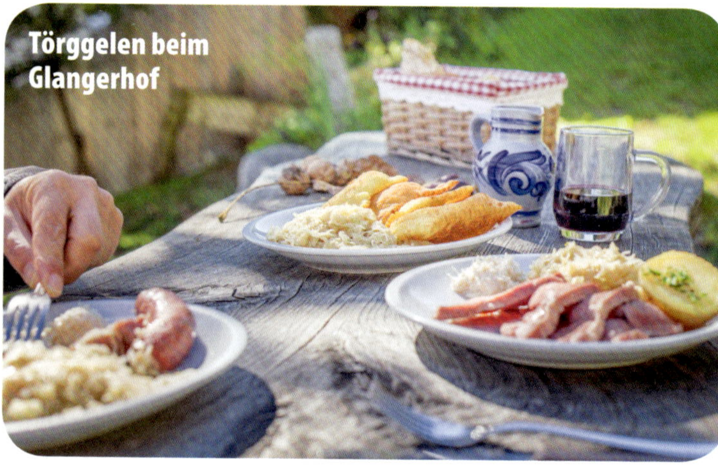

Törggelen beim Glangerhof

Viersch ④, der heute leider geschlossen ist. Macht nichts, wir biegen nach dem Hof rechts, immer dem Wegweiser Keschtnweg folgend, in einen aussichtsreichen Wiesensteig ein. Zu unserer Rechten wachsen aus dem Eingang des Villnößtals, eines Seitentals des Eisacktals, die Geislerspitzen empor. Die mächtigen Dolomitengipfel beeindrucken!

Eine Passage durch Wald, dann kommt der Hof Weinbrenner. Nun fällt der Keschtnweg mit dem **Pilgerweg** und nach wenigen Hundert Metern auch mit dem **Panoramaweg** zusammen.

Feldthurns ist nicht mehr weit. Es gilt aufzupassen, denn nun wollen wir nicht mehr entlang des Keschtnwegs, sondern geradeaus auf die **Provinzstraße Feldthurns-Latzfons**. Deren Gehsteig bringt uns wenige Meter leicht abwärts bis zum Mühlbach, wir überqueren die Straße und wandern dann links des Mühlbachs (beschildert, aber etwas schwer erkennbar) hinauf auf den **Panoramaweg**. Hier geht es rechts ab und weiter zum **Buschenschank Glangerhof** ⑤.

*Der **Glangerhof**, auf 1000 Meter Höhe gelegen, mit seinen Bauernstuben und gemütlichen Tischen im Freien bietet zur Herbstzeit Törggelegerichte. Der Bauernhof umfasst ein eigenes Backhaus mit Backofen und ein Gehege für die landwirtschaftliche Rotwildhaltung.*

Wir lassen uns an einem Tisch im Freien nieder und bestellen Erdäpfelblattln mit Kraut, Schlachtplatte, Surfleisch mit Kraut, dazu einen Krug Rotwein, als

Nachspeise eine Portion Eisacktaler Krapfen. Gebratene Kastanien gäbe es zwar auch, aber den Keschtn-Hunger heben wir uns für eine zweite Einkehr noch etwas auf.

Gut gestärkt nehmen wir den Wandernachmittag in Angriff und spazieren zufrieden über den asphaltierten **Panoramaweg** nach **Schnauders**, einer kleinen Fraktion – so nennt man in Südtirol einen abseits gelegenen Ortsteil – von Feldthurns. Die **Kirche in Schnauders** **6** steht auf einer Wiesenkuppe. Hier lässt es sich vortrefflich in die Weite schauen.

Damit ist die größte Entfernung von unserem Ausgangspunkt erreicht. Über eine enge Straße (Wegweiser **Nr. 18**) abwärts Richtung **Feldthurns** treten wir den Rückweg an. Vorbei am **Thalerhof**, dann mitten durch eine Wiese geht es auf die **Oberdorfstraße** und weiter bis zur Kreuzung mit der Dorfstraße. Dort befindet sich **Schloss Velthurns** **7**.

Schloss Velthurns *wurde ab 1578 vom Fürstbischof von Brixen gebaut und diente den Fürstbischöfen lange Zeit als Sommersitz. Besonders interessant sind die extravaganten Täfelungen, die geschmückten Türen und Kassettendecken.*

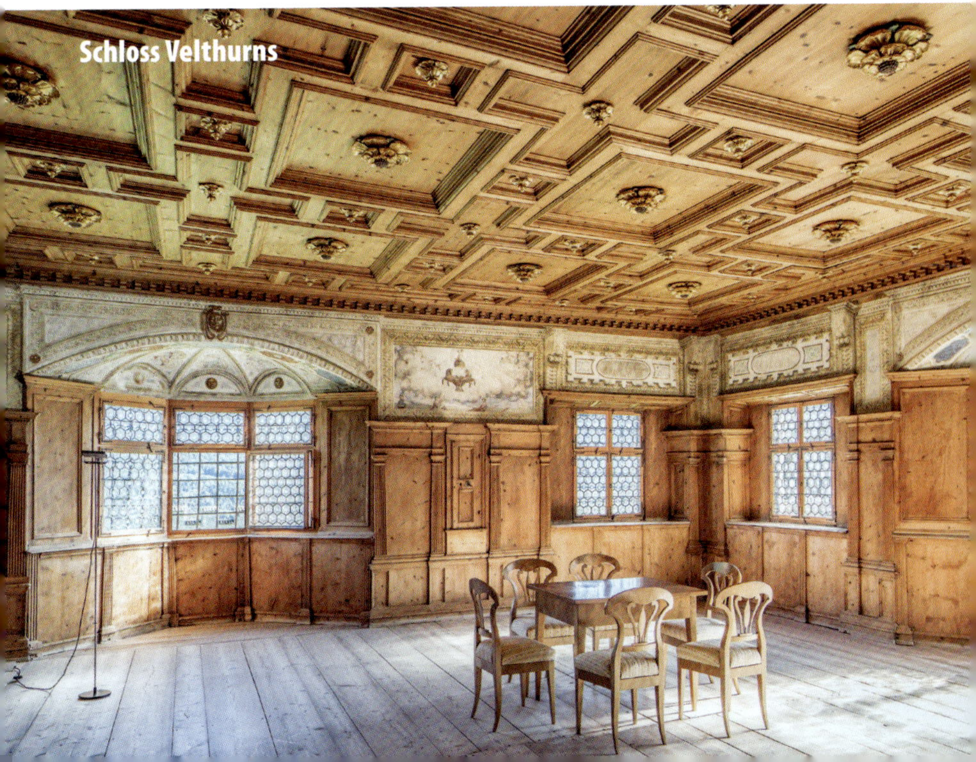

Schloss Velthurns

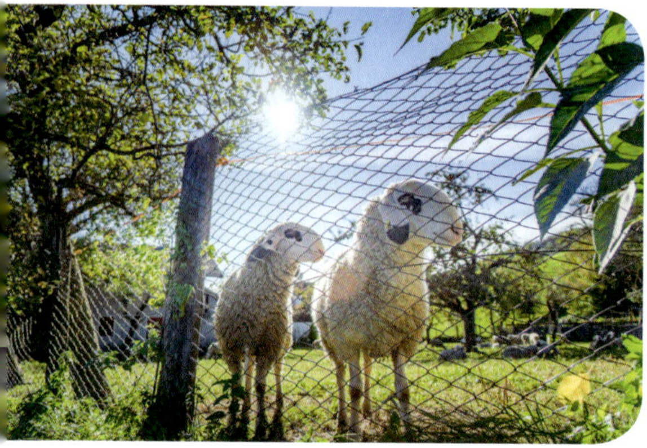

Gegen eine Eintrittsgebühr können die drei Stockwerke des Renaissance-Bauwerks besichtigt werden. Das lassen wir uns nicht entgehen und bestaunen Täfelungen, Fresken und Gemälde. Auch der Ausblick aus den Schlossfenstern hat seinen Reiz.

Danach führt uns die Herbstwanderung durch das Dorf gen Süden. Der Wegweiser **Keschtnweg**, aber auch die Beschilderung des **Panoramawegs** weisen uns die Richtung. Am Ende von Feldthurns verlassen wir die nach rechts hinaufbiegende Dorfstraße, gehen geradeaus am **Kirchlein St. Antonius** vorbei und wandern so auf dem Keschtnweg weiter. Nach 300 Metern führt auch er rechts hinauf, wir halten uns aber links und wandern vorbei an der Einkehrmöglichkeit **Radoar**, einem Weinhof mit Hofladen und Buschenschank, nach **Pedratz** hinunter.

Bei der Häusergruppe **Pedratz** steht ein Wegweiser **Leitach**. Wir folgen ihm, biegen somit rechts ab und wandern parallel zum Eisacktal nach Süden. Die Dolomitenspitzen am Eingang des Villnößtals fesseln. Aufpassen müssen wir, um die Abzweigung nach dem Oberhemberghof nicht zu verpassen. Sie führt hinunter nach **Leitach**.

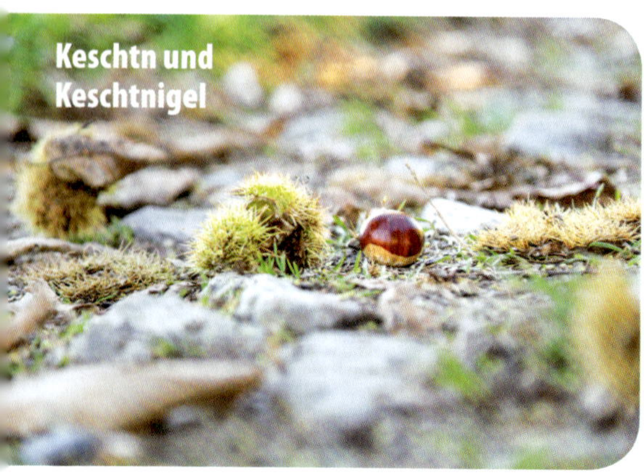

Keschtn und Keschtnigel

In einer 180-Grad-Kurve verlassen wir die Straße und folgen dem Wegweiser **Weinwanderweg** geradeaus zuerst leicht ansteigend in den Wald. Nach Querung eines Bachbetts geht es durch Wald weiter, dann, ab dem Hof

Rauchegger, durch schöne, steile, nach Osten hängende Weinberglagen.

Der grüne Feldweg bringt uns alsdann auf Asphalt. Wir halten uns links, schreiten wenige Dutzend Meter weiter und werden überrascht vom wunderbaren Anblick des Heiligen Bergs mit Kloster Säben darauf.

Nach weiteren 300 Metern gehen wir wiederum in einer 180-Grad-Kurve geradeaus und landen so direkt beim **Hienghof** ❽. Der **Buschenschank** mit Sitzplätzen auch im Freien bietet Brettlmarende mit hausgemachtem Nussbrot, Gerstsuppe, Törggelepfandl mit Rippelen, Surfleisch, Hauswurst, Kraut und Knödel – und nicht zu vergessen einen wunderschönen Blick hinüber auf Kloster Säben und hinunter auf Klausen.

Es gibt zwar keine gebratenen Kastanien, doch dafür lassen wir uns köstliche Eisacktaler Krapfen mit einem Gläschen Wein servieren. Dazu ein Ausblick wie im Bilderbuch, genug Zeit – mein Gott, wie schön ist doch das Leben für diejenigen, die es auszukosten wissen.

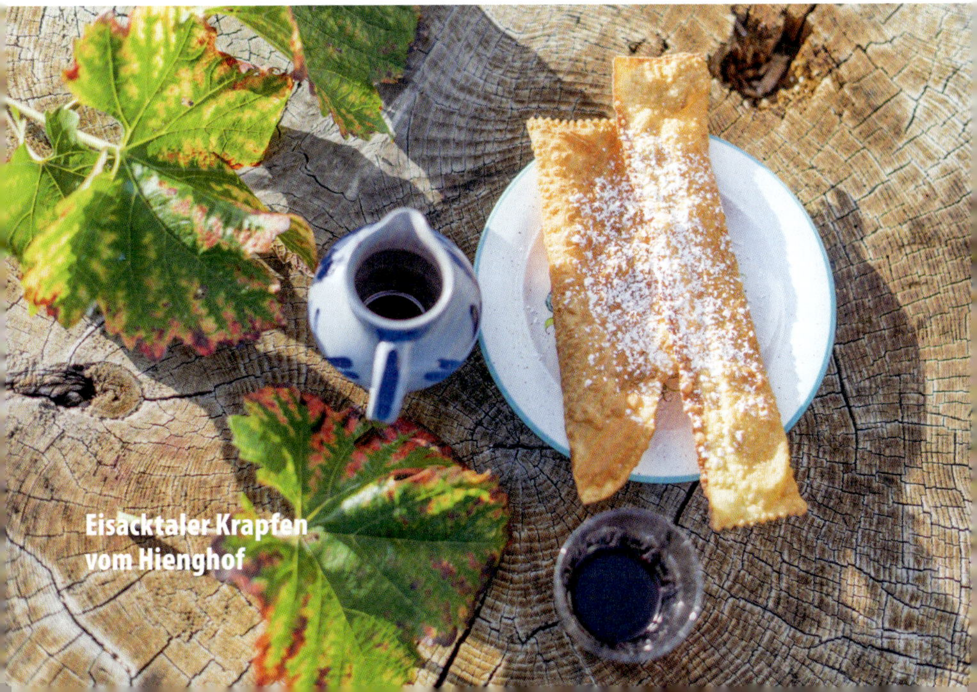

Eisacktaler Krapfen vom Hienghof

Verwöhntour 9

Gerne würden wir sitzen bleiben, den Sonnenuntergang genießen. Doch dann nehmen wir die letzten Sonnenstrahlen mit auf den abenteuerlichen Abstieg. Der Steig hinunter nach Klausen führt durch einen steilen Weinberg. So steil, dass der umsichtige Weghalter ein mit Knoten versehenes Seil gespannt hat, damit der Wanderer sich daran festhalten kann!

Nach dieser besonderen Art des Abstiegs geht es durch ein Stück Wald bis nach **Leitach** hinunter. Dort biegen wir rechts ab, folgen einige Meter der Hauptstraße, queren durch eine Unterführung die Staatsstraße SS 12 und marschieren weiter, entlang des Eisacks, zurück zum großen Parkplatz von Klausen, unserem Ausgangspunkt.

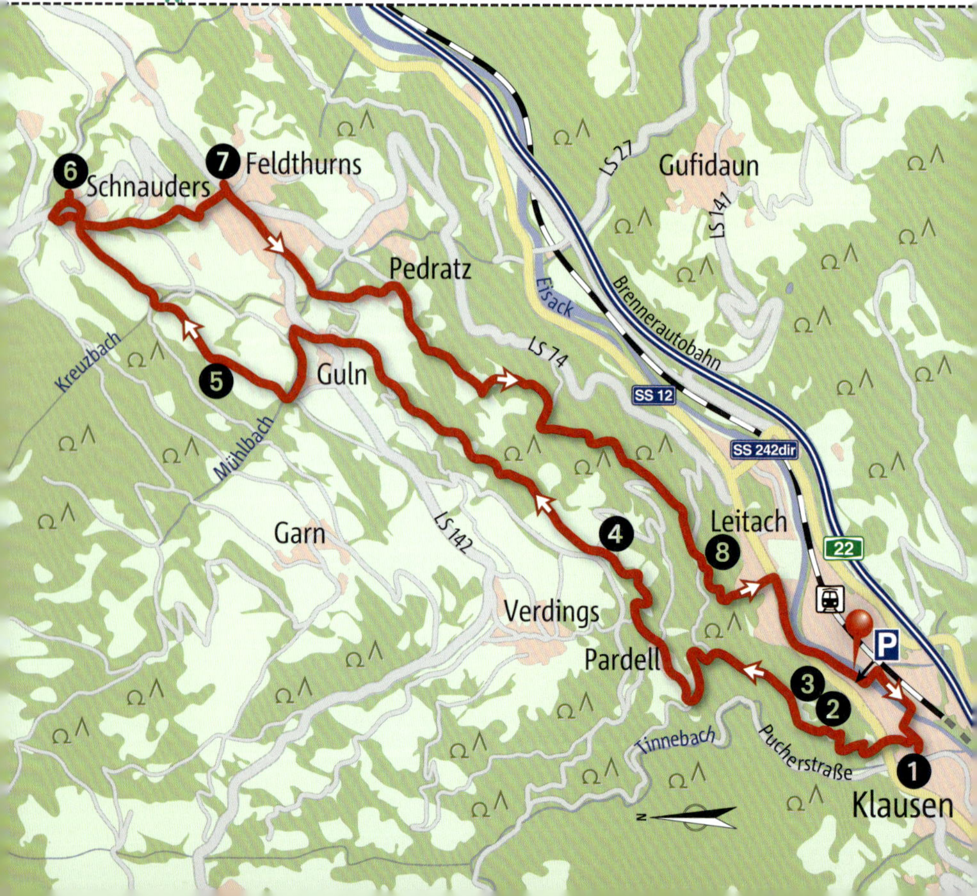

Alles auf einen Blick

WIE & WANN:
Wald- und Feldwege, asphaltierte, wenig befahrene Nebenstraßen, beste Wanderzeit von April bis November, mit Törggele-Genussmöglichkeit Oktober bis Ende November

HIN & WEG:
Auto: Parkplatz Marktplatz-Straße (gebührenpflichtig) am Nordende von I-39043 Klausen (GPS: 46.642033, 11.569367)
ÖPNV: Mit Bahn oder Bus ins Zentrum von Klausen

ESSEN & ENTSPANNEN:
Stadtlcafé ❶ Thinneplatz 11, I-39043 Klausen, Tel. (+39/04 72) 84 75 92, www.stadtlcafe.com

Entspannung ✱✱✱✱✱ (3 von 5)
Genuss ✱✱✱✱✱ (5 von 5)
Romantik ✱✱✱✱✱ (4 von 5)

Moar zu Viersch ❹ Verdings 22, I-39043 Klausen, Tel. (+39/04 72) 85 54 89
Buschenschank Glangerhof ❺ Guln 37, I-39040 Feldthurns, Tel. (+39/04 72) 85 53 17
Buschenschank Hienghof ❽ Leitach 60, I-39043 Klausen, Tel. (+39/3 46) 8 86 49 83

ENTDECKEN & ERLEBEN:
Liebfrauenkirche ❷
Kirche Heilig Kreuz ❸
Kirche Schnauders ❻
Schloss Velthurns ❼

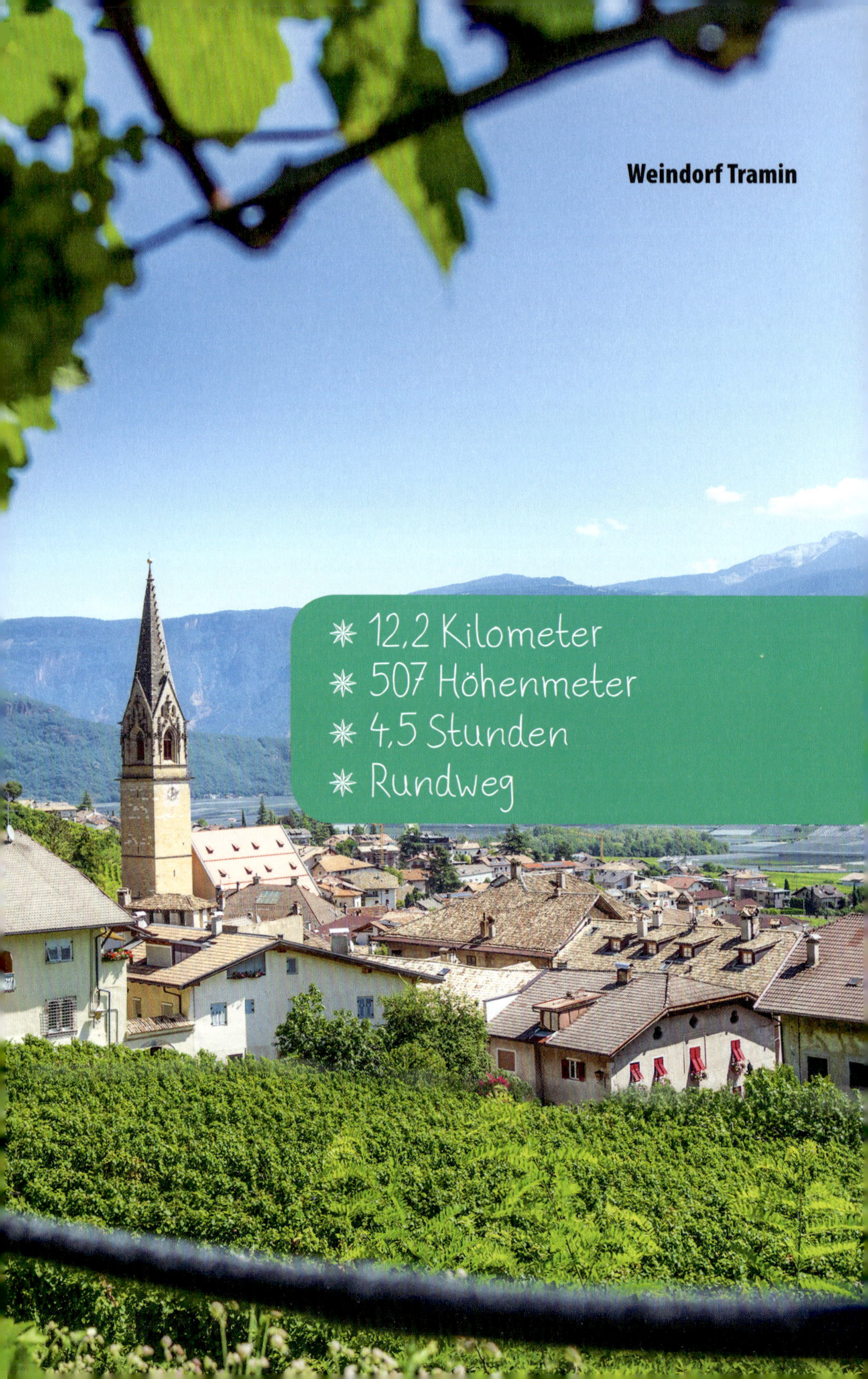

Weindorf Tramin

- 12,2 Kilometer
- 507 Höhenmeter
- 4,5 Stunden
- Rundweg

Die Weindörfer im Süden Südtirols sind bekannt für ihre prämierten Weine. Tramin ist sogar Namensgeber für einen weltbekannten Weißwein, den würzig-intensiven Gewürztraminer. Alkohol und Wandern, passt das? Natürlich, das passt hervorragend! Sowohl Tramin als auch das südliche Nachbarsdorf Kurtatsch trumpfen außer mit ihren Weinkellereien und Weinbergen auch mit herrlichen, südländisch geprägten Wanderwegen auf. Wir werden einige davon in einer Rundwanderung erkunden.

Vom Traminer **Rathausplatz** starten wir mit dem Kirchturm im Rücken Richtung Süden. Nach nur 50 Metern führen uns ein Straßenwegweiser **St. Jakob** und ein Wanderwegweiser **Gewürztraminer-Weg** rechts

Wein-Hochgefühle

Zwischen Tramin und Kurtatsch

hinauf in das malerische **Ortsviertel Betlehem** ❶. Die hier gepflasterte **Schneckenthaler Straße** bringt uns durch einen der ältesten Teile Tramins bis hinauf zum Beginn des Gewürztraminer-Themenwegs. In einer engen Rechtskurve fällt das überdimensionale Metallschild **Gewürztraminer** ❷ sofort auf. Unübersehbar hängt es an einer Steinmauer unter Eisentraversen, die Pergeln, Weinlauben, nachempfundenen sind.

Ein mit Natursteinen gepflasterter Feldweg führt von der Kurve links in die Weinberge hinauf. Der Themenweg ist gut beschildert. Immer wieder passieren wir visuelle Hingucker. Die Buchstaben des Wortes „Gewürztraminer" sind Aufhänger für verschiedene Informationen über den aromatischen Weißwein.

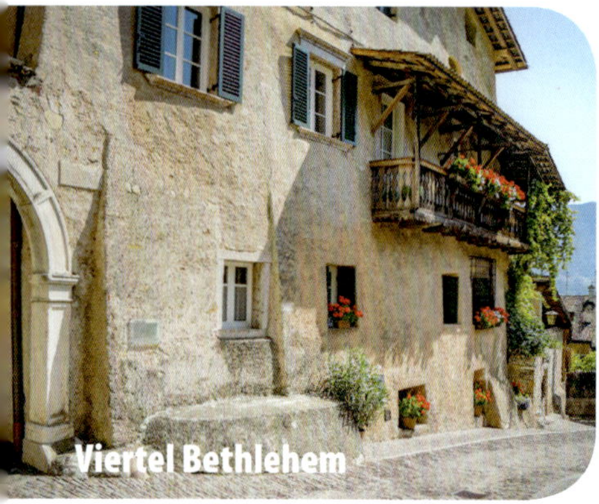

Viertel Bethlehem

Wir wandern entlang von Weinreben, queren **Weinhänge** ❸, gewinnen auf einem betonierten Feldweg an Höhe und erreichen alsbald eine Stelle mit wunderbarem **Ausblick** ❹ auf das Weindorf Tramin. Die wuchtige Pfarrkirche und der daneben frei stehende mächtige Turm, mit 86 Metern der höchste gemauerte Kirchturm Tirols, stechen prägnant aus dem Landschaftsbild hervor. Links der Pfarrkirche, unter dem Weinhügel Kastelaz, thront das pittoreske Kirchlein St. Jakob und eine Ebene dahinter, auf dem Mitterberg, die Burgruine Leuchtenburg.

Weiter lotsen uns die Beschilderung und Attraktionen des Themenwegs. Wir vergnügen uns an einer Wasserpumpe aus Opas Zeiten und bestaunen eine Inox-Installation mit Guckrohren zu markanten landschaftlichen und kulturellen Attraktionen. Es geht durch ein Waldstück und dann steil, zwischen zwei Natursteinmauern, hinunter auf einen betonierten Feldweg. Hier biegen wir 90 Grad nach rechts ab und müssen wieder Höhenmeter gewinnen. Informationen über die ideale Bodenbeschaffenheit für gute Gewürztraminer-Trauben und die Rolle des Windes im Weinbau begleiten uns hinauf auf ein flaches Wegstück. Wieder queren wir Weinberge und genießen gleichzeitig den malerischen **Ausblick auf Tramin** ❺.

Die Kirchturmspitze von **Rungg**, einem kleinen Ortsteil von Tramin, kündigt das Ende des Gewürztraminer-Wegs an. Schweren Herzens wechseln wir auf die asphaltierte, aber teilweise verkehrsberuhigte Straße **Runggner Weg** (Wanderweg **Nr. 8**) und marschieren zügig, teilweise leicht ansteigend, bis nach **Kurtatsch**.

Über die **Obergasse** geht es mitten durch das Weindorf bis hinunter zum **Hauptmann-Schweiggl-Platz**.

Hier biegen wir rechts in die **Endergasse** ein, sehen dort bald die Beschilderung **Weinlehrpfad** und folgen ihr. Dann führt uns die **Angela-Nikoletti-Straße** links hinunter. Bei einer großen **Trauben-Skulptur** und dem Symbol des Themenweges, einer **Hand**, treten wir nach rechts in den **Weinlehrpfad Kurtatsch** 6 ein. Ab hier ist der Wegverlauf leicht zu finden, denn am Wegesrand stehen immer wieder Holzpfähle, an denen Duft-Amphoren hängen.

Der Weinkenner, aber auch jeder andere Wanderer, kann daran seine Riechkünste auf die Probe stellen. So bestimmt die gespannte Erwartung der nächsten Duftstation die Wanderung über den Kurtatscher Weinlehrpfad und wir müssen aufpassen, die Würdi-

Holzpfähle mit kleinen tönernen Amphoren säumen den ***Weinlehrpfad Kurtatsch****. Der interessierte Weinwanderer darf deren Korkstöpsel abnehmen, den Duft schnuppern und raten, um welches Weinaroma es sich handelt. Die Auflösung steht auf einem verdeckten Kärtchen bereit.*

Für die Seele

Der Postkartenblick auf Tramin und die sanften Weinhügel lassen uns innehalten. Wir brauchen uns die Auszeit nicht zu „nehmen“, die Landschaft selbst beglückt uns damit.

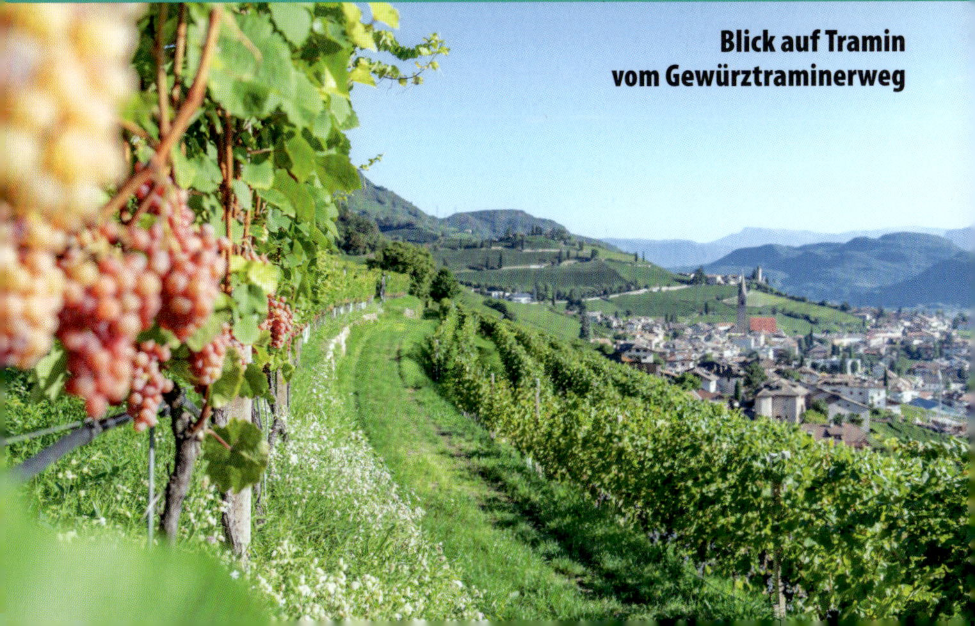

Blick auf Tramin vom Gewürztraminerweg

*Die **Schlosskellerei Turmhof** der Familie Tiefenbrunner bietet neben einem Weinladen auch ein Bistro mit Außenbereich im Garten, aber auch Zirmstuben und Steinkeller. Es profitiert vom beschaulichen Innenhof des Ansitzes und dem angrenzenden Schlossgarten.*

gung des anmutigen Weinbergpanoramas nicht zu vergessen. Am Ende des sinnesreichen Themenwegs liegt die **Schlosskellerei Turmhof** mit dem **Bistro Castel Turmhof** (7).

Nun stehen wir am südlichsten Zipfel unserer Wein-Rundwanderung. Die asphaltierte Straße **Schlossweg** bringt uns mittels Überführung über die Weinstraße und zum **Brunnenhof** hinunter (Wanderweg **Nr. 7**). Unmittelbar vor dem Anwesen biegen wir links ab und wandern, an Obstbäumen vorbei, bis in die **Handwerkerzone Kurtatsch** und mitten durch sie hindurch. Die Straße beschreibt schließlich eine weite Linkskurve (Verkehrsschild **Kurtatsch**), auf dem Gehsteig geht es weiter bis zur **Kellerei Kurtatsch** (8), die direkt an der Weinstraße wartet. Hier biegen wir rechts ab und folgen auf dem Gehsteig der **Weinstraße**.

Beim **Sozialzentrum Kurtatsch** wechseln wir auf die linke Straßenseite und folgen anschließend weiter der **Weinstraße** bis zur großen Kreuzung mit der Kirchgasse. Hier überqueren wir die Weinstraße und finden genau unter der Kreuzung, hinter einem Verkehrs-

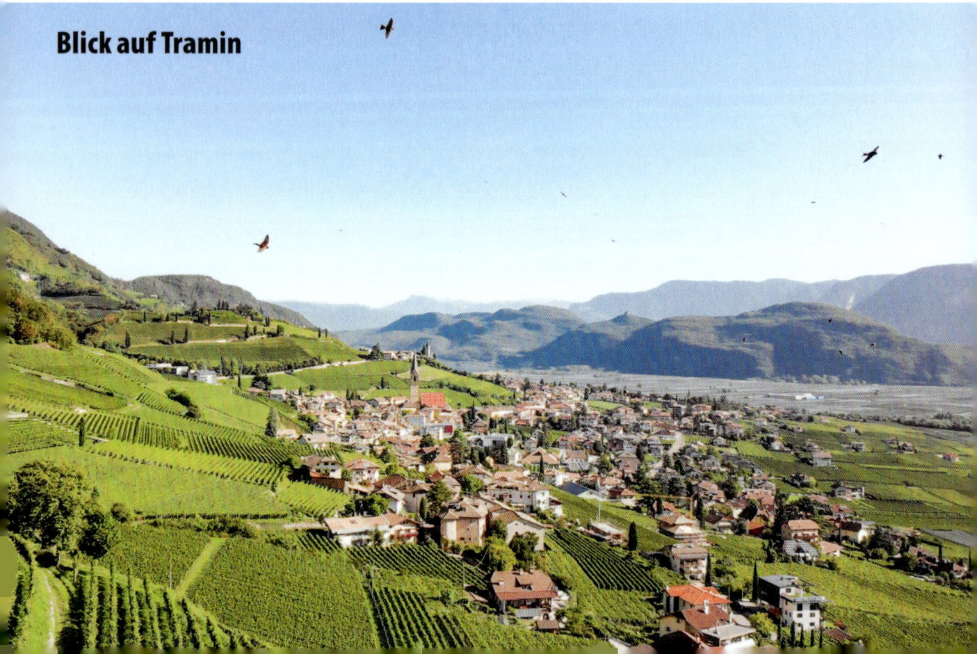
Blick auf Tramin

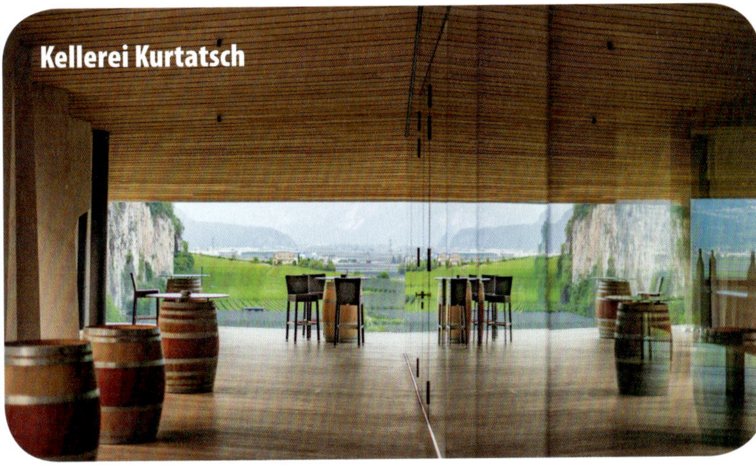

schilderturm, den Wegweiser, der uns den Einstieg in die sogenannte **Milastiege** weist.

Der Wanderweg **Milastiege** ⑨ geleitet uns zuerst durch Weinberge, dann entlang des Kurtatscher Baches, schließlich über steile Treppen hinunter auf den **Brentalweg** (Wanderweg **Nr. 13**).

Genau unter den Treppen führen uns rot-weiße Markierungen zuerst nach links, anschließend entlang einer Felswand hinunter in die Weinberge bis zu einer Apfelbaumanlage. Hier heißt es scharf 90 Grad nach links abbiegen.

Der Brentalweg bildet die Grenze zwischen Weinbau an den Hängen und Obstbau im Tal. Das macht den Reiz des flachen Feldwegs aus. Wir gehen zuerst auf Gras, dann auf Schotter und plötzlich auf Asphalt. Genau an dieser Stelle müssen wir rechts und nach wenigen Schritten links abbiegen, um dem flach verlaufenden, schmalen, aber asphaltierten Feldweg Brentalweg bis nach **Tramin** zur **Weinstraße** zu folgen.

An der Weinstraße angekommen, laufen wir sie für 150 Meter auf dem Gehsteig entlang und biegen dann links in die **Josef-von-Zallinger-Straße** hinauf. Wieder auf einem Gehsteig gewinnen wir etwas Höhe

*Die **Kellerei Kurtatsch** beherbergt – wie fast jede Kellerei in Südtirol – eine Vinothek. Hier können wir einkehren, Weine degustieren, ein, zwei Flaschen käuflich erwerben oder auch nur beim Fachsimpeln mit den Kurtatscher Weinexperten ein Glas Weiß- oder Rotwein genießen.*

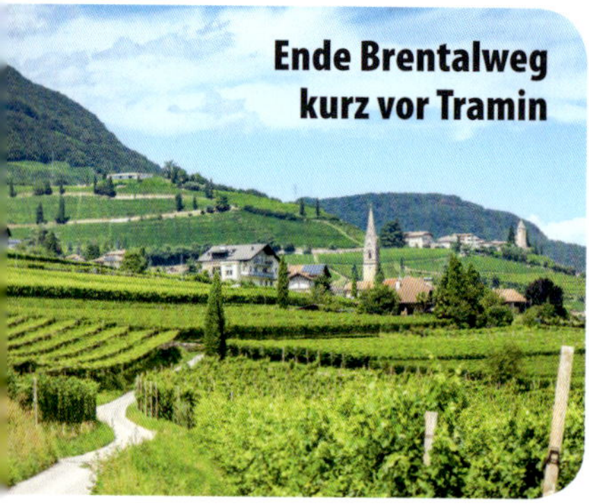
Ende Brentalweg kurz vor Tramin

und kommen so bis zur **Weinkellerei Elena Walch ⑩**.

Im Umkreis der Kellerei Elena Walch befinden sich neben dem Bistro und der Vinothek der Kellerei direkt am Weg auch einige Einkehrmöglichkeiten, die von Wein bis regionalen Speisen und italienischer Pizza alles bieten.

Wir folgen dem Straßenverlauf nach rechts, biegen also in die **Julius-von-Payer-Straße** ein und kommen so zurück auf den **Rathausplatz von Tramin ⑪**, wo weitere Einkehrmöglichkeiten und in der nördlichen Ecke die **Vinothek Hofstätter ⑫** auf uns warten.

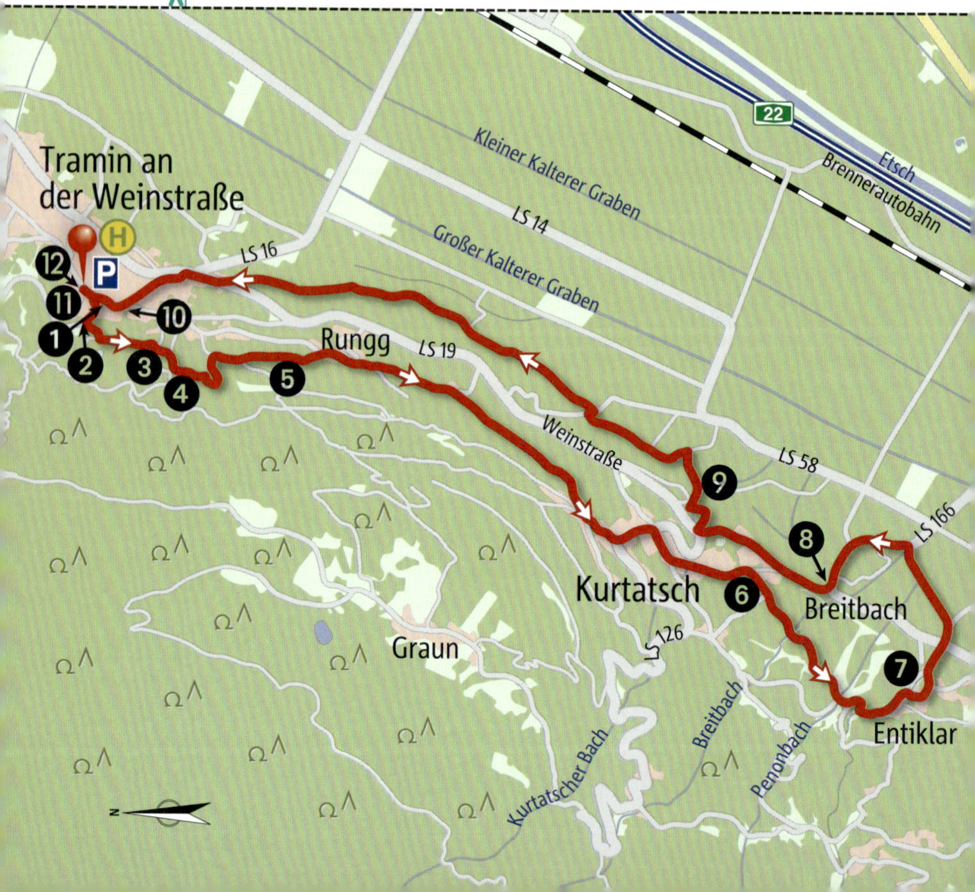

Alles auf einen Blick

WIE & WANN:
Weinbergwege, Feldwege, Dorfstraßen; schönste Wanderzeit März bis Oktober, aber das ganze Jahr über machbar

HIN & WEG:
Auto: Parkplätze am Rathausplatz (GPS: 46.341183, 11.239667) oder in der Mindelheimerstraße, I-39040 Tramin (GPS: 46.340567, 11.240200)
ÖPNV: Von Neumarkt-Tramin Bf Bus 130 bis Tramin, Haltestelle Mindelheimer Platz; oder von Auer Bf Bus 122 bis Tramin, Haltestelle Rathaus

ESSEN & ENTSPANNEN:
Schlosskellerei Turmhof mit Bistro Castel Turmhof ❼ Schlossweg 4, Entiklar, I-39040 Kurtatsch, Tel. (+39/04 71) 88 01 22, www.tiefenbrunner.com

Entspannung ✱✱✱✱✱
Genuss ✱✱✱✱✱
Romantik ✱✱✱✱✱

Kellerei Kurtatsch ❽ Weinstraße 23, I-39040 Kurtatsch, Tel. Vinothek (+39/04 71) 88 14 96, www.kellerei-kurtatsch.it
Weinkellerei Elena Walch ❿ Andreas-Hofer-Straße 1, I-39040 Tramin, Tel. Bistro (+39/04 71) 86 01 03, www.elenawalch.com
Vinothek Hofstätter ⓬ Rathausplatz 7, I-39040 Tramin, Tel. (+39/04 71) 09 00 03, www.hofstatter.com

ENTDECKEN & ERLEBEN:
Traminer Ortsviertel Betlehem ❶; **Beginn Gewürztraminer-Weg** ❷
Weinhänge über Tramin ❸ 360°-Foto: www.suedtirol-360.com/181
Ausblick auf Tramin ❹
Ausblick auf Tramin ❺ 360°-Foto: www.suedtirol-360.com/182
Beginn Weinlehrpfad Kurtatsch ❻
Milastiege ❾; **Rathausplatz Tramin** ⓫

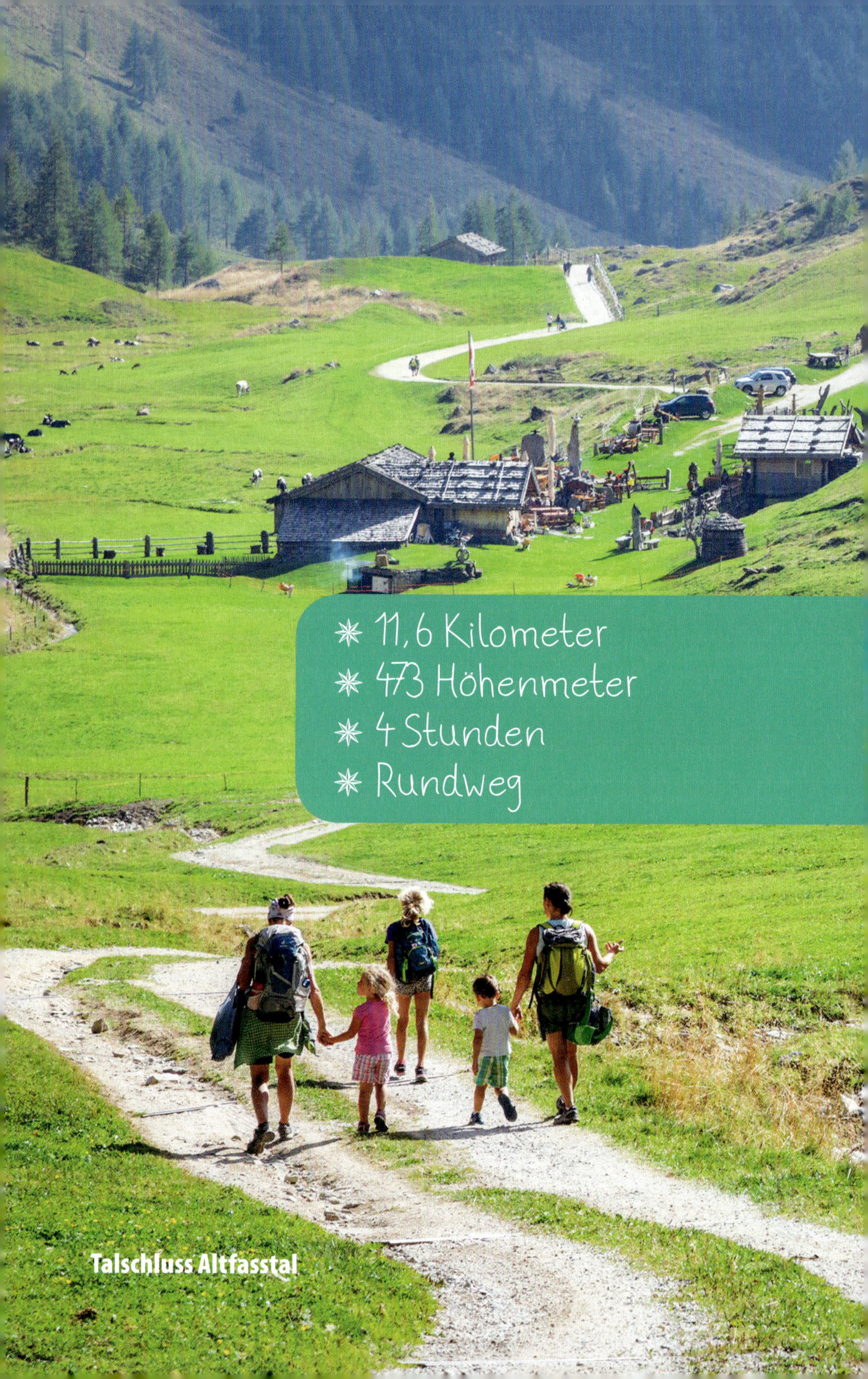

* 11,6 Kilometer
* 473 Höhenmeter
* 4 Stunden
* Rundweg

Talschluss Altfasstal

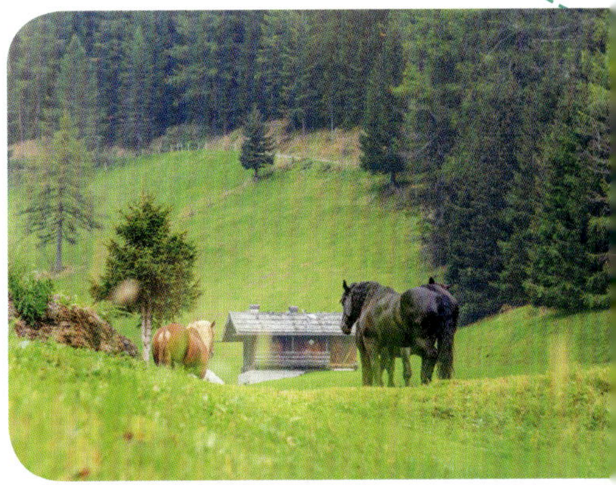

Altfasstal, das klingt spannend. Wo es liegt? Oberhalb von **Meransen** zwischen dem Jochtal und dem Gitschberg. Wir werden einen ruhigen Almweg erkunden und uns an dessen Ende, bei der Pranter-Stadlhütte, kulinarisch verwöhnen lassen. Anschließend werden wir über den leicht anspruchsvolleren Jägersteig zurückkehren.

Vom großen Waldparkplatz am Eingang des Altfasstals führt uns der Wegweiser **Rundweg Altfasstal (Nr. 15)** taleinwärts. Recht flach, auf einem breiten Schotterweg, geht es

Alm-Genuss

Rundweg Altfasstal

zuerst entlang eines Kreuzwegs bis zu einer Brücke über den Altfassbach und gleichzeitig einem **Kneipp-Parcours**. Diesen lassen wir rechts liegen und wandern leicht aufwärts bis zur **Großberghütte** ①.

Nun breiten sich Almwiesen rund um uns aus. Futterhütten und der **Altfassbach** begleiten uns durch das Tal. Immer wieder zeigen sich Weidetiere. Kühe, Pferde – alles, was der Almwanderer sich erwartet, hier unter dem Gitschberg findet er es. Eine Landschaft mit einem ganz speziellen Charme.

Der Wanderweg ist nicht zu verfehlen, wir müssen einfach immer geradeaus taleinwärts wandern. Bei der **Felderalm** geht es ein klein weniger stärker aufwärts. Die Almhütten entlang des Weges sind – wie es sich

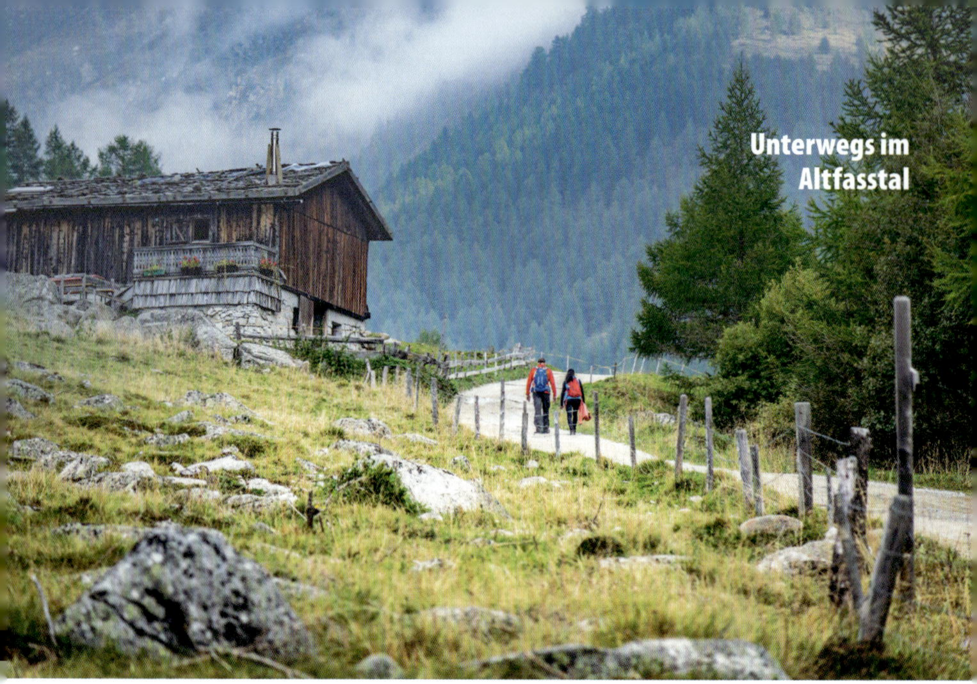

Unterwegs im Altfasstal

für richtige Südtiroler Almhütten gehört – mit Schindeln eingedeckt.

Nach der leichten Steigung könnten wir wieder Wasser treten. Kneippen ist hier im Altfasstal offenbar eine beliebte Tätigkeit. Der mäandrierende Altfassbach liefert das frische Wasser dazu.

*Zur **Südtiroler Almkultur** gehören Schindeldächer und Speltenzäune. Auf vielen Almdächern sieht man gelegte Spaltschindeln aus Lärchenholz, die mit Steinen beschwert sind. So manche Almwiese ist mit wunderschön geflochtenen Speltenzäunen eingehegt.*

Der Schotterweg ist nicht nur sehr gemütlich für Wanderer, auch Mountainbiker schätzen ihn. Rechts sehen wir einen neuen Holzzaun, der nach alter bäuerlicher Technik ohne Draht und Nägel gefertigt ist. Es ist ein geflochtener Speltenzaun, der Nützlichkeit mit Schönheit kombiniert. Das Land Südtirol fördert solche typischen Holzzäune. Zum Glück, denn ohne eine entsprechende Förderung würde es bald keine mehr geben und die überlieferte Tradition der Speltenzäune würde verloren gehen.

Wieder geht es leicht aufwärts, dieses Mal etwas länger als zuvor, aber wiederum mit nur sehr mäßiger Steigung. Wir kommen nicht einmal ins Schnaufen. Kaum ist die Steigung bewältigt, reicht der Blick plötzlich bis ans Ende des urigen Tals. Kurzkofel (2591 m), Fensterlewand (auch Fensterlekofel, 2564 m), Nock

(2528 m) und Fallmetzer (2567 m) bilden am Ende des Altfasstals einen typischen Talschluss-Kessel.

Mitten in dem Kessel haben wir die Qual der Wahl, was eine Einkehr angeht: **Pranter-Stadlhütte** 2 (1840 m) oder **Wieserhütte** 3 (1850 m)? Kurz vor der Pranter-Stadlhütte geben die Kleinen Gas und rennen hastig drauflos. Kein Wunder! Uns Eltern bleibt fast die Spucke weg: Wow, was für ein riesengroßer, toller Spielplatz! Schaukel, Rutsche, Slackline, Wippe, Kletterbäume, Trampolin, eine Seilrutsche und Hängematten – alles da. Rundherum eine großzügige Wiese (nein, eigentlich ein Rasen!) und Tische, alles garniert mit Alm-Accessoires: Hunderte kleinerer und größerer einstmaliger Almgeräte und -werkzeuge dienen

Für die Seele

Ein wunderschönes, wohliges Almtal mit bewirtschafteten Hütten, was will der Genusswanderer mehr?

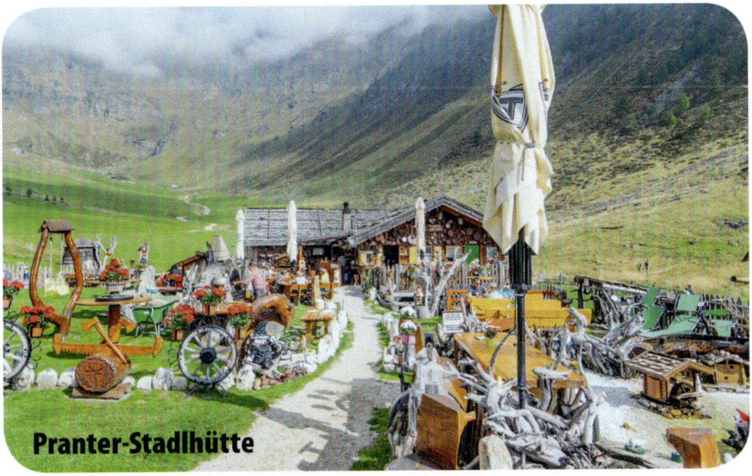

Pranter-Stadlhütte

nun als Dekoration rundherum um die Pranter-Stadlhütte. Authentisch ist das vielleicht nicht, doch interessant! Der gespannte Wanderer kann hier nicht nur essen und trinken, sondern gut und gern ein Stündchen schauen und staunen.

Zwischen all den Zentrifugen, Mühlen, Rädern alter Fuhrwerke, Sätteln, Geschnitztem steht der Wirt mit Lederhose, rot-weiß kariertem Hemd und seinem Grill. Wow, wir lieben Almkitsch!

Einen Grillteller bitte! Sogar das Brot wird hier auf der Pranter-Stadlhütte in Tiroler Look gebettet. Rot-weiß ist das Tüchlein im Korb. Toll!

Der Grillteller mundet, das Bier schmeckt, die Kinder tollen in Sichtweite und doch mit Abstand, sodass ihr Jauchzen nicht stört, auf den unzähligen Spielgeräten – das Paradies auf Erden. Und weil es am Spielplatz auch Hängematten gibt, gesellen sich nach dem köstlichen Mittagsmahl sogar die Erwachsenen dazu.

Doch irgendwann heißt es sich von der Pranter-Stadlhütte loseisen. Wir sind schließlich zum Wandern hier!

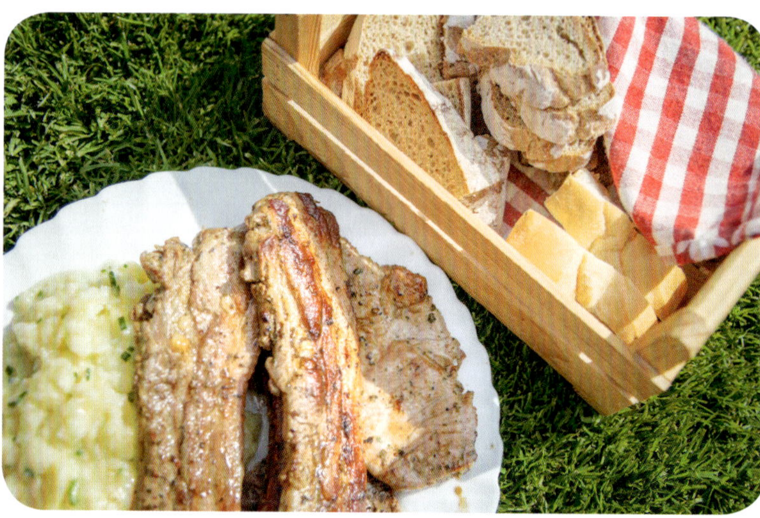

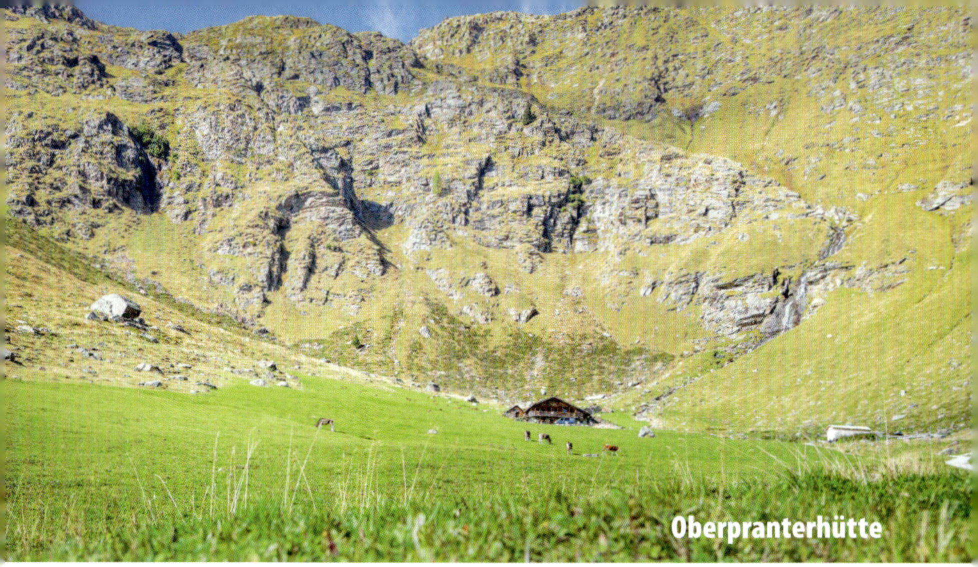

Oberpranterhütte

Darum gehen wir die 800 Meter bis zum Ende des Tals weiter, zur Oberpranterhütte (keine Einkehrmöglichkeit). Wenn schon eine Talschlusswanderung, dann soll es keine halbe Sache sein.

Eine Eselfamilie schaut uns entgegen. Die grauen, gutmütigen Tiere lassen sich wohlwollend streicheln. Der Spielplatz ist vergessen!

Bei der **Oberpranterhütte** 4 angekommen, ist dann wirklich Schluss. Hier geht es nicht weiter. Der Bergpfad, der zum Seefeldsee hinaufführt, zweigt nämlich unten bei der Pranter-Stadlhütte ab.

Ein Blick auf den vom Seefeldsee herunterstürzenden Altfassbach muss reichen; wir kehren um und marschieren zurück zu unserer Mittagsstation. Dort biegen wir links ab und folgen dem Wanderweg **Nr. 16 B**, der uns am linken Hang des Tals, einige Höhenmeter weiter oben, talauswärts führen soll. Er ist, wie unser Hinweg, Teil des **Rundwegs Altfasstal**.

Der Wanderpfad steigt an. Er ist im Unterschied zum Schotterweg, über den wir gekommen sind, ein schmaler Almsteig. Wegweiser mit der Aufschrift **Meransen** leiten uns. Bei einer Abzweigung tragen zwei Schilder diese Aufschrift. Das eine weist uns rechts steil hinunter zum besagten Schotterweg, das andere leicht aufwärts und trägt den Zusatz **Jägersteig**.

Verwöhntour 11

Jägersteig, das klingt gut, wir folgen ihm. Eine Hochfläche öffnet sich. Eine Bank, eine **Hütte 5** und ein Wetterkreuz – der höchste Punkt unserer Altfasstal-Rundwanderung ist erklommen.

Wir überqueren ein unbenanntes Rinnsal und folgen dem herrlich luftigen Jägersteig **(Nr. 16 B)**. Es geht durch lichten, begrasten Wald, der jedoch nach rechts steil, teilweise sehr steil abfällt. An diesen Stellen müssen die dreijährigen Kinder an der Hand gehalten werden – nicht ganz einfach, denn der Pfad ist schmal.

So geht es in etwas abschüssigem Gelände, aber unschwierig, bis zu einem Forstweg, dem wir nun geradeaus weiter folgen. Er bringt uns bis zu unserem Ausgangspunkt am Parkplatz zurück.

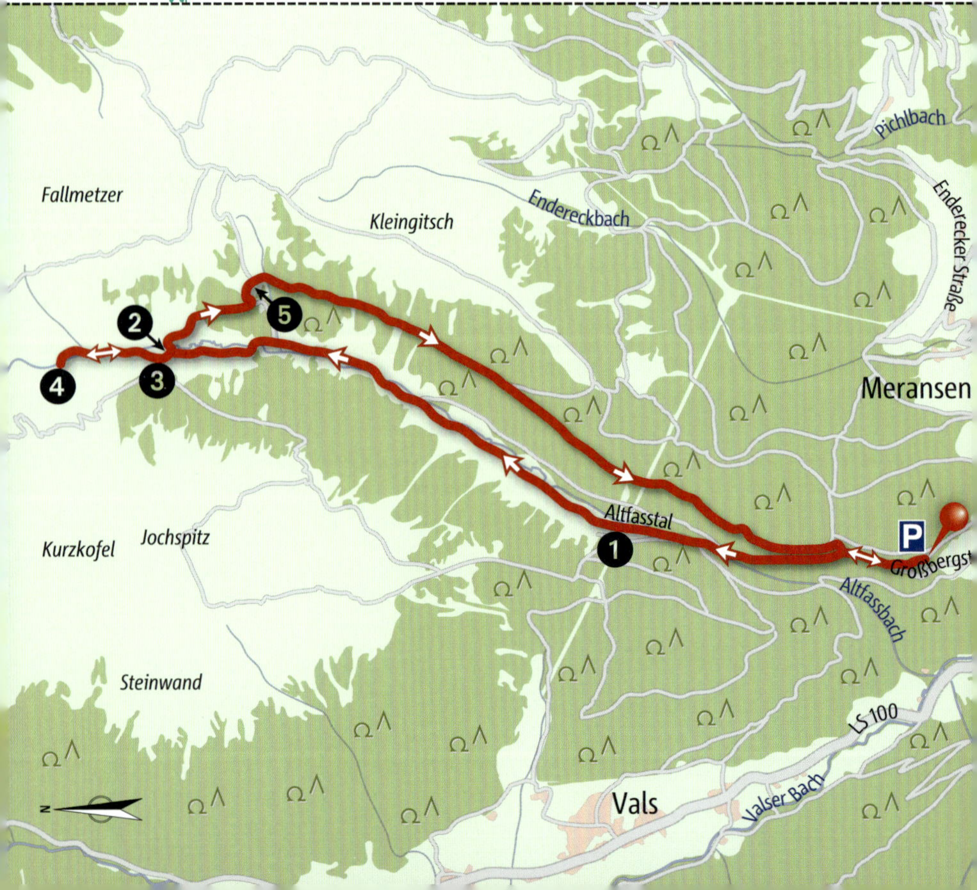

Alles auf einen Blick

WIE & WANN:
Almwege, Wald- und Wiesensteige, Forststraßen;
beste Wanderzeit Mai bis Oktober

HIN & WEG:
Auto: I-39037 Meransen, gebührenpflichtiger Parkplatz nach dem Dorf (GPS: 46.824667, 11.647950)
ÖPNV: Mit Seilbahn oder Bus nach Meransen bis zur Seilbahn-Bergstation. Vom Ausgang der Station ein Dutzend Schritte nach rechts, dann der Linkskehre und dem Verkehrsschild „Altfasstal" folgend auf dem Gehsteig entlang der **Außerecker Straße** und anschließend entlang der Straße **Große Bergstraße** (Schild **Parkplatz Altfasstal** folgen) bis zum Parkplatz (+ 5 km hin und zurück)

Entspannung ★★★☆☆
Genuss ★★★★★
Romantik ★★★☆☆

ESSEN & ENTSPANNEN:
Großberghütte ❶ Großbergstraße 11, I-39037 Meransen/Mühlbach, Tel. (+39/04 72) 52 02 77, www.grossberghuette.com
Pranter-Stadlhütte ❷ Altfasstal, I-39037 Meransen/Mühlbach, Tel. (+39/3 48) 2 12 38 60
Wieserhütte ❸ Altfasstal, I-39037 Meransen/Mühlbach, Tel. (+39/04 72) 52 03 50, www.schutzhaus-wieserhuette.com

ENTDECKEN & ERLEBEN:
Oberpranterhütte ❹
Hütte ❺

Talschluss Schlinigtal

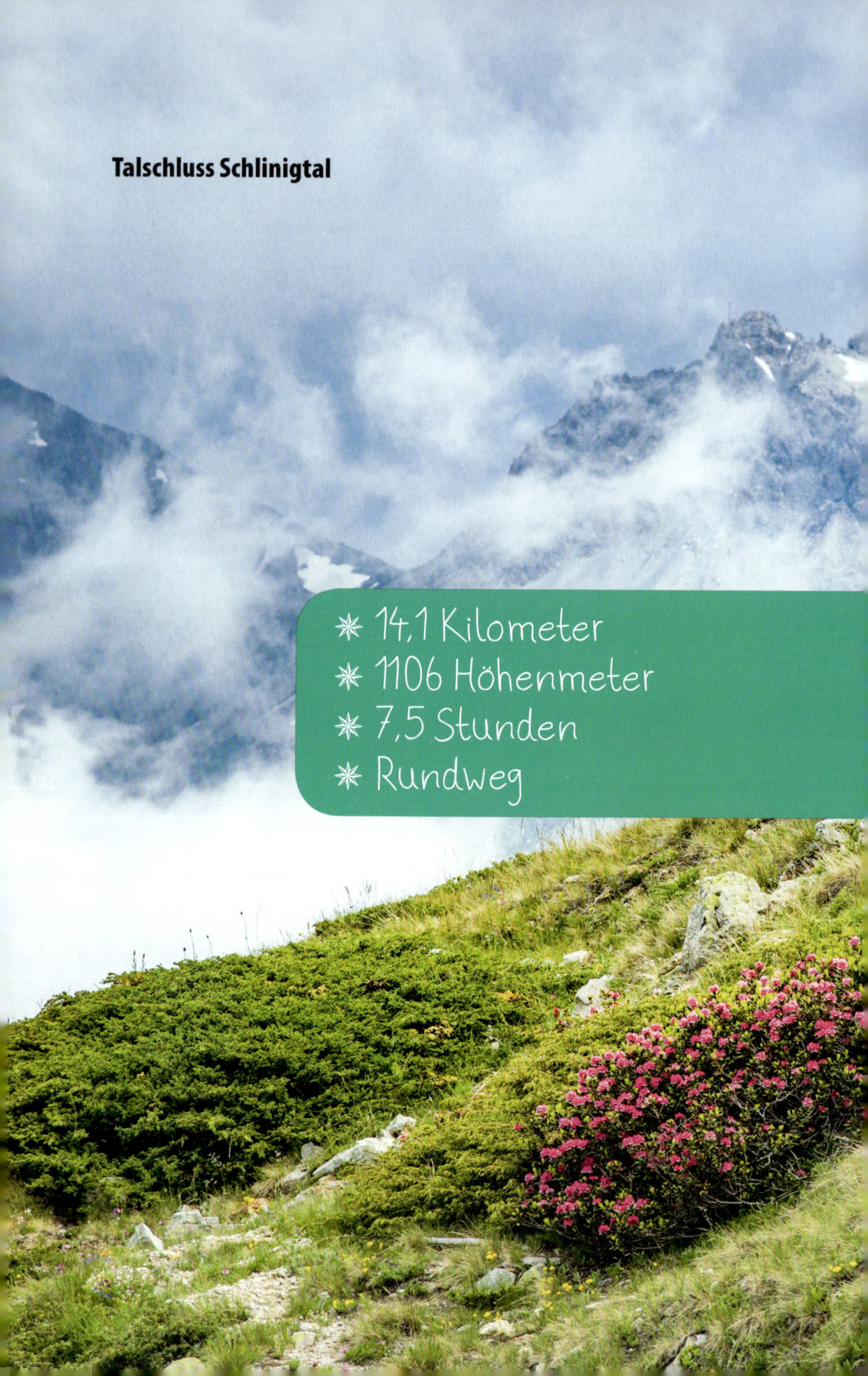

* 14,1 Kilometer
* 1106 Höhenmeter
* 7,5 Stunden
* Rundweg

Alpenrosenrausch

Von Schlinig zum Sesvennasee

Almenrausch und Bergfeeling, gepaart mit überraschenden Gaumenfreuden, das bietet das Schlinigtal in der Bergwelt der Sesvennagruppe. Wir haben am gebührenpflichtigen Parkplatz vor der Dorfeinfahrt von Schlinig geparkt, einen schnellen Kaffee in einer Bar genossen, sind nach der **Pfarrkirche zum heiligen Antonius** rechts abgebogen und nun auf dem Wanderweg **1 A** unterwegs. Es gilt zuerst 500 deftige Höhenmeter hinter uns zu bringen. Doch sobald die geschafft sind, wird die Tour zur wahren Genusswanderung!

*Anfang Juli, während der **Alpenrosenblüte**, sprenkeln rostbraune Blüten die grüne Landschaft mit einem Meer von farbigen Tupfern. Vor dem Hintergrund der imposanten Gipfel der Sesvenna-Berge bilden sie einen wahren Augenschmaus.*

Der 1 A-Steig führt uns durch Wiesen entlang von Zäunen zu einer hölzernen Brücke hinauf. Die bringt uns nicht über einen Bach, sondern über den Holzzaun, es ist eine Art Kuhsperre. Nun folgen wir dem Wegweiser **Sesvennahütte Nr. 1 A** nach links für circa 450 Meter. Dieses Stück Wiesenhang ist ausgesprochen gemütlich, da recht flach. Vor einem Rinnsal geht es rechts (Markierung **1 A**) steil hinauf und im Zickzackkurs in unzähligen kleinen Serpentinen durch lichte Lärchenbestände. Ob es sich um eine von Menschenhand gemachte Lärchenwiese handelt oder um einen natürlich entstandenen Wald, ist schwer zu sagen. Lärchenwiesen sind landschaftlich schön und ökologisch wertvoll, sie sind

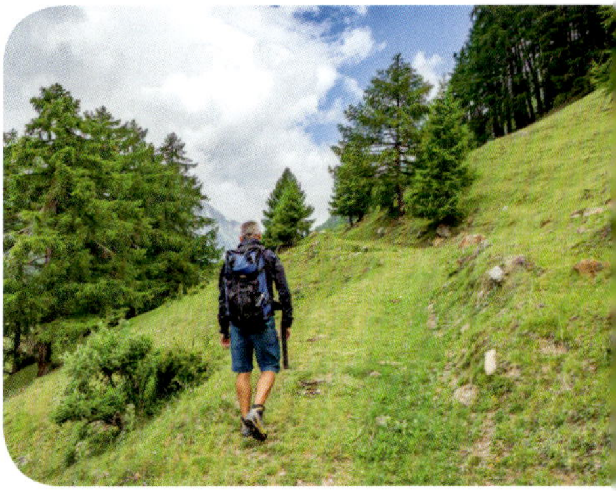

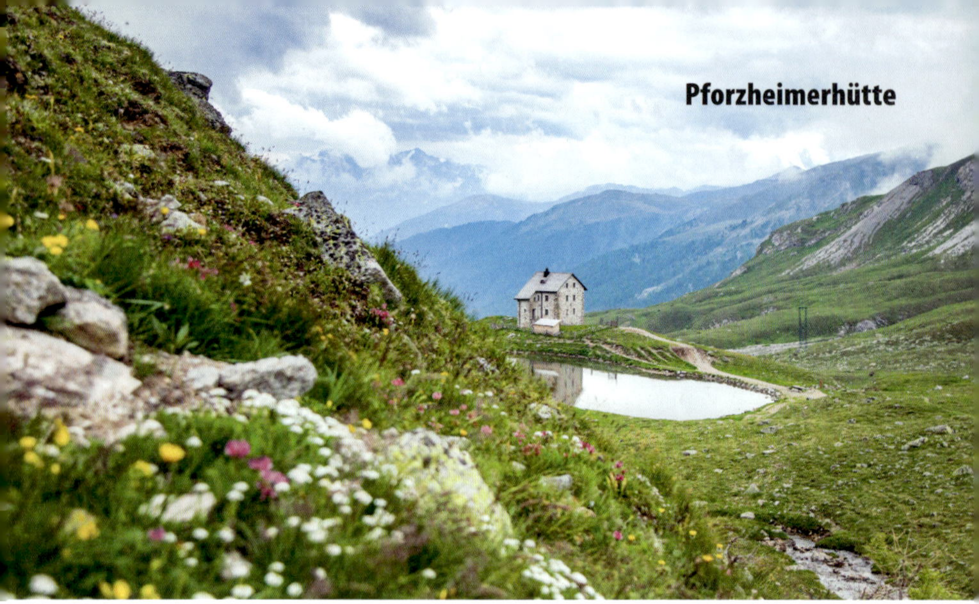

aus der Südtiroler Bergkulturlandschaft nicht wegzudenken (siehe Tour 4, Kasten Seite 37). Auf jeden Fall verschönern die mächtigen Nadelbäume mit dem grünen Bodenbewuchs den anstrengenden Aufstieg.

Plötzlich verschwinden die Lärchenriesen, sie machen Platz für eine Almwiesenlandschaft. Der 1 A-Steig wird nun etwas flacher, er führt hinauf auf den Wanderweg **Nr. 8 A**, dem wir nach links Richtung **Sesvenna-Hütte** folgen. Damit liegt der anstrengendste Teil der Wanderung hinter uns und das reine Vergnügen vor uns. Der Pfad schmiegt sich, nur leicht an Höhe gewinnend, an den nordöstlichen Hang des Schliniger Tals. Dessen Talsohle begleitet uns tief unten.

Der Steig ist eigentlich für Mountainbiker gesperrt, trotzdem überholen uns einige ganz Mutige. Unten in der Talsohle sehen wir einen mäandrierenden Straßenverlauf, der unverständlicherweise von Querungen durchzogen ist. Das kann keine normale Straße sein. Ist es auch nicht, es ist eine Rollerbahn, auf der Langläufer ihr Sommertraining absolvieren. Schlinig ist zusammen mit dem Wander- und Skigebiet Watles ein Eldorado für Langläufer.

Der Pfad zieht sich in die Länge. Das freut uns, denn so können wir den sehr gemäßigten Genuss-Anstieg lang auskosten. Inzwischen sind wir so weit ins Tal hineingeschritten, dass die Schliniger Alm von links unten zu uns heraufschaut. Dort unten soll es heute noch eine ausgiebige Einkehr geben, doch zuerst geht es circa 500 Meter oberhalb Richtung Sesvennapass.

Es ist nun der Wandersteig **Nr. 8**, auf dem wir unterwegs sind, den Zusatz A hat er inzwischen verloren.

Mit einem Schlag ist die Talsohle fast auf unserer Höhe. Die Schwarze Wand bildet hier eine circa 400 Meter hohe Geländestufe.

Der Pfad verläuft nun leicht abwärts, gleichzeitig können wir hinunter auf das erste Etappenziel, die Sesvenna-Hütte, und auch auf die **Alte Pforzheimer Hütte 1** sehen. Letztere steht seit 2009 unter Denk-

Für die Seele

Das Leben ist ein Genuss! Man muss es nur zulassen.

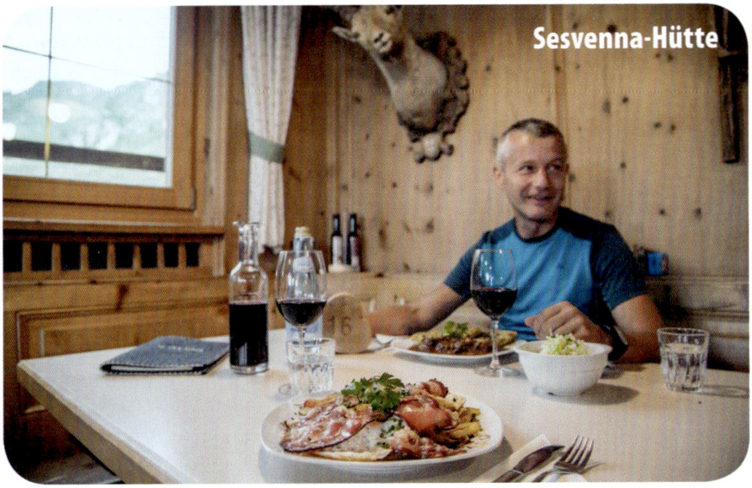

Sesvenna-Hütte

malschutz. Der Förderverein Cunfin zeichnet für ihre Instandsetzung verantwortlich. Er hat die Hütte teilsaniert, seit 2015 dient sie als Museum. Am 20. September 2015 fand die erste Ausstellung „Zollfreie Zone!?" über den Schmuggel im Grenzgebiet statt.

Die Gegend um den Sesvennapass und den dahinterliegenden, aus den senkrechten Wänden gesprengten Felsenweg durch die Uina-Schlucht war in der Not der Nachkriegszeit bei Schmugglern sehr beliebt. Sie brachten Zigaretten, Saccharin und Kaffee von der Schweiz nach Südtirol.

Das Ensemble aus Alter Pforzheimer Hütte und **Pforzheimersee** mitten in der Sesvenna-Bergwelt stellt ein großartiges Motiv dar. Auch wenn unsere Mägen schon knurren – jetzt muss noch eine kleine Fotosession sein. Erst dann geht es endlich hinüber zur **Sesvenna-Hütte** ❷.

Man könnte im Freien sitzen und die herrliche Bergwelt genießen, doch heute will das Wetter nicht so recht mitspielen. Darum setzen wir uns in der getäfelten Stube unter einen freundlich blickenden Steinbock.

Auf der Speisekarte stehen typische Südtiroler Gerichte, genau das Richtige für uns Wanderer. Einmal Spiegelei mit Speck und Röstkartoffeln und einmal Gulasch mit Pressknödel. Ach ja, und eine Halbe Roten. Danke!

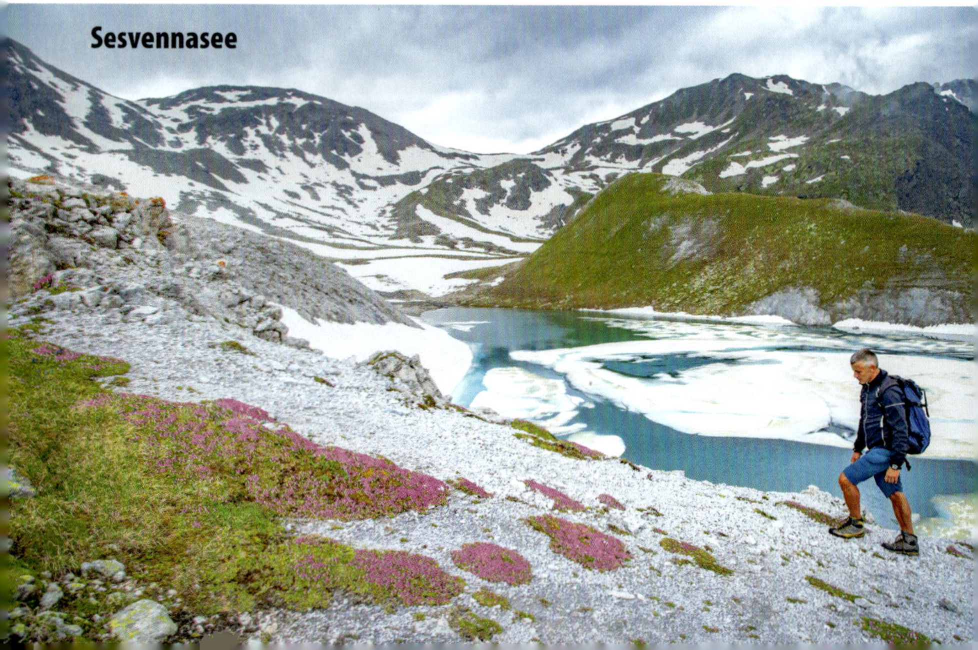
Sesvennasee

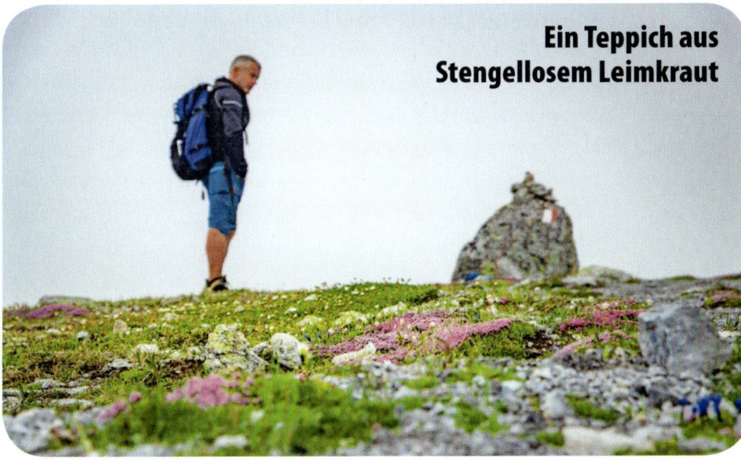

Es dauert nicht lange, da stehen die deftigen Speisen vor unseren neugierigen Augen, schnuppernden Nasen und wässrigen Mündern. Zuerst brauchen wir noch ein Foto von dem Ganzen. Dann dürfen wir es uns schmecken lassen.

Hinterher noch ein „Schnapsl". In Erwartung eines kratzbürstigen „Klaren" hauen wir das Wässerchen in einem Zug hinunter. Doch dann die Überraschung: Kein Kratzen, kein Brennen, angenehm sanft rinnt es die Kehle runter. Vortrefflich!

Nun könnten wir es uns auf den Liegestühlen vor der Hütte gemütlich machen. Doch, wie schon erwähnt, heute will das Gestirn am Firmament nicht so recht mitspielen. Darum brechen wir auf zum Sesvennasee. Der liegt etwa 350 Meter weiter oben.

Alpenblumen begleiten uns auf dem Steig **Nr. 5**, der uns mit der Sesvenna-Hütte im Rücken zuerst hinauf bis zu einer kleinen Lache führt. Nun wird das Gras etwas kürzer, der Pfad etwas steiniger und steiler, doch er bleibt unschwierig. Der Hügel, der von der Sesvenna-Hütte die Sicht auf das **Niedermoor Uina** ❸ verdeckt hat, gibt nun den Blick frei auf das 10 Hektar große Biotop an der Staatsgrenze zur Schweiz. Es entwässert

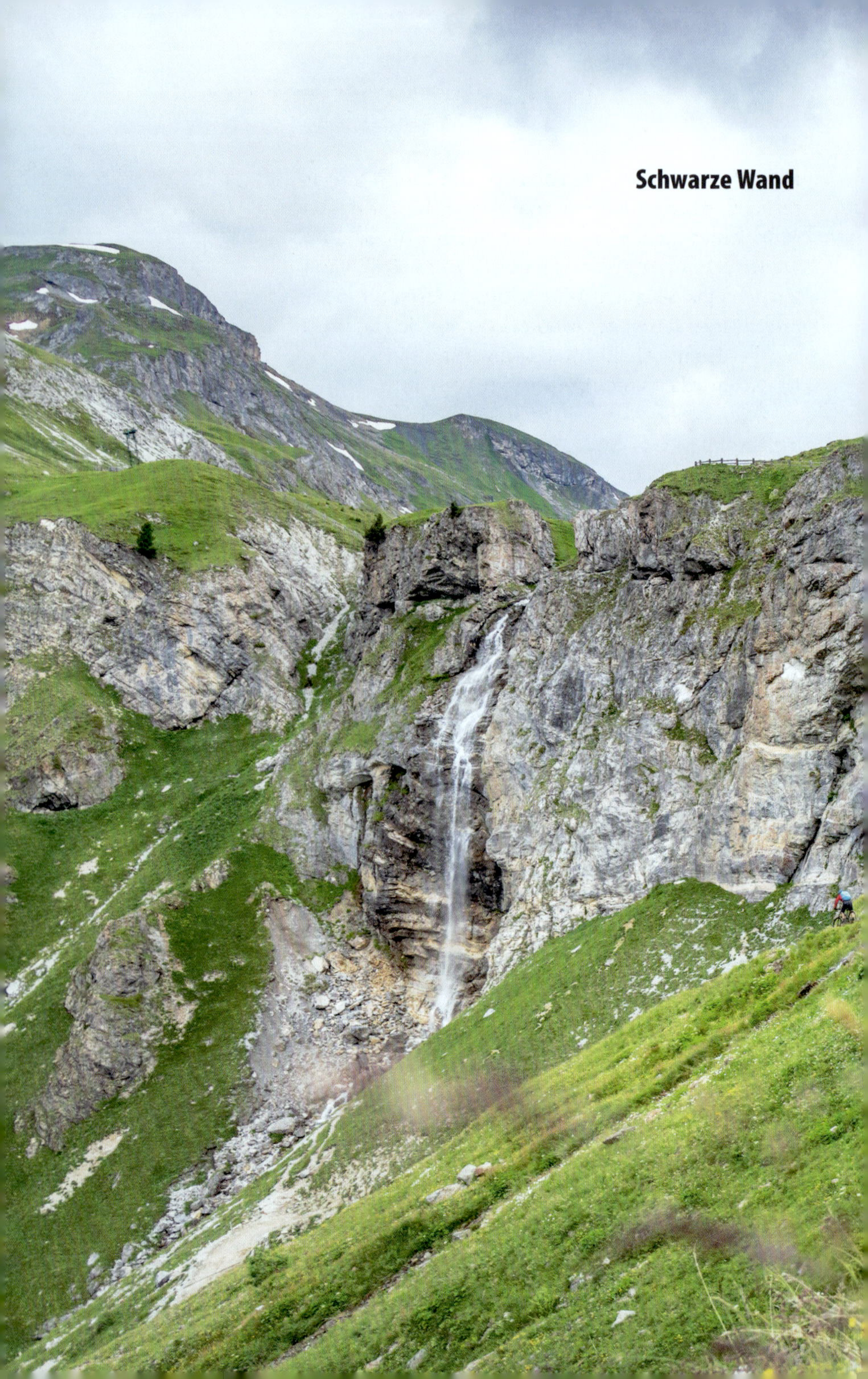
Schwarze Wand

nicht Richtung Südtirol, sondern zum Inn. Das Wasser fließt durch die imposante Uina-Schlucht ins Engadin hinab. Leider können wir von hier die Schlucht selbst nicht sehen, dafür entschädigt uns ein Flickenteppich aus seichten Wasserflächen, Niedermooren und alpinen Rasen des Moors. Es speist sich aus zahlreichen Hang-, Quell- und Bachwassern. Eine Moorlandschaft, die in Südtirol ihresgleichen sucht.

Zwei Wegweiser stehen an einer Gabelung. Der eine, mit der Aufschrift „Sesvenna Furkel", zeigt nach rechts, der andere, **Föllakopf S. See**, nach links. Wir wollen zum Sesvennasee, somit ist der linke Weg der richtige. Es ist der Wandersteig **Nr. 5 A**.

Wer die Tour abkürzen möchte (3,2 Kilometer und 350 Höhenmeter weniger), lässt den Abstecher zum Sesvennasee aus. Er könnte einen flach verlaufenden, 1 Kilometer (hin und zurück) langen Verdauungsspaziergang zum Biotop Niedermoor Uina einlegen.

Bald zaubert ein Blumenteppich aus Stängellosem Leimkraut und Weißer Silberwurz Farbe in die geröllige Landschaft. Die jetzt, Anfang Juli, noch nicht völlig abgeschmolzenen Schneefelder sind unproblematisch, das Gelände ist nicht abschüssig. Somit erreichen wir ohne Schwierigkeiten den unter dem Föllakopf eingebetteten, auf 2634 Meter Meereshöhe gelegenen **Sesvennasee ④**. Er zeigt sich an diesem Tag vielfältig. Teils mit weißer Eisdecke, teils dunkelblaugrün, teils türkis – bunte hochalpine Magie!

Zurück zur Sesvenna-Hütte geht es auf dem gleichen Steig. Über dem Niedermoor bleiben wir kurz stehen. Pfeifen dringt durch die Luft. Murmeltiere! Die pelzigen Alpenbewohner lassen uns bis auf einige Meter herankommen und verschwinden dann urplötzlich unter die Erde.

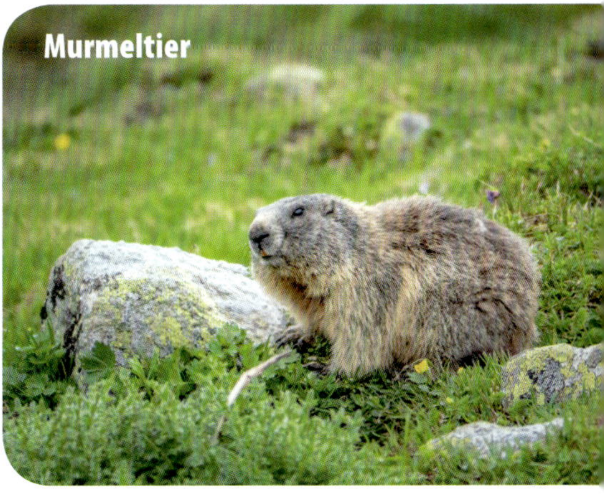
Murmeltier

Von der Hütte marschieren wir auf dem breiten Wanderweg **Nr. 1**, der zugleich eine offiziell anerkannte Dreiländer-Mountainbike-Strecke ist, talauswärts. Der Schlinigbach, auch Metz-

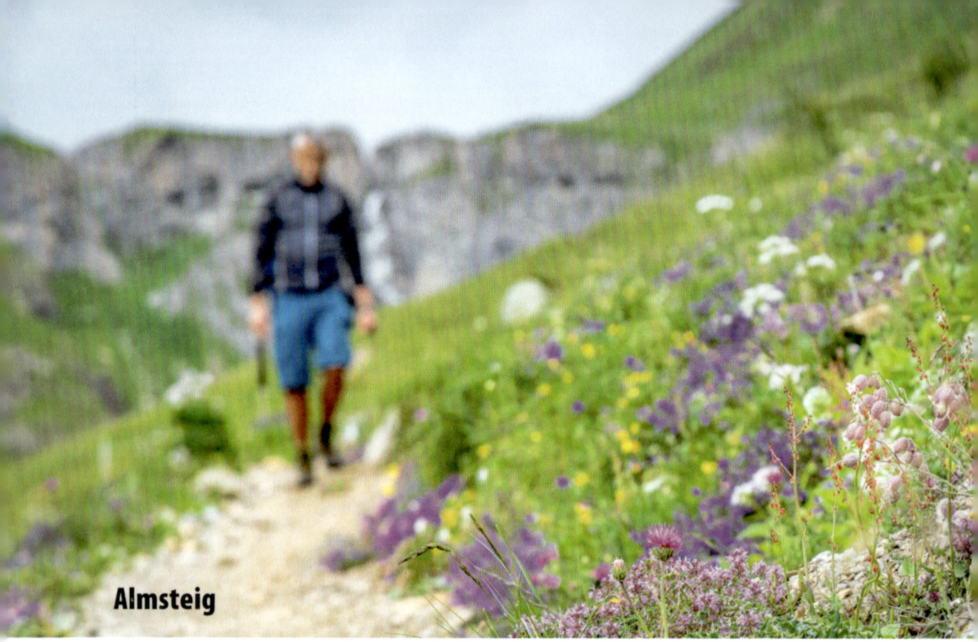

Almsteig

bach genannt, begleitet uns etwas abseits. Er speist sich aus dem Pforzheimersee.

Bei einem Kreuz, das eher einem Totem ähnelt, verlässt uns der Bach. Er, der Furchtlose, stürzt sich wagemutig über die **Schwarze Wand** 5 in die Tiefe, während wir, die Vorsichtigen, deutlich langsamer dem Tal zustreben – auf dem Weg, der ebendiese Wand umgeht.

Bei einer Kehre dürfen wir geradeaus auf einem schönen Almsteig weitergehen, während die Mountainbiker, der Kehre folgend, auf dem breiten Schotterweg bleiben müssen. So können wir gemütlich entlang rostblättrigen Almrosen zu Tal wandern, uns ab und zu umdrehen, den stürzenden Wassern des Metzbachs und den hoffentlich nicht stürzenden Mountainbikern auf dem Radweg zuschauen.

*Die **Schliniger Alm** ist ein Almgasthaus mit eigener Sennerei. Der Senn und die Sennin wurden bei der Internationalen Almkäseolympiade in Galtür prämiert. Im Sommer wird die Käserei zur Schaukaserei!*

Die **Schliniger Alm** 6 ist erreicht. Abermals dürfen wir einkehren. Obwohl wir nicht viel Hunger haben, bestellen wir ein Almbrettl. Aus Lust aufs Knabbern. So sollte jeder Wandertag enden! Draußen beginnt es derweil zu tröpfeln. Uns ist das egal, wir sitzen in einer gemütlichen Almstube bei einem kunstvoll angerichteten kalten Aufschnitt, der nicht nur gut ausschaut, sondern auch vorzüglich schmeckt. Dazwischen stecken wir ab und zu unsere Nasen ins Weinglas.

Mit dem Knabbern kommt der Appetit. Das „Brettl" mit Speck, Käse, Saurem und Kren ist schneller als gewollt Vergangenheit. Hm? Auf der Speisekarte steht unter der Überschrift Nachspeisen „Apfelstrudel" und an der schwarzen Tagestafel prangt in geschwungener Kreideschrift das Wort „Marillenknödel". Da lacht die Naschkatze in uns!

„Einmal Apfelstrudel und einmal Marillenknödel, bitte!"

Der Mürbteig-Apfelstrudel wird auf einem Teller serviert, auf dem nicht nur ein großes Stück Strudel, sondern auch eine Emaille-Tasse mit blauem Rand steht. Hm? Ob da der bestellte Kaffee drin ist? Nein, es ist eine Kugel Vanilleeis, die in der stilgerechten Blechtasse daherkommt. Cool!

Ein zweiter, etwas größerer Teller gesellt sich dazu. Darauf zwei bauchige Marillenknödel mit gezuckerter Brotbröselkruste, einer mit Schokoladenstreifen, beide weihnachtlich nach Zimt duftend, nebst einer essbaren Dekoration aus Orangenscheibe, Traubenkern, Kaffeebohne und einer weißen Creme mit Schokoladenstreifen und Erdbeerkonfitüre-Punkten.

Die Schliniger Alm bekommt von uns fünf Genusssterne in Geschmack und Ästhetik! Wir fühlen uns wie Gott in Frankreich.

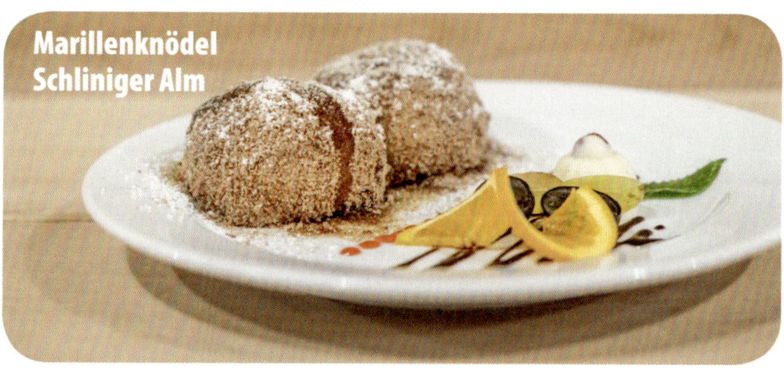

Marillenknödel Schliniger Alm

Verwöhntour 12

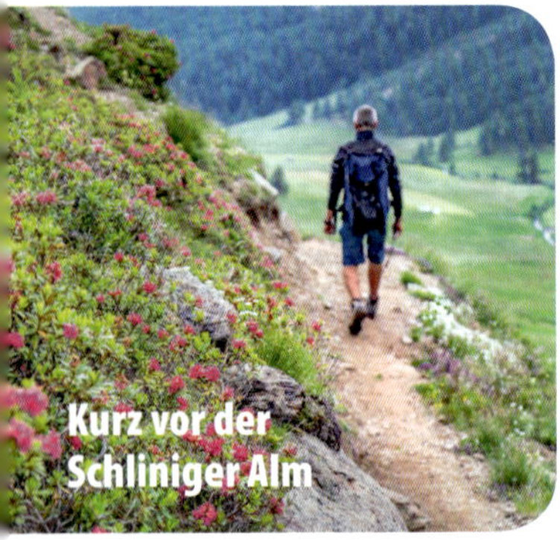

Draußen regnet es immer noch. Doch irgendwann müssen wir zurück nach Schlinig. Das bisschen Nieselregen macht uns nichts aus, auch weil der Wanderweg **Nr. 1** nun eine asphaltierte Almstraße ist. Mit aufgezogenen Mützen geht es genussvoll grunzend in die nasse Nacht hinaus. Der leichte Fisselregen verleiht dem Tal eine mystische Schönheit. Wir sind trotz Nass von oben hochzufrieden – wahrscheinlich hat der süße Genuss unsere Stimmung in die allerhöchsten Ebenen gehievt.

So kommen wir leicht angefeuchtet, aber rundum befriedigt in Schlinig an und treten die Heimfahrt an.

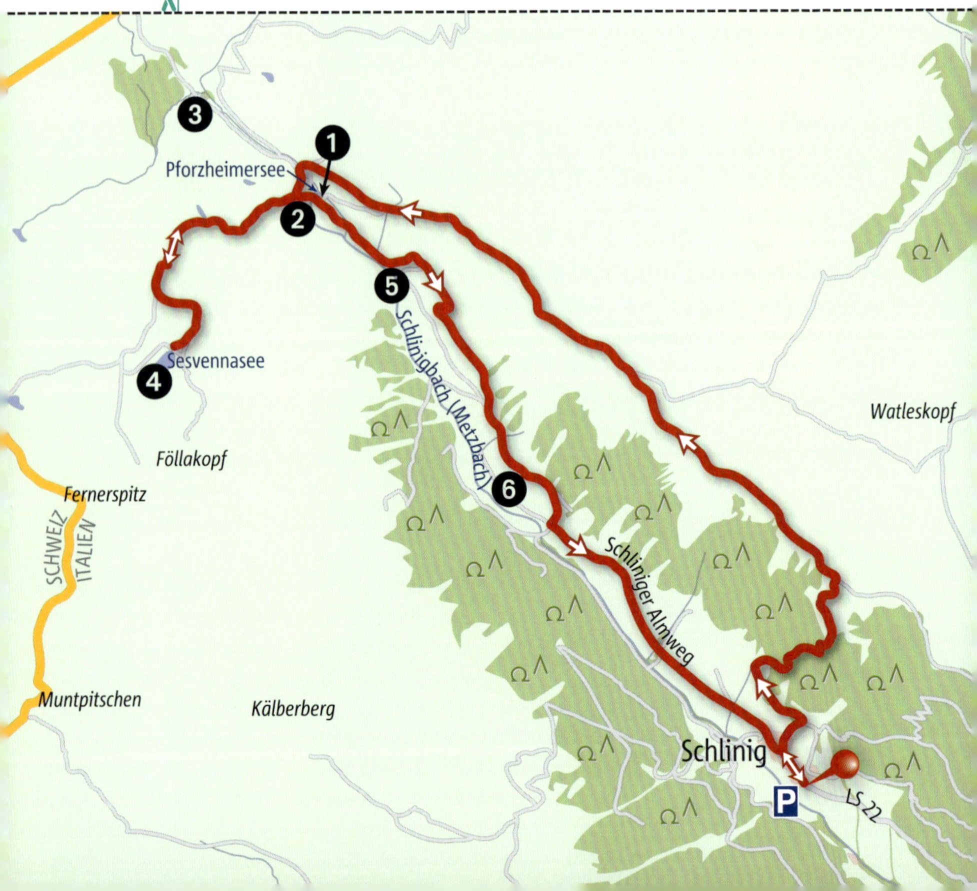

Alles auf einen Blick

WIE & WANN:
Wald- und Almsteige, Bergsteige und ein kurzes Stück asphaltierte Almstraße; beste Wanderzeit Juli bis Oktober; Schneeverhältnisse klären

HIN & WEG:
Auto: I-39024 Schlinig, gebührenpflichtiger Parkplatz vor der Dorfeinfahrt (GPS: 46.703800, 10.475317)
ÖPNV: Von Mals Bf Bus 277 bis Endhaltestelle Schlinig

ESSEN & ENTSPANNEN:
Sesvenna-Hütte ❷ AVS-Schutzhütte, I-39024 Schlinig, Tel. (+39/3 79) 1 34 22 37, www.sesvenna.com
Schliniger Alm ❻ Schlinig 58, I-39024 Schlinig, Tel. (+39/3 47) 9 77 06 67, www.schliniger-alm.com

Entspannung ✱✱✱✱✱
Genuss ✱✱✱✱✱
Romantik ✱✱✱✱✱

ENTDECKEN & ERLEBEN:
Alte Pforzheimer Hütte ❶
Niedermoor-Biotop Uina ❸ (Naturschutzgebiet)
Sesvennasee ❹
Schwarze Wand mit Wasserfall des Schlinigbachs ❺

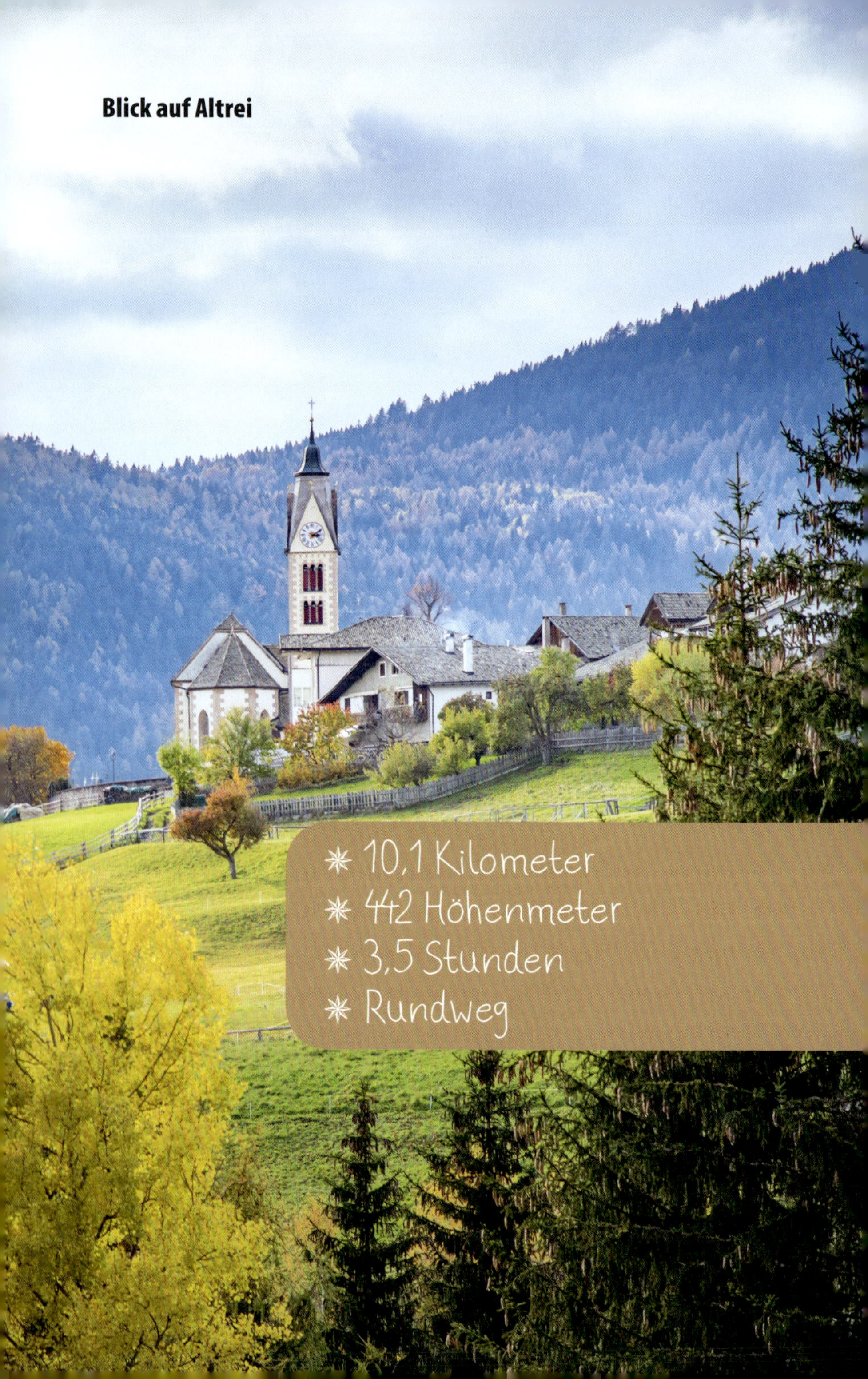
Blick auf Altrei
* 10,1 Kilometer
* 442 Höhenmeter
* 3,5 Stunden
* Rundweg

Im Herbst beginnt es rund um das idyllische Bergdörfchen Altrei in orangefarbener Pracht zu glühen. Die Lärchenwälder schlüpfen in ihr Herbstkleid, eine herrlich bunte Naturlandschaft entsteht.

Wir starten in **Altrei** vom **Parkplatz in der Professor-Alois-Zwerger-Straße** am Nordeingang des Ortes. Es geht in nordöstlicher Richtung, also mit dem Ort im Rücken, den **Altreier Sagenweg** entlang. Der Themensteig ist gut beschildert. Eine kleine, bunte Hexe begleitet uns als Wegweiser. Ab und an erzählen uns Infotafeln Sagenhaftes rund um den Ort und aus früheren Tagen.

*Die Sagen und Geschichten des **Altreier Sagenwegs** sind von Altreier Kindern nacherzählt worden. Sie sind somit recht kurz und einfach geschrieben, ideal zum schnellen Lesen und zum Einstimmen in eine mythische Wanderung.*

Ein kurzer Steg führt über eine sumpfige Stelle. Sie markiert den Beginn der herrlichen Lärchenwälder. Mächtige archaische Baumriesen malen gelborange Farben in die Natur.

Ein Wegweiser zeigt rechts zum Sportplatz, geradeaus nach **Solaiolo (Nr. 14)**. Wir wandern geradeaus und passieren so, ohne es zu merken, die Grenze zwischen Südtirol und dem Trentino. Das Südtiroler Bergdorf Altrei ist eine deutschsprachige Exklave im italie-

Grenzwanderung

Rund um Altrei

nischen Fleimstal. Truden ist der einzige ebenfalls deutschsprachige Nachbarort. So kommt es, dass wir unbewusst den Fuß auf Welschtiroler Boden setzen.

Es geht nun durch einen dichten Fichtenwald. Der Steig ist leicht zu erkennen, ein Wegweiser **Solaiolo** weist uns in die richtige Richtung. Bei einer **Baum-**

Eine Besonderheit in Altrei ist der ***„Voltruier Kaffee"****. Der wird aus der „Altreier Kaffeebohne" gewonnen, die weder Kaffee noch Bohne, sondern eine Lupine ist. Aus den behaarten blauen Lupinen wird unter Zusatz von Gerste, Weizen oder Feigen ein Kaffeeersatz erzeugt.*

aufzucht treten wir aus dem Wald heraus, passieren die Aufzucht und schauen kurz (200 Meter Abstecher) zum **Kirchlein Cuore Immacolato a Solaiolo** ❶ hinüber.

Dann geht es bei einer **Bushaltestelle** hinaus auf die Landstraße **LS 79**, über die wir nach Altrei gefahren sind. Wir folgen ihr für wenige Hundert Meter leicht abwärts Richtung **Dorfner Rast**. Vor einer Linkskurve leitet uns ein Wegweiser **Fraulalm** und **Dorfner Rast (Nr. 13)** nach rechts hinein in einen Waldsteig. Neben den Wegweisern steht ein weiteres Schild **Naturdenkmal Larice di Confine**. Mit einer geballten Ladung Vorfreude entfernen wir uns von der Landstraße und wandern auf ebener Strecke hinein in den Wald. Die Lärchen werden häufiger, der Waldboden lichter, Gras sprießt überall. Es ist genau nach unserem Geschmack!

Die **Dorfner Rast** ❷ lässt nicht lang auf sich warten. Es ist eine weitläufige Lichtung mit einer (nicht bewirtschafteten) Hütte inmitten von Lärchen. Das ideale Plätzchen für die Rucksackjause. Wir lassen uns unter einer mächtigen Lärche nieder und genie-

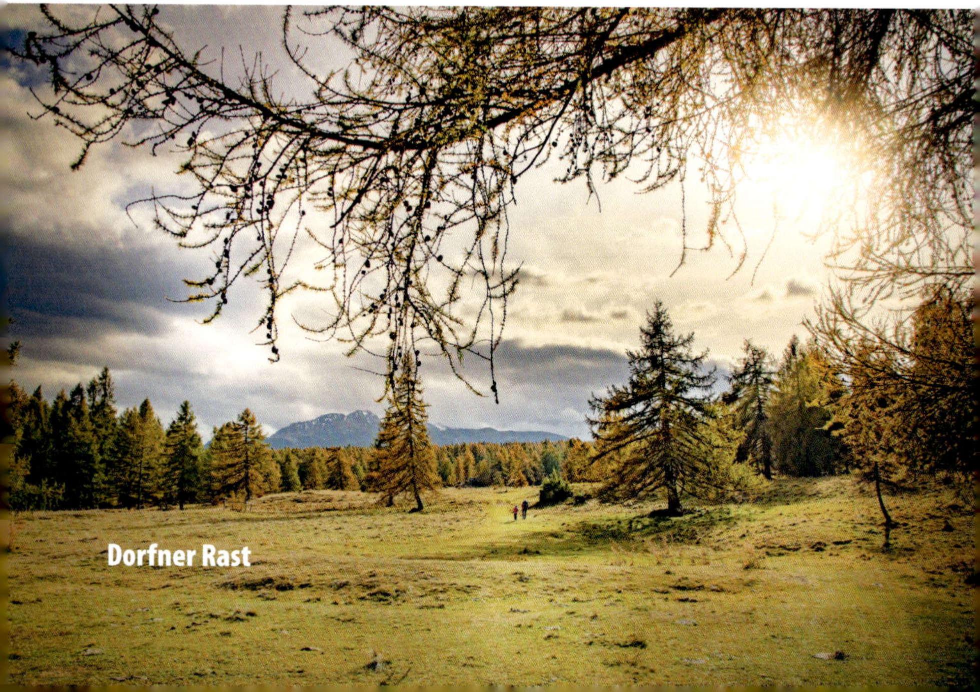
Dorfner Rast

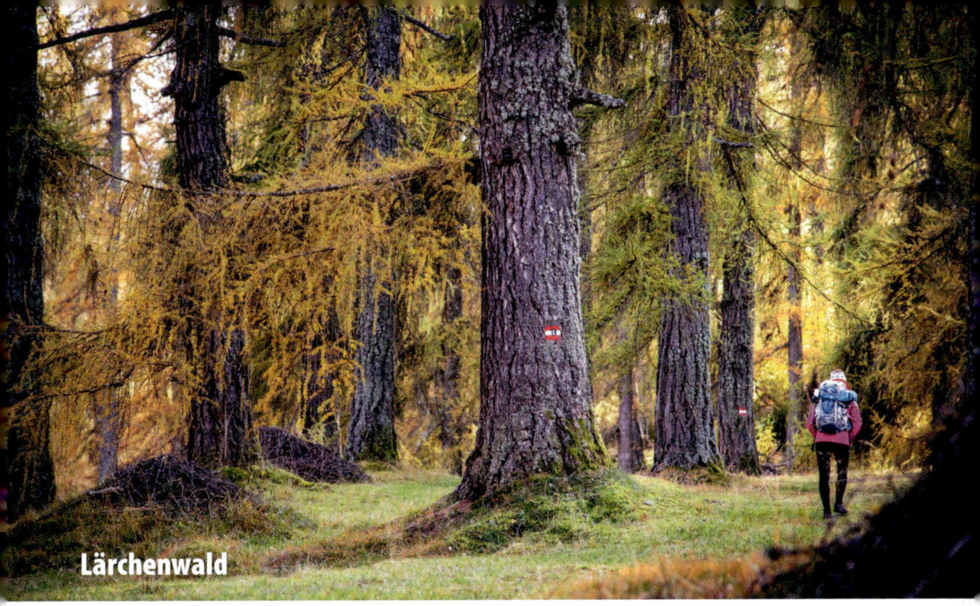

Lärchenwald

ßen den Wandersonntag. Die kontrastreichen Farben, die von den orangen Tönen der Lärchen bis hin zum glitzernden Weiß der schneebedeckten Gipfel der Lagorai reichen, der Klang der menschenleeren Flora und Fauna, ein herzhaftes Speckbrot in der einen, eine Wasserflasche in der anderen Hand – mein Gott, das Leben ist schön!

Für die Seele

Ein Wechsel von Lärchenwald und Lärchenwiesen streichelt unsere Wandererseele.

Nach Speis und Trank durchschreiten wir die sumpfige Magerwiese und treffen auf die gut sichtbare Grenze zwischen Welsch- und Deutschtirol. Nein, kein Schlagbalken, kein Grenzstein markiert sie, sondern eine markige Baum-Silhouette. Sie ist durch ihre Form klar als Besonderheit erkennbar. Das muss das **Naturdenkmal Larice di Confine** ③ sein. Und so ist es auch!

Auf einem Schild steht in „Kauderwelsch“:

Comune di Anterivo – Gemeinde Altrei
ALBERO MONUMENTALE – NATURDENKMAL
‚LARICE di CONFINE‘
Altezza – hòhe: 34 m
circonferenza – durchmesser: 4,60 m
Anna di nascita-erste erwàhnung-stimato-vermutlich: 1798
Valle di Fiemme-Fleimstal

Die Informationstafel unterstreicht die Tatsache: Wir befinden uns an der Sprachgrenze!

Die Markierungen des Wanderwegs **Nr. 13** geleiten uns Richtung Südwesten. Bei dem Wegweiser **Fraulalm** biegen wir rechts ab. Es dauert nicht lange, bis die nicht bewirtschaftete **Fraulalm** ❹ erreicht ist. Leicht oberhalb der Alm geht es nun auf einem grasigen Steig **(Nr. 7)** nach Altrei.

Nach 200 Metern veranlasst uns ein Wanderschild mit dem verlockenden Wort **Schönblick** zu einem Abstecher von 200 Metern auf einen Hügel. Dort warten ein großes Holzkreuz, eine Bank und der versprochene Ausblick auf uns. Getrübt wird der **Schönblick** ❺ ein klein wenig von Fichten, die einen Teil des Dorfes

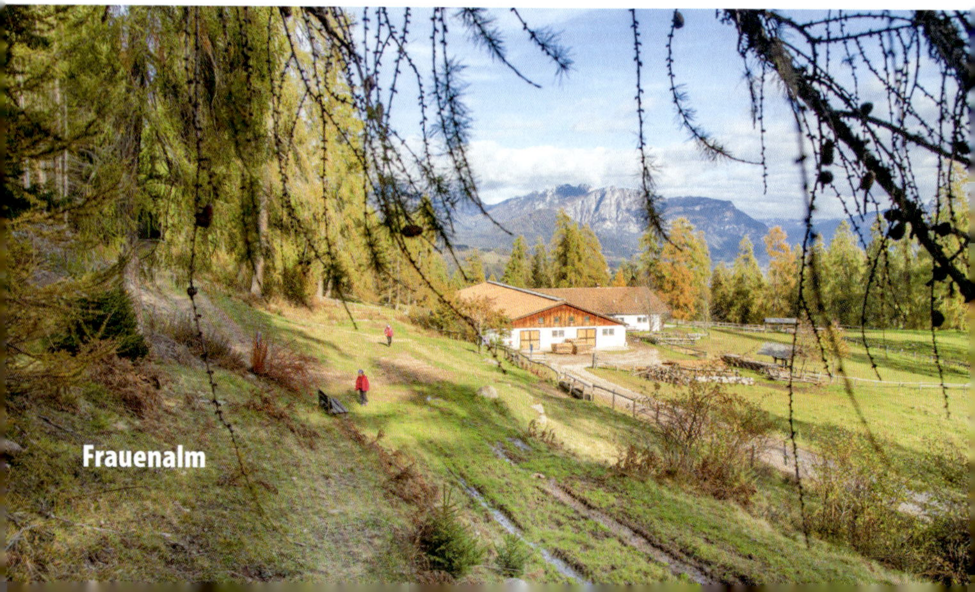

Frauenalm

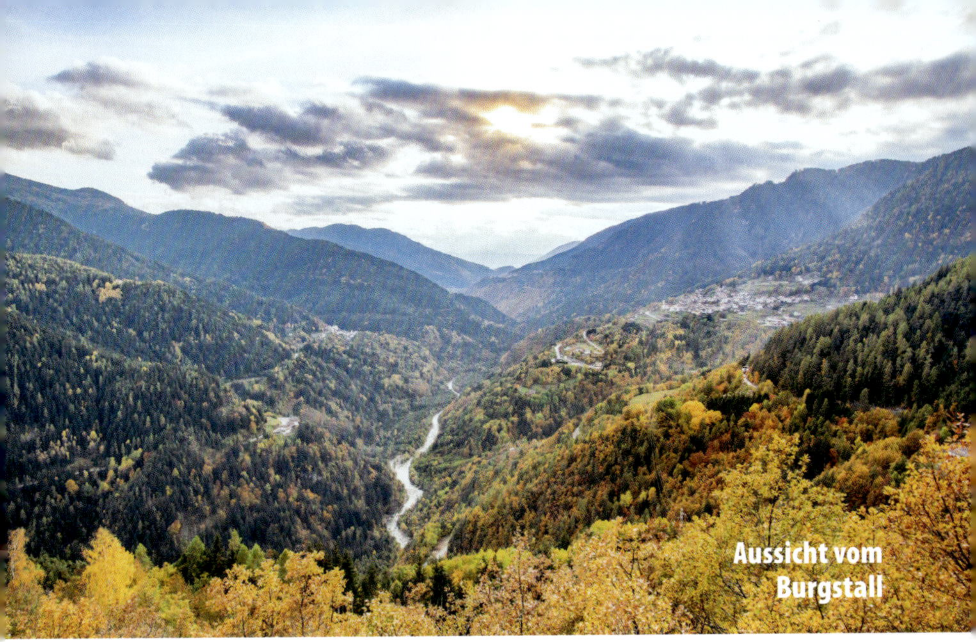

Altrei verdecken. Lärchen hätten wir das verziehen, doch bei schnöden Fichten gilt das nicht unbedingt.

Nach dem Abstecher gehen wir zurück zum Wegweiser „Schönblick“ und folgen dann dem Schild **Altrei** hinunter ins Siedlungsgebiet des Ortes. Nach einem ersten Hof biegen wir scharf links ab und marschieren auf einer asphaltierten Straße nach **Guggal**.

Dort gibt es einen heißen Tipp für Slow-Food-Liebhaber: das Gasthaus **Kürbishof** ❻. Wer einkehren möchte, der sollte reservieren!

Auf einem gepflasterten, etwas steilen Weg **(Nr. 8)** geht es hinunter zum **Kugelbach**. Auf der gegenüberliegenden Seite des Baches müssen die so verlorenen Höhenmeter wieder wettgemacht werden. Kein Grund zum Jammern, denn bis jetzt haben wir keine relevanten Steigungen überwunden, ein wenig Höhenleistung tut gut.

Das Bergdorf bereits in Griffweite, biegen wir beim ersten Gebäude links ab und entfernen uns über den Steig **Nr. 9**. So kommen wir fast bis zu den Karnatscherhöfen hinunter, machen aber kurz davor einen 90-Grad-Schwenk nach rechts. Der teilweise mit Natursteinen gepflasterte Feldweg führt uns durch

*Der **Burgstall** (1191 m) ist der markanteste Punkt einer Mittelgebirgsterrasse, die schon in prähistorischen Zeiten den Menschen einen günstigen Siedlungsplatz geboten hat. Sie besteht aus Fleimser Porphyr und stürzt zur Avisio-Schlucht ab.*

Wiesen, südlich um Altrei herum, bis zum **Felskopf Burgstall 7**.

Der Burgstall bietet einen interessanten Tief- und Weitblick. Unter uns fließt der Fluss Avisio zuerst durch das südliche Fleimstal und dann in das Cembratal. Vor allem auf das 580-Seelen-Dorf Capriana können wir sehr gut hinübersehen, aber auch die Trentiner Bergwelt, von der Lagorai bis hinunter zu den Gardaseebergen, erschließt sich uns.

Dann spazieren wir gemütlich auf die **Kirche von Altrei** zu.

Der Abschluss der Rundwanderung führt uns nun mitten durch das verschlafene Bergdorf bis an sein Nordostende, wo wir gestartet sind.

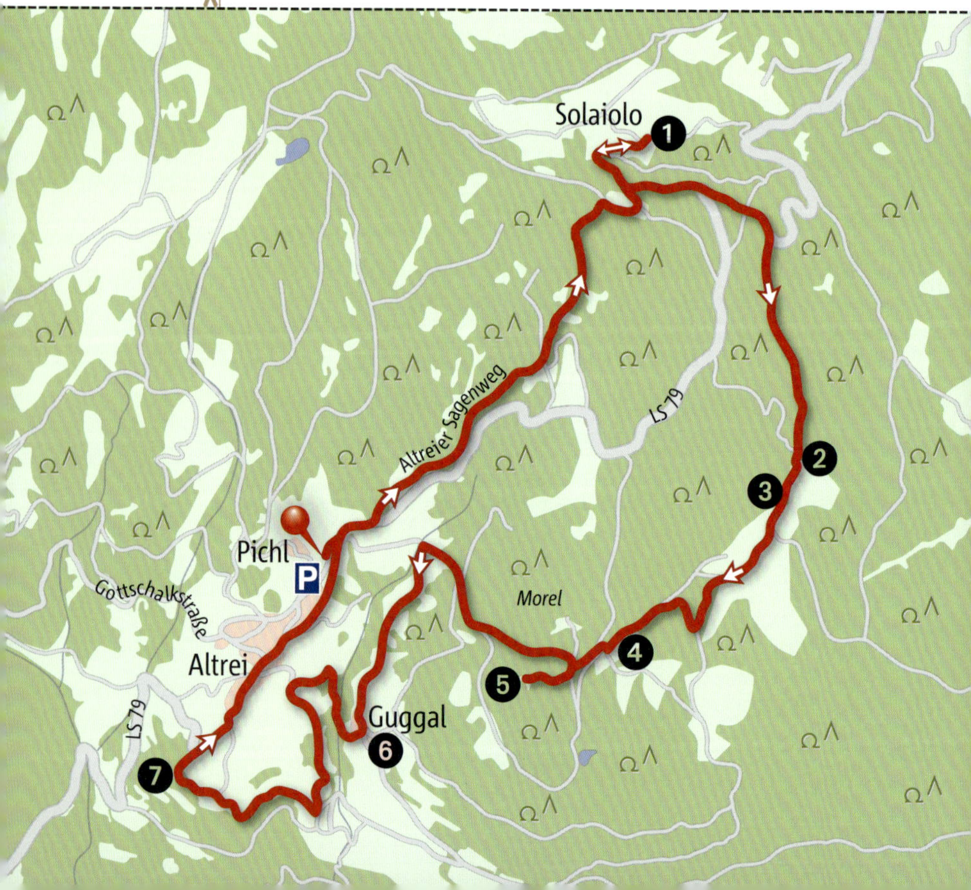

Alles auf einen Blick

WIE & WANN:
Wald- und Almwege; beste Wanderzeit Mai bis November, aber auch im Winter möglich

HIN & WEG:
Auto: Parkplatz am Dorfeingang von I-39040 Altrei (GPS: 46.2810854,11.3701459)
ÖPNV: Von Neumarkt Bf Bus 144 bis Altrei, Haltestelle Abzweigung Guggal

ESSEN & ENTSPANNEN:
Kürbishof ❻ Guggal 23, I-39040 Altrei, Tel. (+39/04 71) 88 21 40, www.kuerbishof.it

ENTDECKEN & ERLEBEN:
Kirchlein Cuore Immacolato a Solaiolo ❶
Dorfner Rast ❷
Naturdenkmal Lärche Larice di Confine ❸
Fraulalm ❹
Schönblick ❺
Felskopf Burgstall ❼

Entspannung ✸✸✸✸✸
Genuss ✸✸✸ (✸✸)
Romantik ✸✸✸✸✸

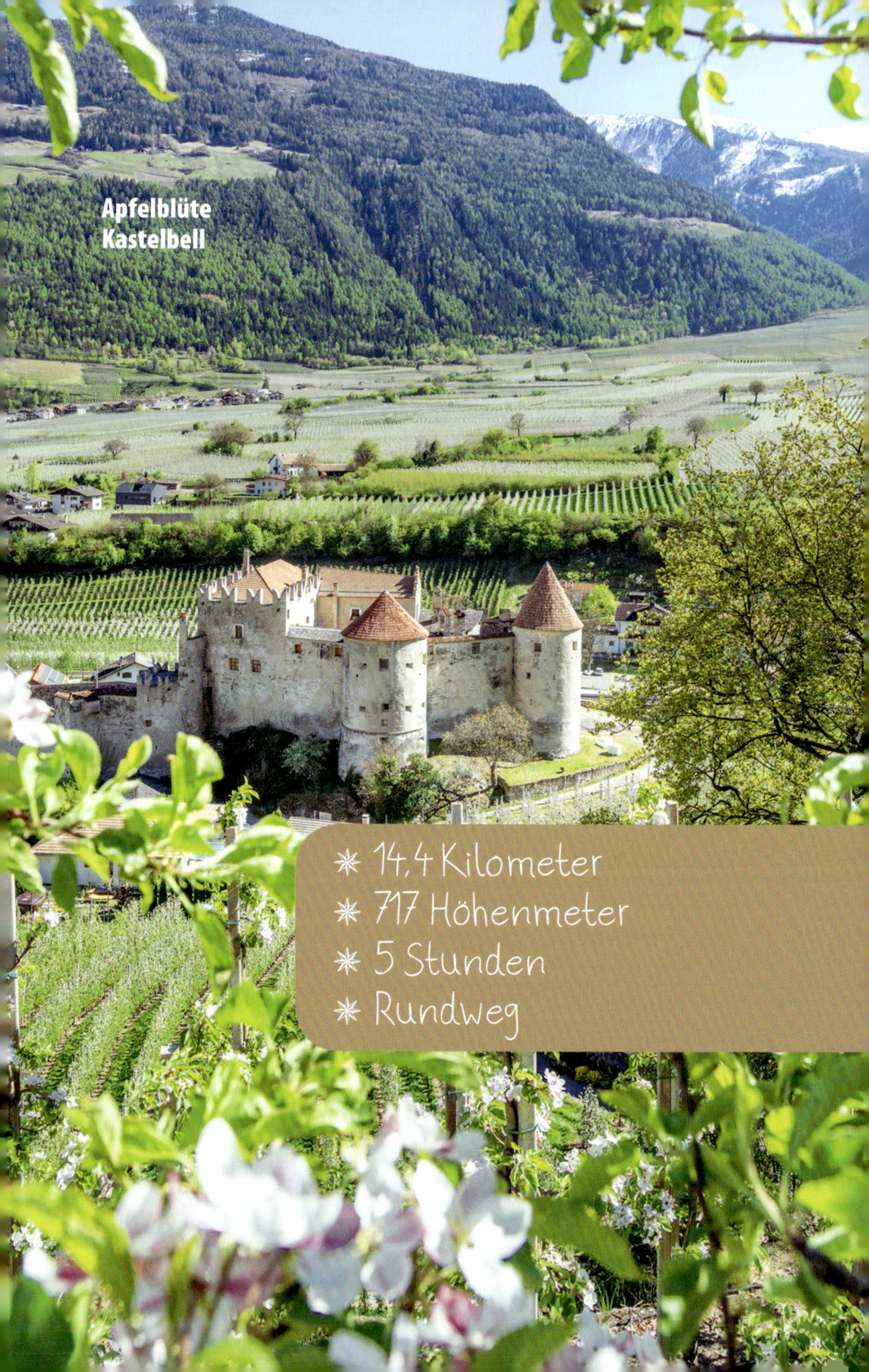

Apfelblüte Kastelbell

* 14,4 Kilometer
* 717 Höhenmeter
* 5 Stunden
* Rundweg

Ein **Waal** ist ein Bewässerungskanal. In der Meraner Gegend und im Vinschgau werden diese Kanäle noch heute von den Bauern zur Bewässerung ihrer Obstanlagen und Weinberge genutzt. Ein Waalweg war ursprünglich der zugehörige Instandhaltungspfad. Wir wollen gleich drei davon erwandern und gleichzeitig die Burg des berühmten Südtirolers Reinhold Messner, Schloss Juval, besuchen.

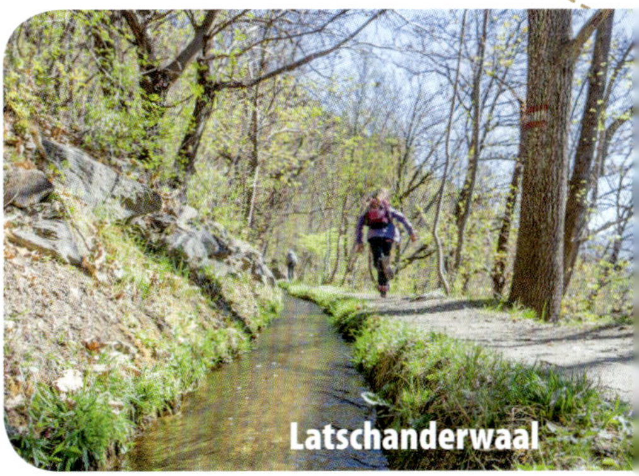
Latschanderwaal

Dafür fahren wir nach **Kastelbell** und parken mitten in dem 900-Seelen-Dorf. Der **Winkelweg** bringt uns zum Sonnenberg hinauf (beschildert mit **Köfelgut**). Die Straße wird bald recht eng und geht kurz darauf in den Wanderweg **Nr. 4 Hochgalsaunweg** über. Dieser lotst uns hinauf zum ersten Waalweg, der am **Latschanderwaal** entlangführt. Wir wandern jetzt dem recht flachen Verlauf des Wasserkanals und dem Wegweiser **Schloss Juval (Nr. 3)** folgend nach Osten.

Zur Burg Juval

Drei Waalwege im Untervinschgau

Das Angenehme an Waalwegen ist: Man benötigt keine Beschilderung. Man folgt einfach dem Waal. Der windet sich einmal eingegraben im Waldboden dahin, dann gluckst sein Wasser zwischen Gräsern und Kräutern, alsdann begleiten ihn betonierte Ränder oder er ist mit Holzbrettern bedeckt, auf denen der Waal-

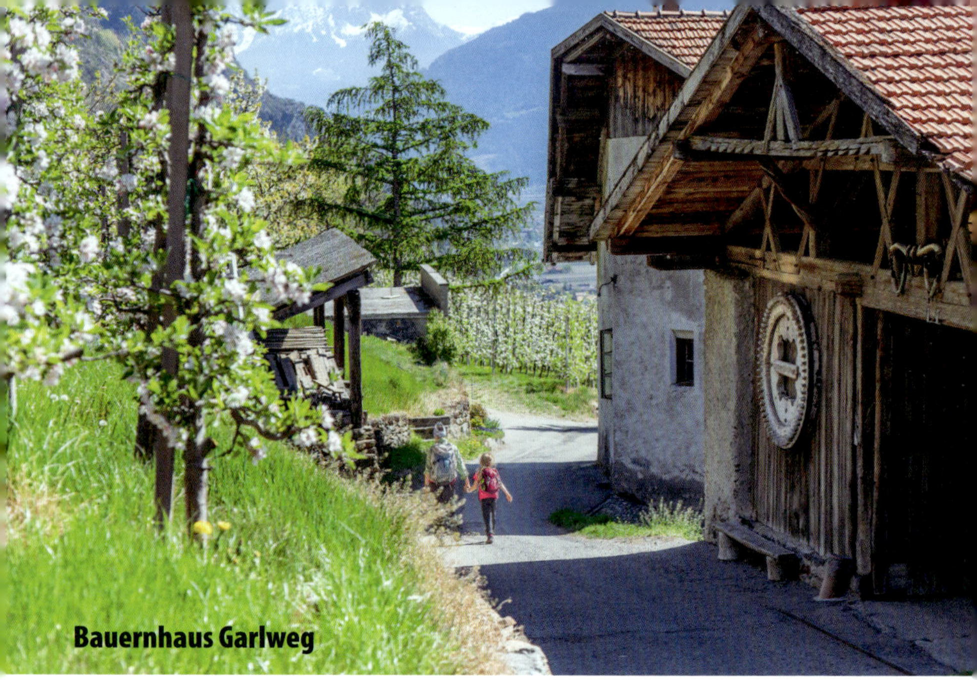

Bauernhaus Garlweg

Der trockene **Vinschger Sonnenberg** erstreckt sich 42 Kilometer von Partschins nach Mals. Hinter ihm „melken" Dreitausender die Wolken ab. Der geringe Jahresniederschlag und die intensive Sonneneinstrahlung führten dazu, dass hier Steppenvegetation entstanden ist.

Wanderer laufen kann. Nur ab und zu verschwindet er entlang des Vinschger Sonnenbergs in einem unterirdischen Rohr. Ob der Wasserkanal gut gefüllt ist, hängt von der Saison und der Bewässerungsstrategie der Bauern ab, aber auch wenn kein Wasser läuft, kann man ihm gut folgen.

Einmal müssen wir den uns begleitenden Latschanderwaal kurz verlassen. Es gilt den **Galsauner Bach** – immer noch der Markierung **Nr. 3 Schloss Juval** folgend – an einer höheren Stelle zu überqueren.

Am Weg steht eine Tafel mit der Aufschrift **Die drei hartherzigen Schwestern**. Bei der Pinthof-Mühle folgt eine zweite mit der Bezeichnung **Köstenwunder**, hinter der uns ein Dutzend Zwergenköpfe, sogenannte Nörggelen, entgegenlachen. Uns wird klar, wir sind nicht nur auf einem Waalweg, sondern gleichzeitig auch auf einem Sagen-Themenweg.

Es geht nun kaum merklich aufwärts. Das heißt natürlich auch, dass das Wasser des Waals hier eine andere Fließrichtung hat, es kommt uns entgegen. Bald sticht die Kirchturmspitze von Tschars ins Auge und es öffnet sich ein weiter Blick auf den Vinschgau.

Bei einem **Tisch mit Bank** 1 rasten wir kurz und atmen durch. Nicht weil wir außer Puste wären, einfach nur weil es so schön ist, über die blühenden Apfelbäume hinweg ins Tal der Etsch und auf die weißen Gipfel der Ortleralpen im Hintergrund zu schauen.

Der Wegweiser **Nr. 3 Schloss Juval** zeigt wie schon die ganze Zeit Richtung Osten. Er wird uns bis zum Schloss führen. Über der Ortschaft **Tschars**, an einer Hofstelle mit Ziegen, weicht der Wald Kulturlandschaft. Anna will eine Streichelpause einlegen. Wird genehmigt.

Ein asphaltierter Weg, der **Garlweg**, führt uns vorbei an herrlich blühenden Apfelbäumen, während wir ab und zu einen Blick auf die Kirchturmspitze von Tschars erhaschen. An einer Straßenkreuzung biegen wir 90 Grad nach links ab, schreiten 60 Meter den Garlweg hinauf und treffen dann auf den **Schnalser Waalweg**, der zugleich der **Archäologische Wanderweg A 6** ist. Weiterhin ist er mit **Schloss Juval** beschildert.

Bimmel, bimmel … eine Waalschelle zeigt akustisch an, dass Wasser im Kanal fließt.

*Eine **Waalschelle** wird von einem Hammer geschlagen, der von einem im Waal angebrachten Wasserrad angetrieben wird. Somit sagte ihr Bimmeln dem Waaler – dem Hüter des Waals – dass der Kanal Wasser führt und nicht verstopft ist.*

Für die Seele

Waalwege, Feldwege – da verfällt auch der flotte Wanderer irgendwann in einen Spazier-Rhythmus. Herrlich entspannend!

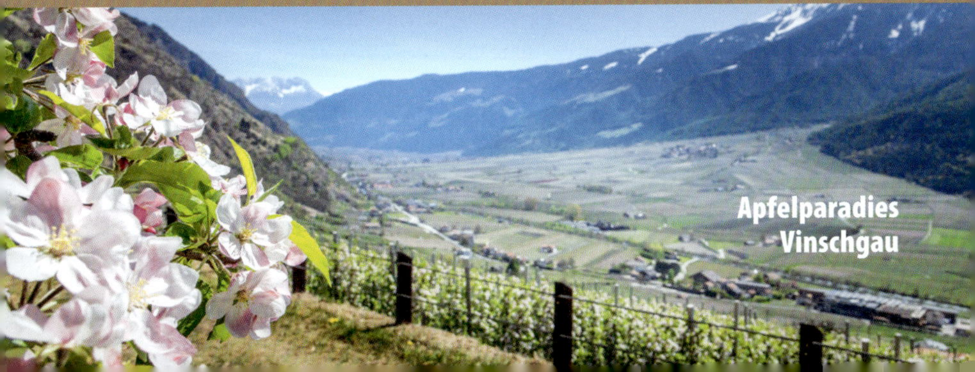

Apfelparadies Vinschgau

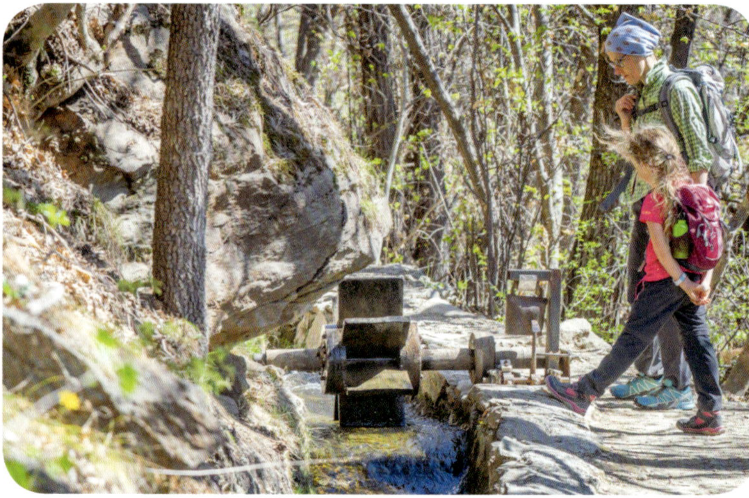

Das Wasser zu unserer Linken wird allmählich lustiger. Es springt und hüpft uns entgegen. Verständlich, denn der Schnalser Waalweg führt jetzt – zwar kaum merklich, aber doch – etwas bergan.

Der Waal-Wanderpfad ist hier, schlicht gesagt, traumhaft. Wie kein anderer Weg stellt er den Satz unter Beweis: „Der Weg ist das Ziel!“ Ein **Aussichtspunkt**, mit **Kraizegg** ② beschriftet, lässt uns wieder hinunter auf den Vinschgau und hinüber zu den weißen Gipfeln der Ortlergruppe blicken. Das frische Frühlingsgrün tut ein Übriges, um daraus das Bild eines Idylls par excellence zu zaubern.

Eine felsige Passage, dann wieder frisches Grün, der Waalweg bietet Abwechslung pur. Und plötzlich – wir treten aus dem Waldrand heraus – blickt uns **Schloss Juval** entgegen.

Die Landschaft zeigt sich mit einem Mal so, wie man es vom Vinschger Sonnenberg erwartet. Trockenvegetation prägt das Bild. Scheinbar hat der Wasser spendende Waal bis hierher einen grünen Streifen in den Sonnenberg gezaubert, sodass die typische Vegetation bis jetzt nicht dominiert hat.

Bei der Einkehrmöglichkeit **Jausenstation Sonnenhof 3** und der Statue des „Ritters von Juval“ verlassen wir den Waal und steigen links auf einem mit Natursteinen gepflasterten Saumpfad zum Hintereingang der Burg hinauf.

Wir befinden uns vor dem Eingang von **Schloss Juval 4**, zwischen dem urigen Bauernhof „Schlossbauer“ und der Ticketverkaufsstelle. Ein tibetischer Löwe bewacht das Eingangsgatter, und Ganesha, der bauchige Gott mit dem Elefantenkopf, lacht derweil mit unserer Anna um die Wette.

__Schloss Juval__ gehört zu den Messner Mountain Museen. Es beherbergt unter anderen die Tibetika-Sammlung des Bergsteigers Reinhold Messner und kann besichtigt werden.

Nach einer zünftigen Rucksackjause verlassen wir den Schlossbereich durch den Vordereingang und marschieren die Zufahrtsstraße bis zum Schlosswirt hinunter. Das ist auf jeden Fall empfehlenswert, da sich dadurch ein großartiger Blick auf die Nordseite der Burg auftut.

Der **Schlosswirt 5** liegt direkt unter dem Schnalser Waal. Er bietet sich als Einkehrmöglichkeit an. Doch

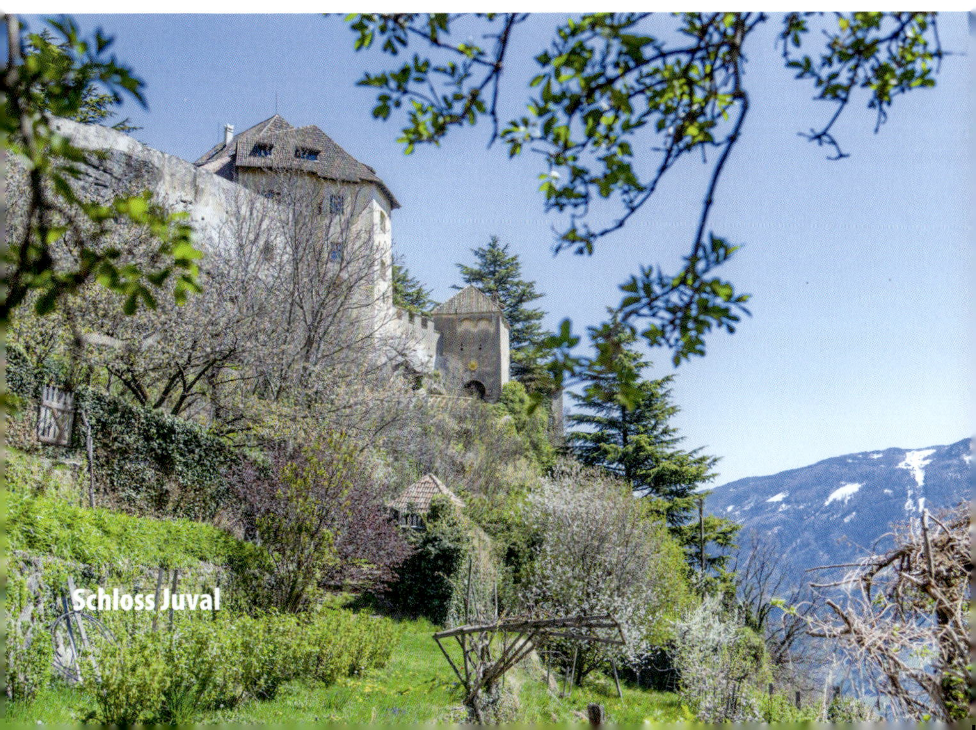
Schloss Juval

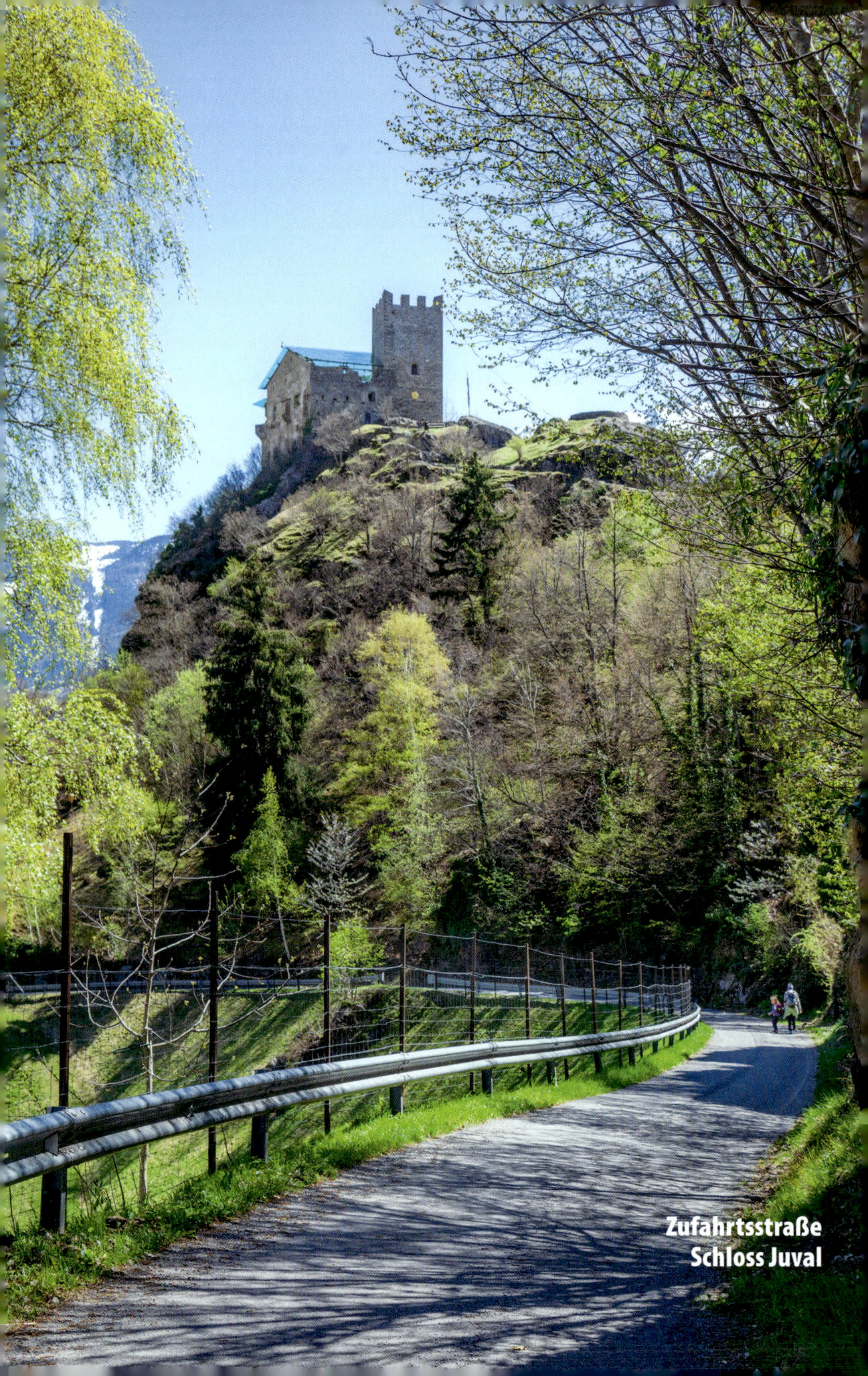

Zufahrtsstraße
Schloss Juval

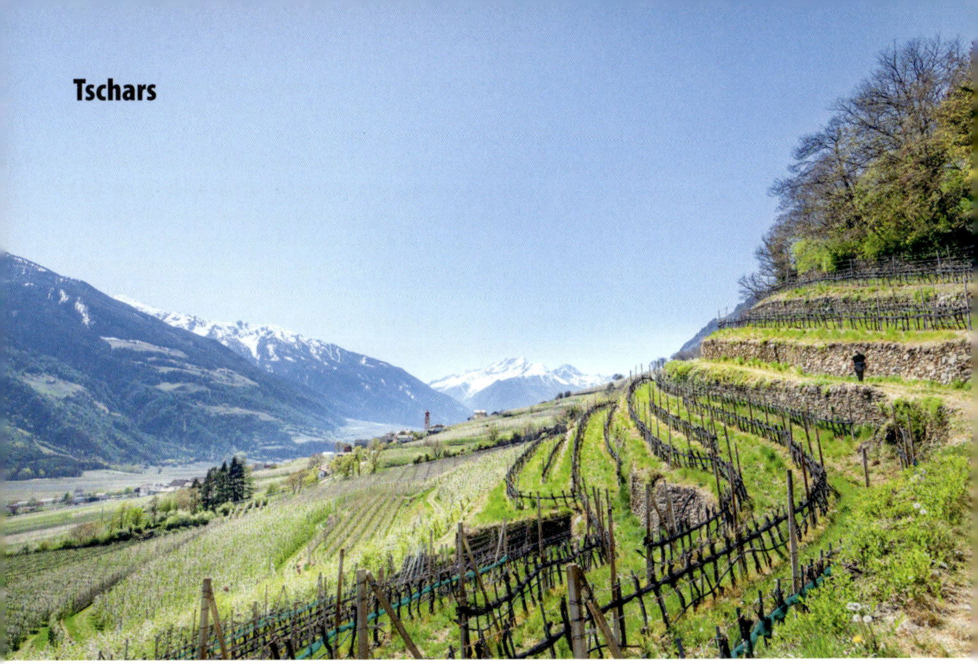

wir haben bereits gegessen und schauen also vom Waal aus nur kurz hinunter auf seinen Gartenbereich, bestaunen die daneben grasenden Schafe, werfen einen Blick hinein ins urige Schnalstal und schließen dann die Runde um die Burg, indem wir dem Waal im Uhrzeigersinn folgen. Ein gelbes Schild **Jausenstation Sonnenhof** zeigt die Richtung an. Vorbei an einem **Waalerhaus** ⑥ mit Waalschelle, an einem **Aussichtspunkt** und an einer **Wasserrinne** geht es bis zum **Sonnenhof** zurück.

Hier biegen wir 180 Grad nach links hinunter ab (Wegmarkierung **Nr. 1 Staben**), verlieren auf einer Strecke von circa 400 Metern etwas an Höhe und biegen dann scharf nach rechts ab, um auf den **Stabener Waalweg** zu kommen.

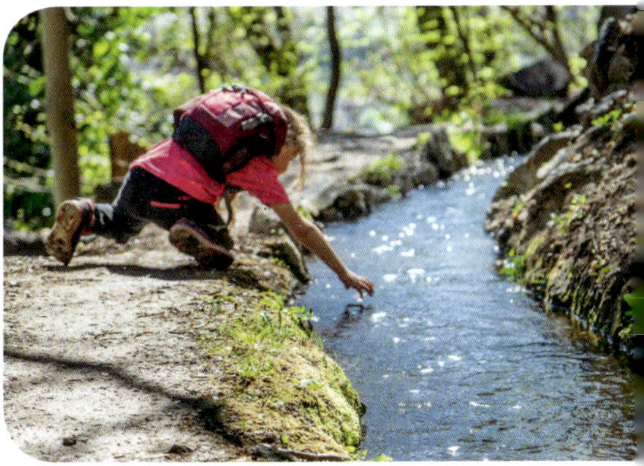

Somit ist der dritte Waalweg erreicht. Für uns heißt es nun flach Richtung Westen in den Vinschgau hinauszuwandern.

Die Aussicht ist offener als zuvor, der Stabener Waal wird im Gegenlicht zur märchenhaften Glitzerstraße.

Die Ortschaft **Tschars** rückt näher. Der Trockenwald weicht Kulturlandschaft. Unter uns Apfelbäume, mitten um uns herum Weinberge. Auf Asphalt geht es am **Panoramahotel Himmelreich** vorbei, dann die Straße **Klostergasse** entlang bis ins Zentrum von Tschars. Hier biegen wir nach rechts in die **Großgasse** ein, die in den Wanderweg **Trumsweg** übergeht, und steigen bis zum **Latschanderwaalweg** hinauf, dem wir nun zurück bis nach **Kastellbell** folgen.

Drei Waalwege, der Latschanderwaal, der Schnalser Waal, der Stabener Waal und eine Burg, mehr Highlights an einem Wandertag geht fast nicht!

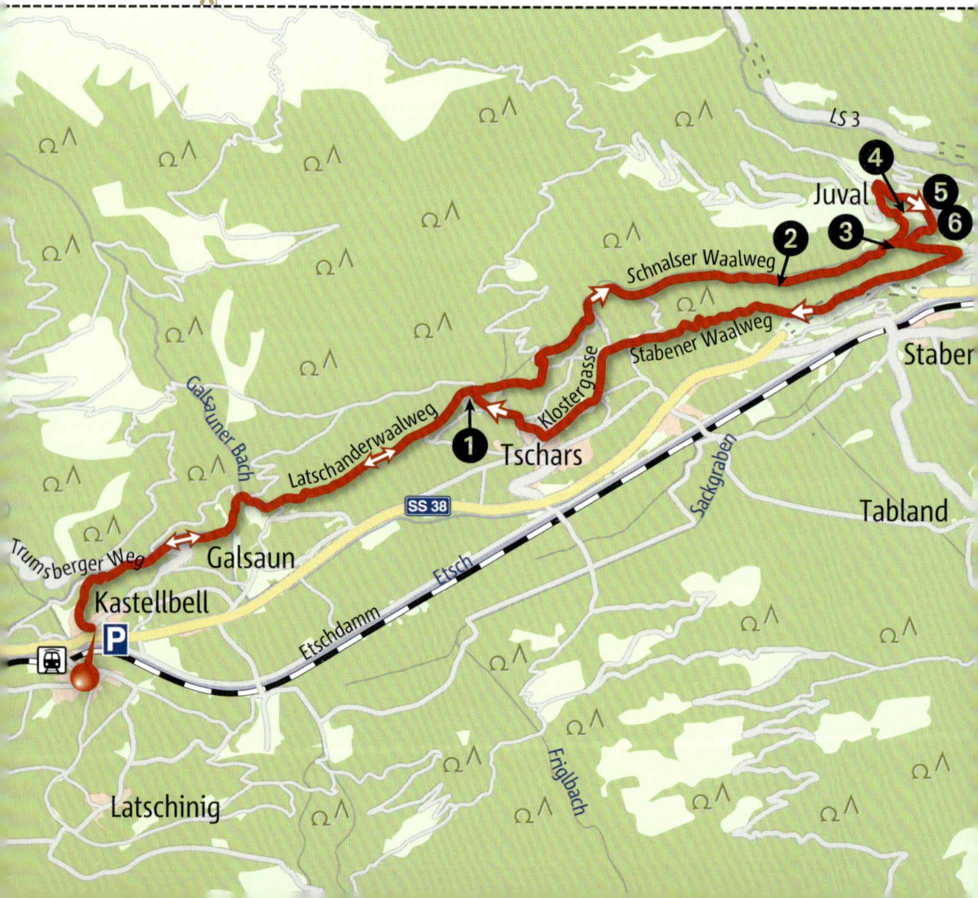

Alles auf einen Blick

WIE & WANN:

Waalwege und asphaltierte, wenig befahrene Nebenstraßen; beste Wanderzeit April bis November, relativ sichere Wasserführung der Waale im Frühling

HIN & WEG:

Auto: Parkplatz in I-39020 Kastelbell (GPS: 46.628700, 10.902367)
ÖPNV: Vinschger Bahn (Linie 250) bis Kastelbell, von dort 5 Min. zu Fuß über die Etsch und rechts ins Ortszentrum

ESSEN & ENTSPANNEN:

Jausenstation Sonnenhof ❸ Tscharser Waalweg, I-39020 Kastelbell-Tschars, Tel. (+39/04 73) 66 78 92
Schlosswirt ❺ Juval 2, I-39020 Kastelbell-Tschars, Tel. (+39/04 73) 66 80 56, www.schlosswirtjuval.it

ENTDECKEN & ERLEBEN:

Tisch mit Bank ❶
Aussicht Kraizegg ❷
Schloss Juval ❹ I-39020 Kastelbell, Tel. (+39/3 48) 4 43 38 71, www.messner-mountain-museum.it/juval/museum
Waalerhaus ❻

Entspannung ★★★★★
Genuss ★★☆☆☆
Romantik ★★★★★

Von den „Kuchelen" über die Etsch zur Salurner Klause

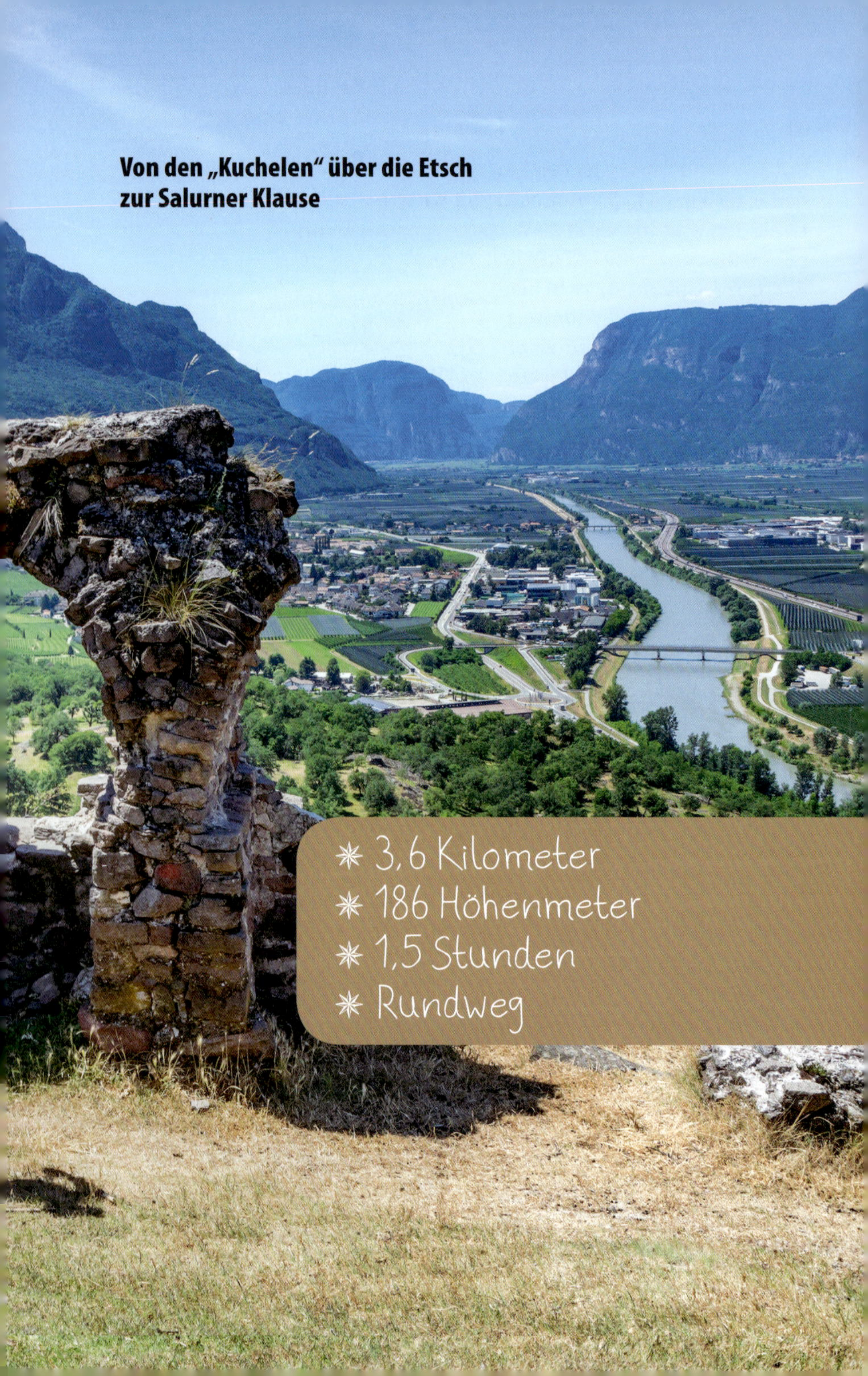

- 3,6 Kilometer
- 186 Höhenmeter
- 1,5 Stunden
- Rundweg

Kultort, Kraftort, Ort der Besinnung, Ort, an dem den Frauen ein Kinderwunsch erfüllt wird? Bei nüchterner Betrachtung wirkt Castelfeder zunächst weniger spannend. Ein 405 Meter hoher Porphyrhügel im Südtiroler Unterland, zwischen Montan, Neumarkt und Auer gelegen. Doch werfen wir einen Blick zurück in die Geschichte, dann steigt die Spannung schnell. Auf dem Hügel haben Menschen bereits zur Spätbronzezeit gesiedelt, was Spuren von Urnengräbern bezeugen. Im 6. Jahrhundert haben die Byzantiner auf dem gut sichtbaren Hügel eine Festung errichtet. Reste einer ausgedehnten Ringmauer zeugen heute noch davon. Auf Castelfeder, auf dem höchsten Punkt, finden wir auch Schalensteine und eine sogenannte Fruchtbarkeitsrutsche, die kinderlosen Frauen zu Nachwuchs verhelfen soll – Castel-

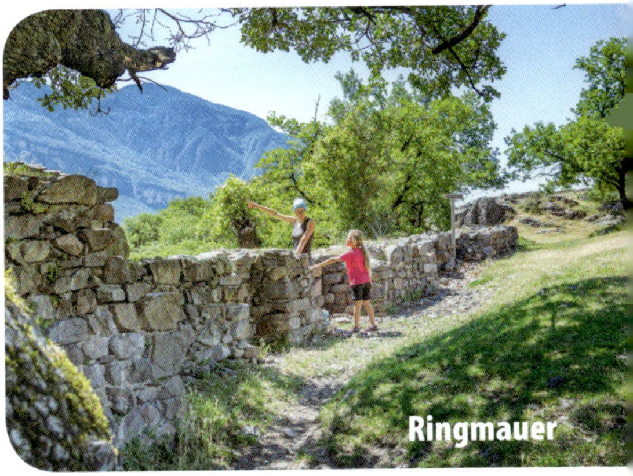
Ringmauer

Magischer Ort

Besuch in Castelfeder

feder, Kult und uralter Götterglaube gehören schon seit jeher zusammen.

Wer mehr an irdischen Naturelementen interessiert ist, der wird die im Vergleich zur Umgebung merklich unterschiedliche Vegetation schätzen. Der karge Hügel wurde nicht umsonst von den Malern der

Ein **Aussichtspunkt** an der Nordflanke von Castelfeder ermöglicht freien Blick über das Südtiroler Unterland. Unter uns liegt Auer, rechts darüber stürzen die Wasser des Schwarzenbachs in die Tiefe, im Hintergrund sehen wir Bozen, darüber den „Gipfel" der markanten Sarner Scharte.

Romantik als „Arkadien Tirols" bezeichnet. Kahle Porphyrkuppen, dazwischen lauschige Mulden, Steppenrasen, weidende Ziegen, uralte Flaumeichen, rätselhafte Ruinen – ein Hauch von antikem Griechenland weht über dem Ort.

Doch Schluss mit langen Worten, wir wollen nun diese magische Stätte selbst entdecken. Vom **Parkplatz Schwarzenbach** in der Sport- und Erholungszone Auer gehen wir über die Holzbrücke des Schwarzenbaches, queren die Erholungszone, halten uns links und **erreichen** so das Gebäude des **Tennis Clubs Auer**. Hier biegen wir rechts vor dem Gebäude ein und gelangen so hinter die Tennisplätze. Jetzt führt uns der Wandersteig **Nr. 5**. Eine **Fußgängerunterführung** ermöglicht uns, die Aurer Umfahrungsstraße zu unterqueren. Der besiedelte Bereich bleibt zurück, der Weg steigt ordentlich an. Bald wird uns eine Entscheidung abverlangt. Bleiben wir auf dem Pfad Nr. 5, biegen also rechts ab und steigen so über den nördlichen Kuppengrat auf? Oder

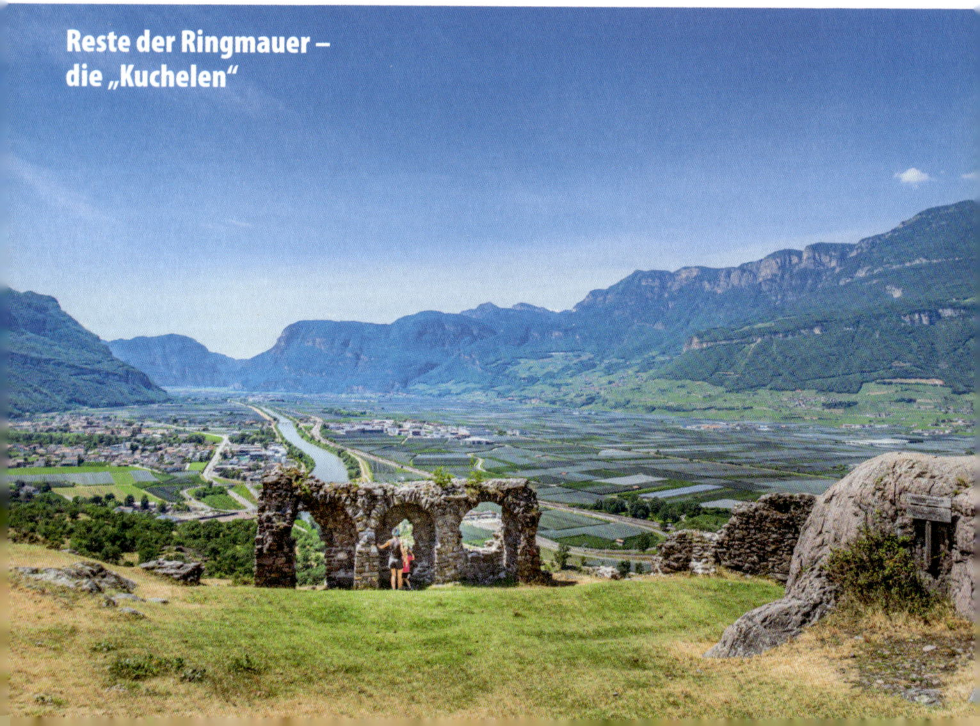

Reste der Ringmauer – die „Kuchelen"

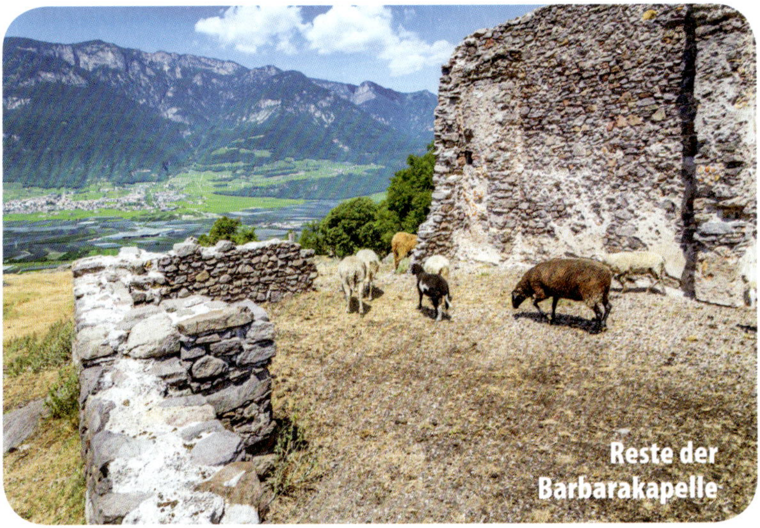

Reste der Barbarakapelle

wandern wir über den Pfad Nr. 5 A geradeaus, um Castelfeder von der Ostseite aus zu bezwingen? Wir entscheiden uns für rechts. So führt unser Weg zwar zuerst etwas steil, aber dafür vorbei an einem **Aussichtspunkt** ①, über die Nordflanke hinauf.

Für die Seele

Wir erwandern eine Kulturlandschaft, die mit ihrer Geschichte und ihrer Magie den Geist bewegt, Stress abbaut und die Gedanken entschleunigt.

Es dauert nicht lange, da stößt von links der **Naturlehrpfad Castelfeder** zu uns. Die Landschaft mutet nun wirklich „arkadisch" an. Vereinzelte Flaumeichen durchsetzen den kargen Grasboden. Ringmauerreste zu unserer Linken kündigen an: Wir sind auf Castelfeder angekommen. Es fehlen nur noch wenige Meter bis zu den Überresten der **Barbarakapelle** und dem

Stück **Ringmauer**, das mit seinen drei Fenstern das Lieblingsmotiv aller Fotografen ist. Es hat sogar einen Namen, die **„Kuchelen"** ❷. Unter uns fließt die begradigte Etsch gen Salurner Klause. Wir stellen uns vor, wie das früher ausgeschaut haben mag, als die Etsch noch mäandrierend, in weiten Flussschlingen, den damals sumpfigen Talboden durchfließen durfte. Seinerzeit haben nicht Apfelbaumkulturen das Südtiroler Unterland bedeckt, sondern Maulbeerbäume, die zur Seidenraupenzucht genutzt wurden.

Auf dem höchsten Punkt von Castelfeder stehen noch einige Reste der ***Barbarakapelle****, deren Vorgängerbauten bis ins 6. Jahrhundert zurückreichen.*

Castelfeder drängt sich förmlich auf als Platz, um hier eine längere Pause einzulegen. Picknicken, innehalten, ein Schläfchen machen, den Ausblick genießen – hinüber nach Tramin mit dem Mendelkamm dahinter oder hinunter auf Neumarkt und weiter zur Salurner Klause –, sich Geschichten von früher erzäh-

Fruchtbarkeitsrutsche

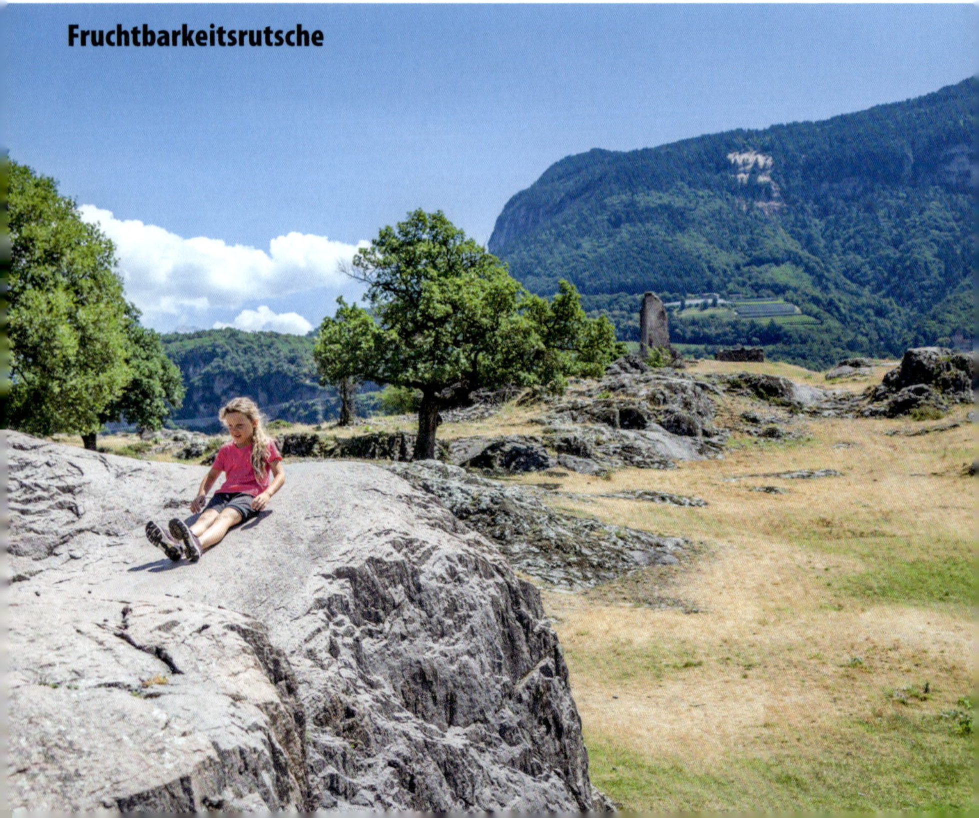

len. Man könnte aber auch eine Yoga-Stunde einlegen.

Anna entdeckt die **Fruchtbarkeitsrutsche ❸**. Der von zahlreichen Hosenböden glatt geschliffene Fels ist als Kinderrutsche zwar etwas kurz geraten, doch das stört sie nicht. Rauf, runter, rauf, runter, da ist die Entschleunigung schnell vorbei. Na ja.

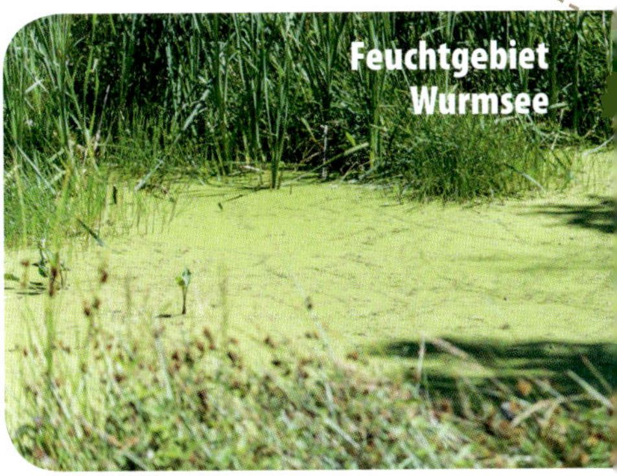
Feuchtgebiet Wurmsee

Über die Ostflanke des Hügels geht es, immer noch auf dem Steig **Nr. 5**, zu einem – nach so viel karger Trockenheit glaubt man es kaum – **Feuchtgebiet ❹**. Wir halten uns rechts und marschieren auf einem mit Natursteinen gepflasterten Saumweg, jetzt über die Südflanke, hinunter bis kurz vor die **Pension Castelfeder**, das einzige Haus im Biotop Castelfeder. Oberhalb besagter Pension geht es nach rechts (Wanderweg **Nr. 6**) zur sogenannten **Kuhrast** hinüber. Wer Glück hat, kann hier Weidetiere antreffen. Wir haben Glück und sehen Kühe.

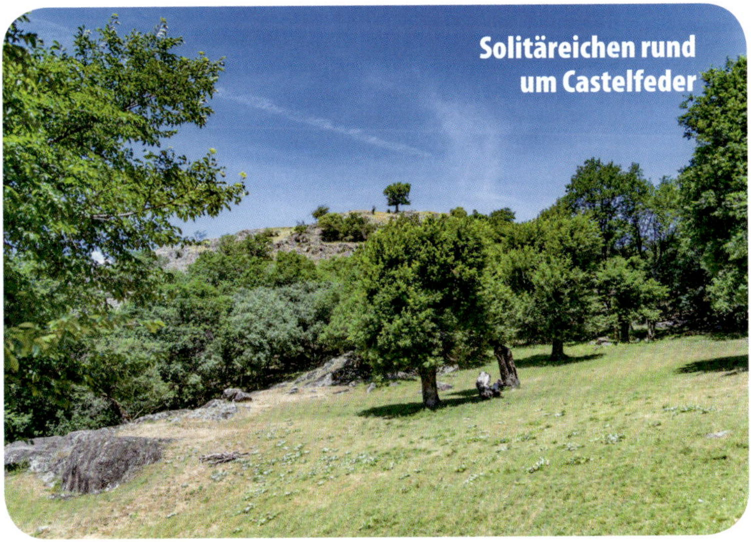
Solitäreichen rund um Castelfeder

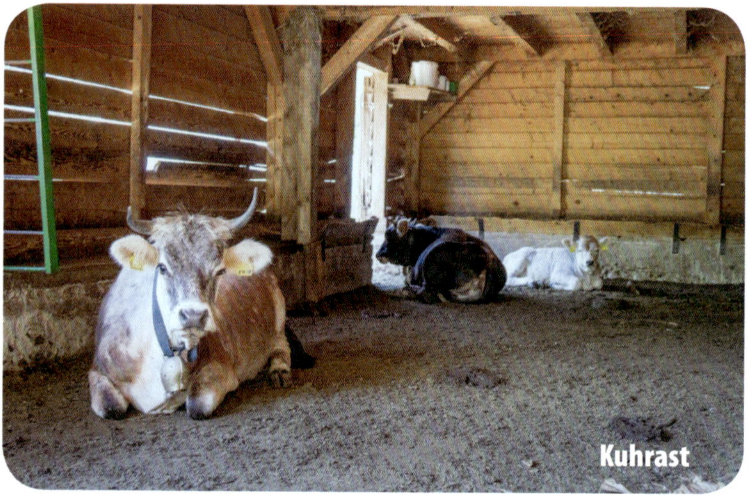

Kuhrast

Jetzt wird es etwas schwierig. Der Wandersteig Nr. 6 soll uns links durch die Wiesen, dann rechts, durch Wald absteigend, zum Forstgarten Castelfeder und weiter bis zum beliebten Spazier- und Fahrradweg auf der Trasse der ehemaligen Fleimstaler Bahn hinunterbringen. Dieses Wegstück ist jedoch schlecht zu erkennen, da der Steig auf der Trockenwiese nur wenig

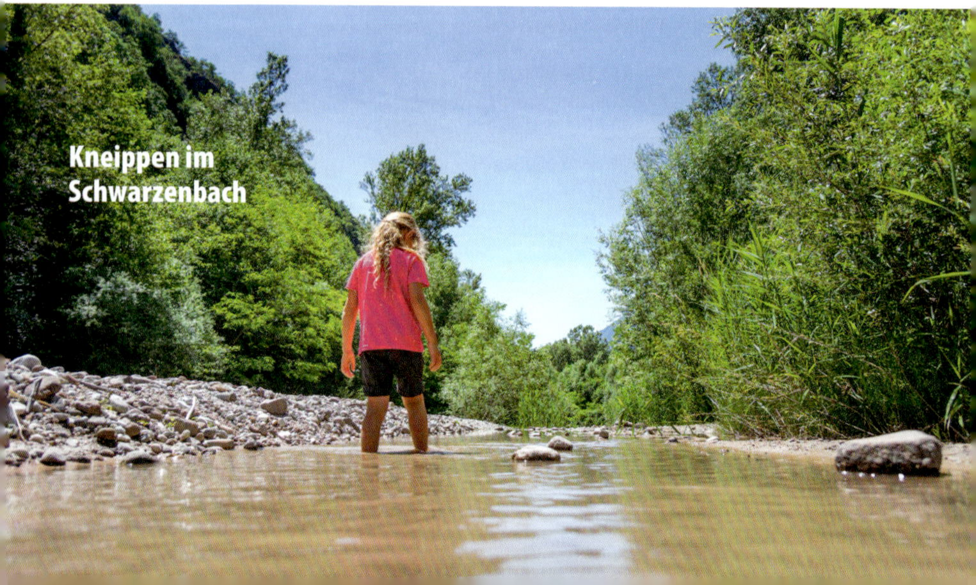

Kneippen im Schwarzenbach

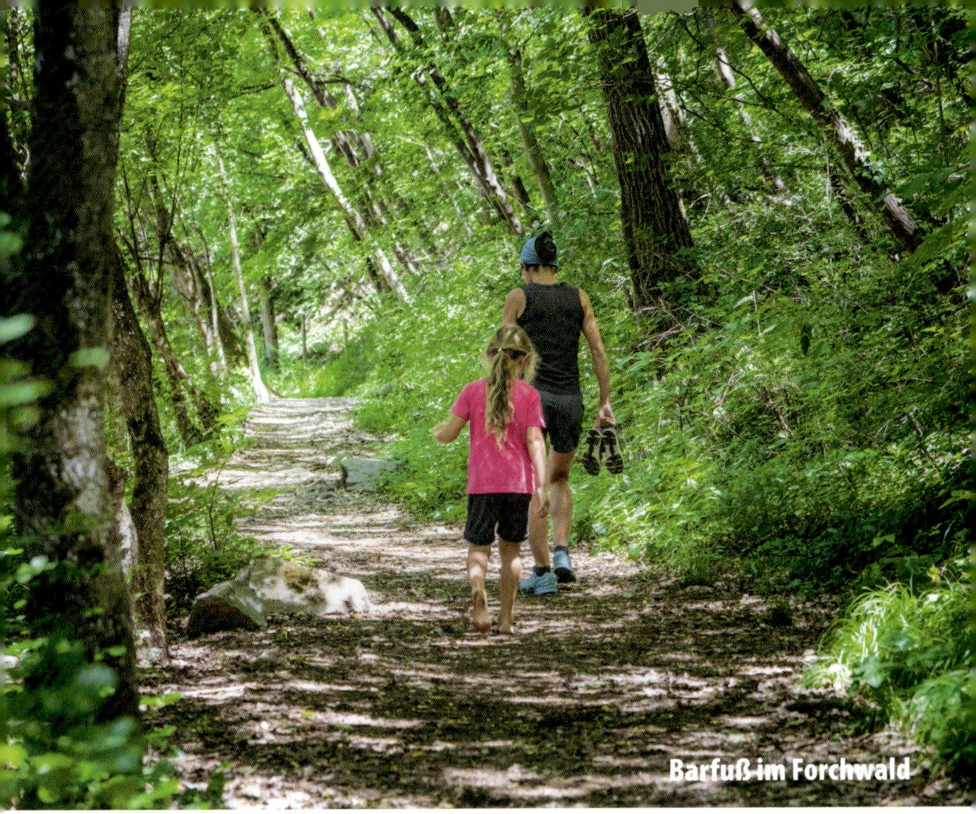

Barfuß im Forchwald

ausgetreten ist und man die Abbiegung von der Magerwiese rechts hinunter in den Wald leicht übersieht. **Rotweiße Markierungen** sind aber immerhin vorhanden!

Nach dem sichtlich aufgelassenen Forstgarten führt uns die gemütliche Wanderrunde wenige Schritte auf seiner Zufahrt hinunter, um anschließend scharf nach rechts in den **Rundweg Forchwald** einzubiegen. Wir wandern jetzt nahe der Brenner-Staatsstraße dahin, können aber glücklicherweise auf einem parallel verlaufenden Fußgängersteig bleiben. Wichtig ist, aufzupassen, um die Abzweigung nach rechts in den **Forchwald** nicht zu übersehen.

Wir dürfen nun dem sich gemächlich dahinschlängelnden **Schwarzenbach** gegen die Fließrichtung folgen. Wer den wilden Aurer Bach, wie der Schwarzenbach auch genannt wird, in der Schwarzenbachschlucht kennt, der wundert sich, wie ruhig er hier dahinfließt.

*Der **Schwarzenbach** mit seinem natürlichen, mäandrierenden Verlauf spendet seiner Umgebung reichlich Wasser. Somit steht der Forchwald im starken Kontrast zu der Landschaft auf Castelfeder. Zahlreiche Laubbäume wie Pappeln, Erlen und Weiden wachsen hier.*

Das seichte Wasser und das breite Bachbett mit seinen ausgedehnten Sand- und Schotterbänken laden Kinder zum Spielen und Erwachsene zum Wassertreten ein. Wer Lust hat, kann die Wanderschuhe abstreifen und im kühlen Wasser kneippen. Wir haben Lust und vergnügen uns auf groben Bachsteinen und feinem Sand. Das erfrischt die Beine und sorgt für gute Durchblutung der Fußsohlen.

Bis zum **Eislaufplatz Schwarzenbach** 5, wo wir aus dem Forchwald herauskommen, ist es nun nicht mehr weit. Er markiert den westlichen Anfang der Erholungszone Auer. Somit schließt sich unsere kurze, aber sehr interessante und vor allem kontrastreiche Rundwanderung.

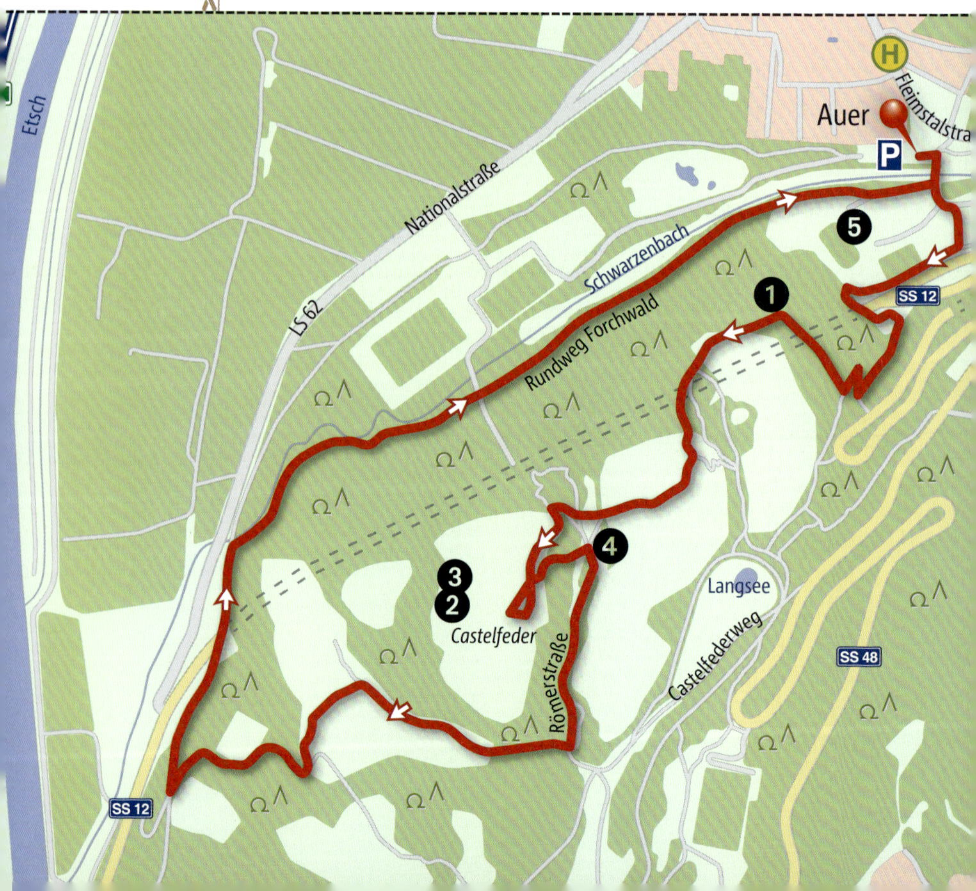

Alles auf einen Blick

WIE & WANN:
Wandersteige; das ganze Jahr über möglich, auch im Winter nicht uninteressant

HIN & WEG:
Auto: Parkplatz in der Erholungszone Schwarzenbach, I-39040 Auer
(GPS: 46.343083, 11.296800)
ÖPNV: Von Auer Bf Bus 140 bis Haltestelle Fleimstalstraße

ESSEN & ENTSPANNEN:
Restaurant Pizzeria Bar Schwarzenbach ❺ Schwarzenbach 7, I-39040 Auer,
Tel. (+39/04 71) 81 02 95

ENTDECKEN & ERLEBEN:
Aussichtspunkt ❶
Reste einer einstigen Ringmauer („Kuchelen") ❷
Fruchtbarkeitsrutsche ❸
Feuchtgebiet Castelfeder ❹
Eislaufplatz Schwarzenbach ❺ Schwarzenbach 7, I-39040 Auer,
Tel. (+39/04 71) 80 20 22

Entspannung ✱✱✱✱✱
Genuss ✱✱
Romantik ✱✱✱✱✱

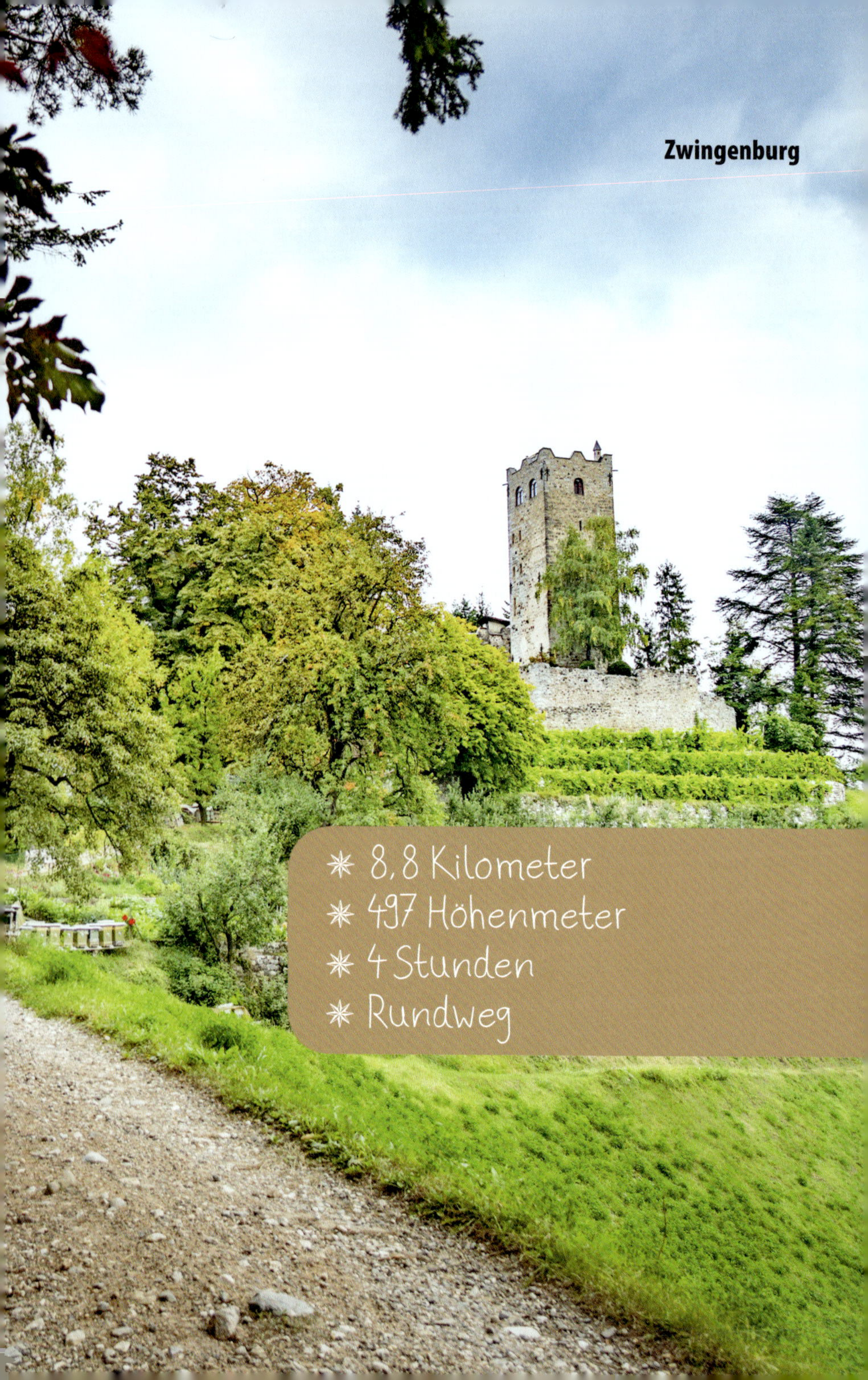

* 8,8 Kilometer
* 497 Höhenmeter
* 4 Stunden
* Rundweg

Prissian, das Dorf der Burgen, ist der ideale Ausgangspunkt für eine gemütliche Burgenwanderung. Es ist Herbst, die Zeit der Kastanien, in Südtirol „Keschtn" genannt. Das ist wunderbar, denn so wird an unserem Weg sicherlich der eine und andere Kastanienigel liegen. Nicht dass wir welche mitnehmen wollten – wir halten uns selbstverständlich ans Motto „Die Landschaft dem Wanderer, die Ernte dem Bauern" –, sondern weil die goldgelben, stacheligen Früchtehüllen Wanderwegen ein ganz besonderes Flair verleihen.

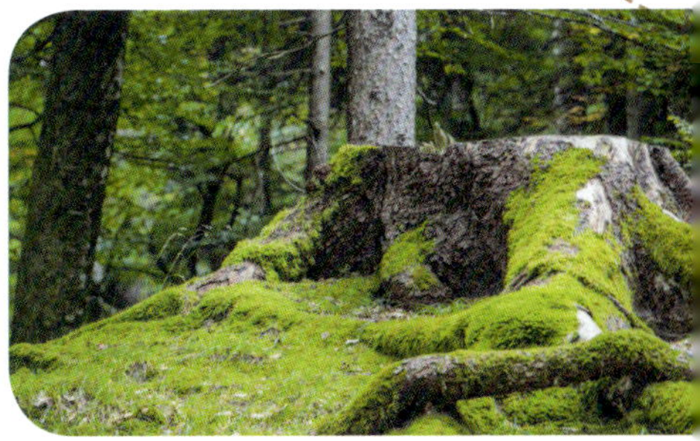

*Die **Zwingenburg** liegt auf einer felsigen Erhebung. Sie diente der Sicherung des Etschtals gegen Einfälle aus Richtung Gampenweg. Im Lauf der Zeit wurde sie vernachlässigt. Erhalten sind der (wiedererrichtete) Bergfried, Reste der Zwinger- und Ringmauer und des alten Palas.*

Vom Parkplatz neben der **Kirche St. Martin** halten wir uns zunächst mit Blick auf die Fahlburg, die erste von vielen auf dieser Wanderrunde, Richtung Ortszentrum Prissian. Doch noch bevor wir dort ankommen, geht es auf einer interessanten überdachten Brücke über den Prissianer Bach und anschließend links Richtung **Zwingenburg** hinauf. Eine steile, aber wenig befahrene Straße, der **Obere Wiesenweg**, führt bergwärts bis zu einer Kreuzung. Dort halten wir uns zweimal links und gelangen auf dem Wanderweg **13 A** hinauf zur **Burgruine Zwingenberg** ①, wie die Zwingenburg auch genannt wird.

Burgen & Kastanien

Von Prissian nach Grissian

Ein Wegweiser mit der Aufschrift **Mühlenweg** weist uns von Asphalt auf Schotter und in das Prissianer Tal hinein bis zum Prissianer Bach. Hier verlassen wir den Mühlenweg und biegen links in den Wanderweg **Nr. 15** ein, indem wir auf einer Holzbrücke den Bach überqueren. Nach etwas mehr als 100 Metern teilt sich der Steig. Es geht rechts weiter, geradeaus würden wir zwar zur Ruine Schloss Holz kommen, aber das ist eine Sackgasse!

*Die kleine Bergkirche **St. Jakob in Grissian** liegt auf einem steil abfallenden Hügel, der den höchsten Punkt des Weilers Grissian darstellt. Sie kann besichtigt werden. Im Inneren befinden sich bedeutende romanische Fresken aus der Zeit um 1200.*

So marschieren wir über den rechten Zweig des Pfades, auch **Staudacher Steig** genannt, hinauf zum **Staudacher**, einem Bauernhof mit Bergwiese. Dann folgen wir der Markierung **Nr. 7** abwärts durch das Fichtental. Ein Stück Wald, dann die Bergwiesen **Karnailerwiese** und **Gurtenwiese**, wieder ein Waldstück, wieder Bergwiesen, so geht es dahin bis nach **Grissian** zur malerischen **Kirche St. Jakob** ❷.

Die Wiese im Kirchhof kommt uns für ein Mittagspicknick gerade recht. Drüben am Berghang ist ein Wandersteig sichtbar. Das muss der ehemalige Pilgerweg sein, der von Eppan nach Obersirmian heraufführte. Heute ist er Teil des Südtiroler Jakobswegs. Die

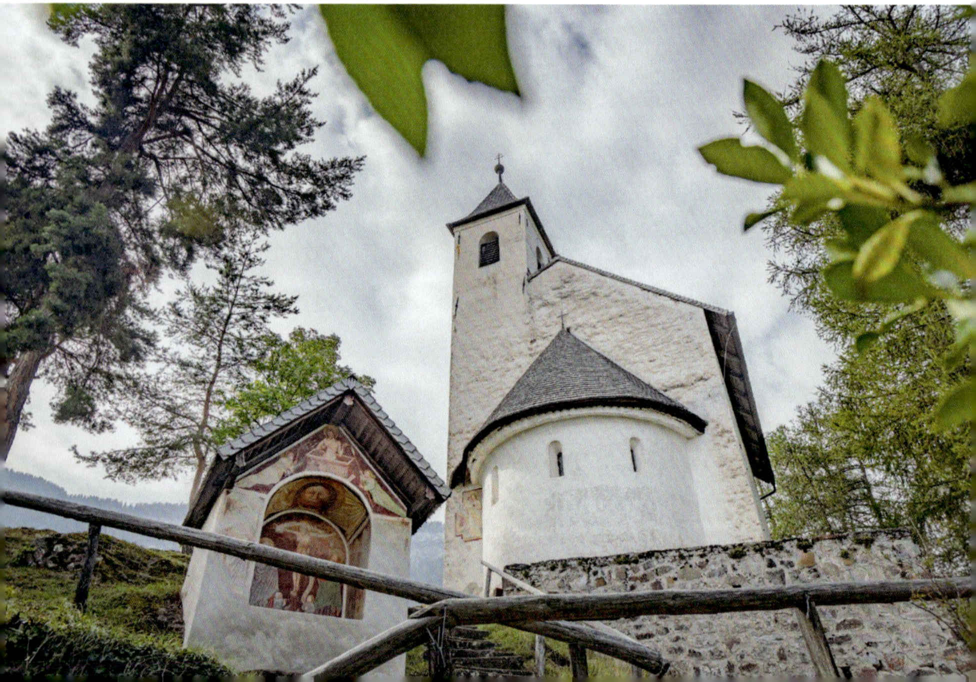

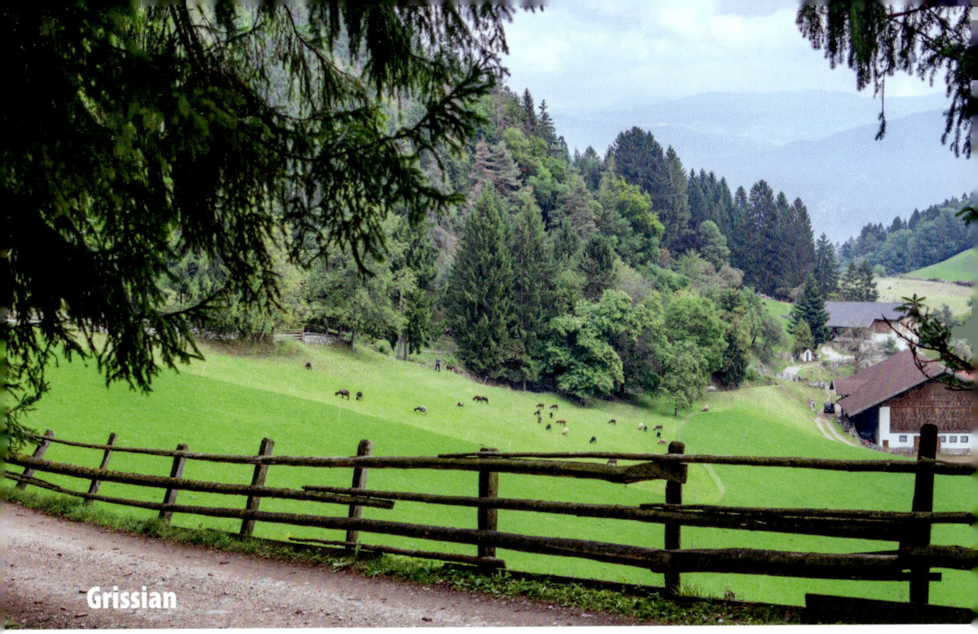

Grissian

Kirche ist ja dem heiligen Jakobus geweiht. Zwischen uns und besagtem Wandersteig fällt das Gelände sehr steil zum Grissianer Bach ab. Wir sind froh über die Ringmauer, in deren Schutz wir stehen.

Nach der Mittagspause geht es weiter. Entlang von Wiesen über den Wanderweg **Nr. 8 (Jakobsweg)** gelan-

Für die Seele

Wir genießen unser ruhiges Pilgerziel auf einem markanten Hügel und fühlen uns innerhalb der Ringmauer kuschelig geschützt.

gen wir zu den verstreut liegenden Häusern des **Weilers Grissian** ③ hinunter. Nach der **Feuerwehrhalle Grissian** biegt der Jakobsweg links ab. Wir bleiben jedoch auf der Straße, die gleichzeitig als Wanderweg **Nr. 8** markiert ist, und marschieren am **Gasthaus Schmiedlhof** ④ vorbei Richtung Prissian hinunter.

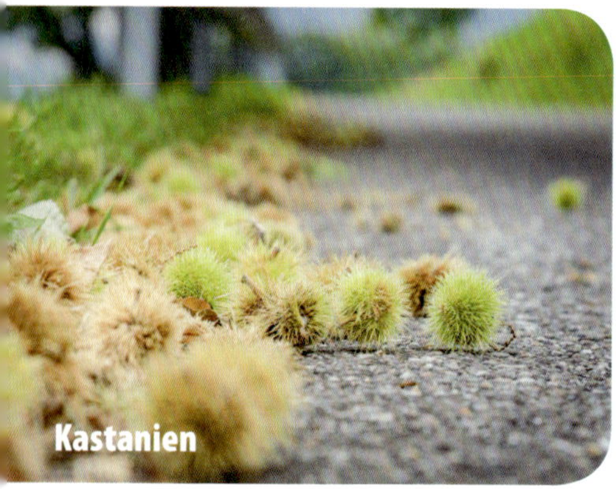
Kastanien

Nun säumen Kastanienbäume die Landschaft. Vereinzelte Edelkastanienriesen, aber auch Kastanienhaine mit Jungbäumen lassen uns staunen. Der Hof **Mair am Turm** wartet mit einem besonders schönen Kastanienhain auf.

Bald blickt uns eine imposante Höhenburg entgegen. Die Prissianer Wehrburg, früher eine Trutzburg, ist heute ein Schlosshotel.

Weiter geht es noch circa 200 bis 300 Meter entlang der Straße, dann biegt rechts der Wandersteig **Nr. 12 A** ab. Somit dürfen wir den Asphalt verlassen und kommen stetig näher an die **Wehrburg** (5) heran, bis wir vor ihrem Eingangstor stehen. Ein Blick hindurch muss reichen, dann bringt uns der **Schlossrundweg** entlang von Weinbergen einige Höhen-

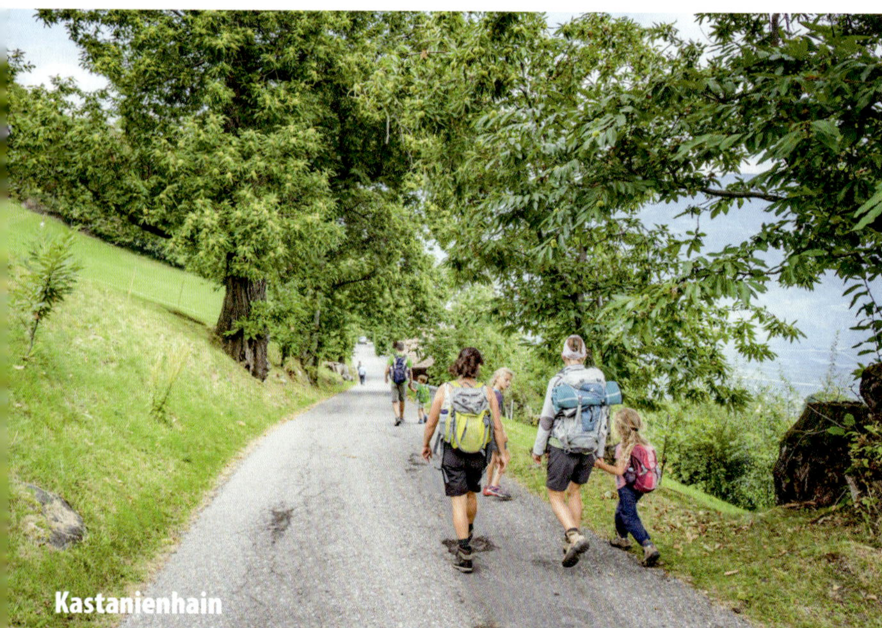
Kastanienhain

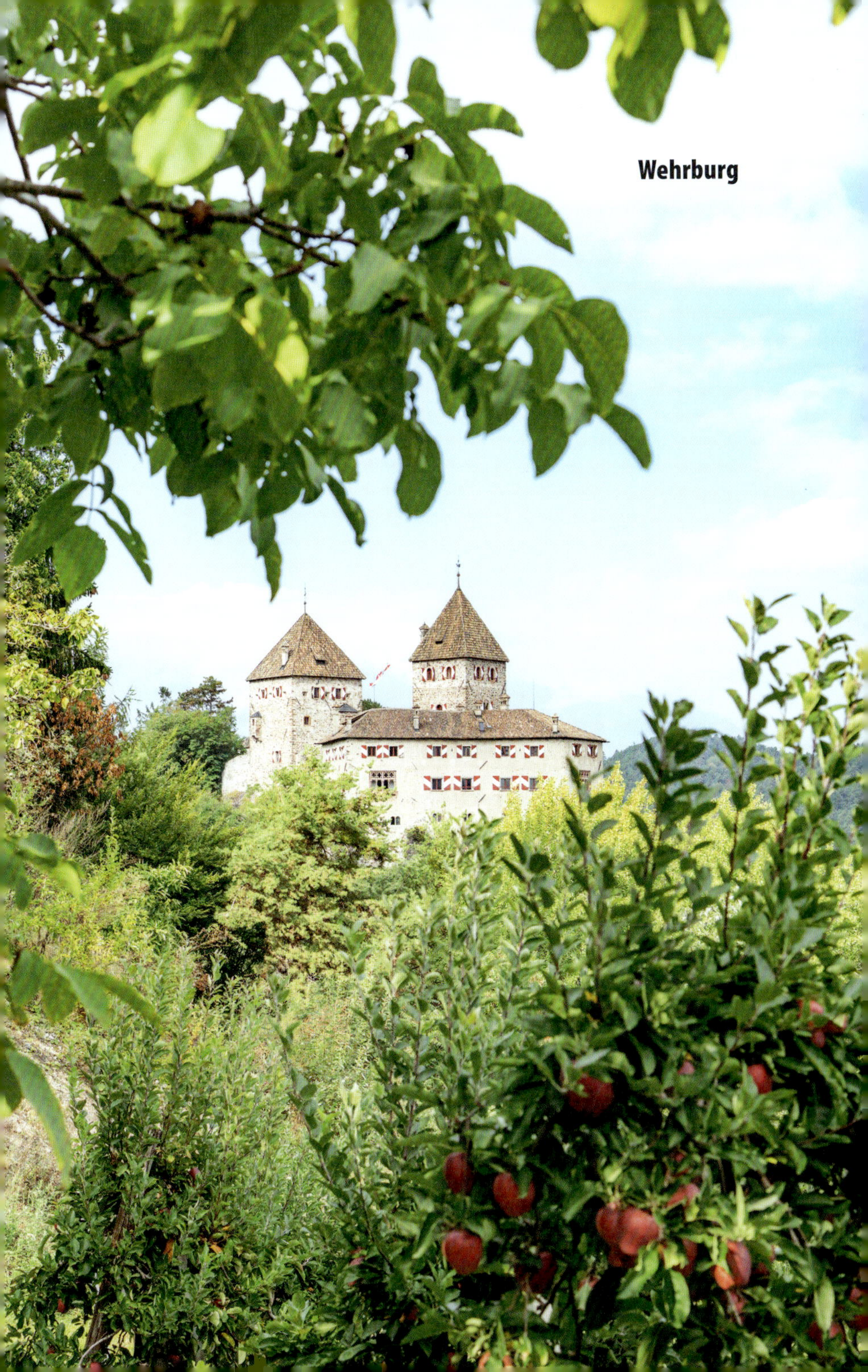

Wehrburg

***Schloss Katzenzungen** mit seinen kranzförmig angeordneten Pechnasen blickt auf eine lange Geschichte zurück. Seine erste schriftliche Erwähnung datiert von 1244, als Henricus de Cazenzunge – daher der Name – es an die Grafen von Thun und Fuchs übergab.*

meter abwärts zur Landesstraße **LS 10** hinunter. Die überqueren wir, laufen dann eine Handvoll Meter aufwärts an ihr entlang, um anschließend rechts unter ihr wieder auf den **Schlossrundweg** zu gelangen. Und abermals nähern wir uns einer Burg. Diesmal ist es ein Schloss mit einem lustigen Namen, Schloss Katzenzungen.

Der Burgenrundweg ist hier ein Güterweg. Er führt uns vorbei an Apfelbäumen bis direkt vor das Tor von **Schloss Katzenzungen** ⑥, zu dem eine 32 Meter lange steinerne Brücke führt. Das Schloss ist heute in Privatbesitz und kann für historische Banketts, Tagungen, Hochzeiten und Veranstaltungen gemietet werden.

Unterhalb der steinernen Brücke sehen wir den **Versoaln-Rebstock** ⑦, der zwar nicht der älteste über-

Wehrburg

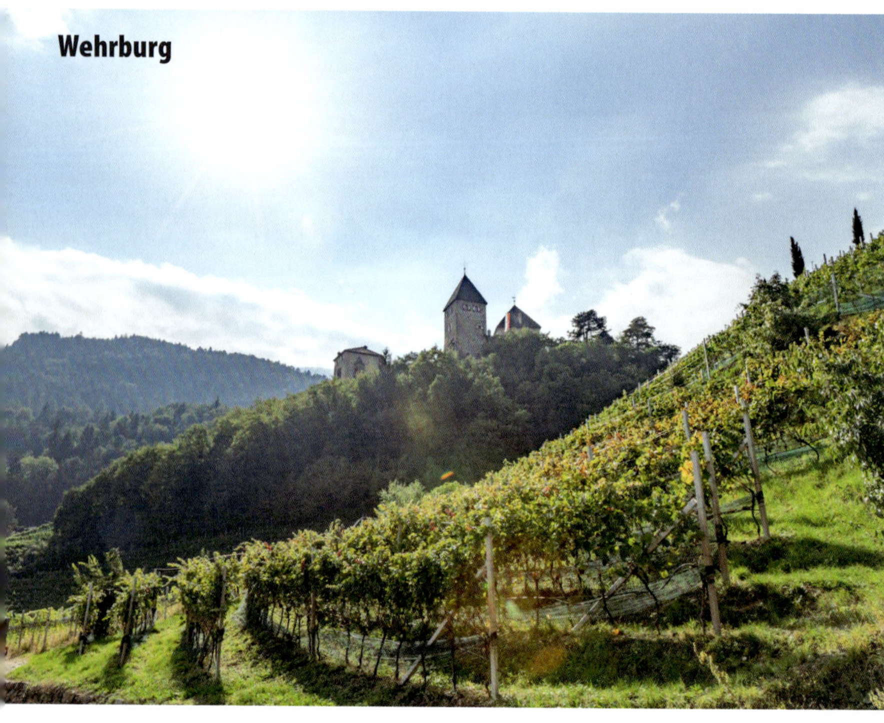

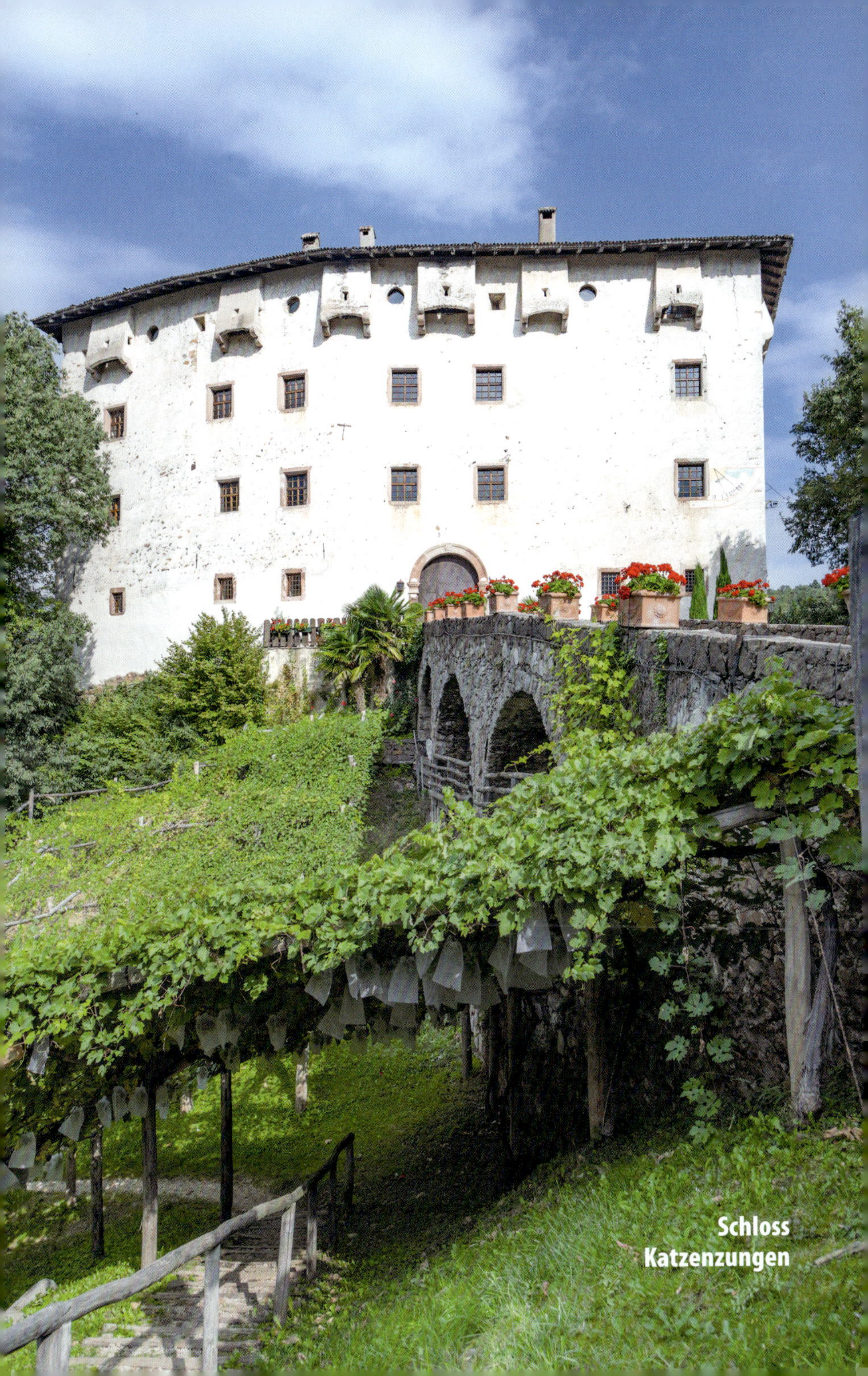

Schloss
Katzenzungen

haupt, aber unter den ältesten der Welt mit circa 300 Quadratmetern der größte ist. Aus seinen weißen Trauben wird in der Landesfachschule für Obst-, Wein- und Gartenbau „Laimburg" ein einzigartiger Weißwein erzeugt – einzigartig deswegen, weil es keinen genetisch gleichen Rebstock gibt. Der „Versoaln"-Wein ist grün getönt, fruchtig, fein strukturiert, mit leicht betonter Säure. Er wird in ungefähr 500 nummerierte Flaschen abgefüllt und dient vor allem der Repräsentation des Weinlandes Südtirol.

Gleich neben der Versoaln-Rebe steht die **Kirche St. Martin**. Somit ist unser Ausgangspunkt erreicht und wir haben die schöne Burgenrundwanderung mit einem letzten Höhepunkt abgeschlossen.

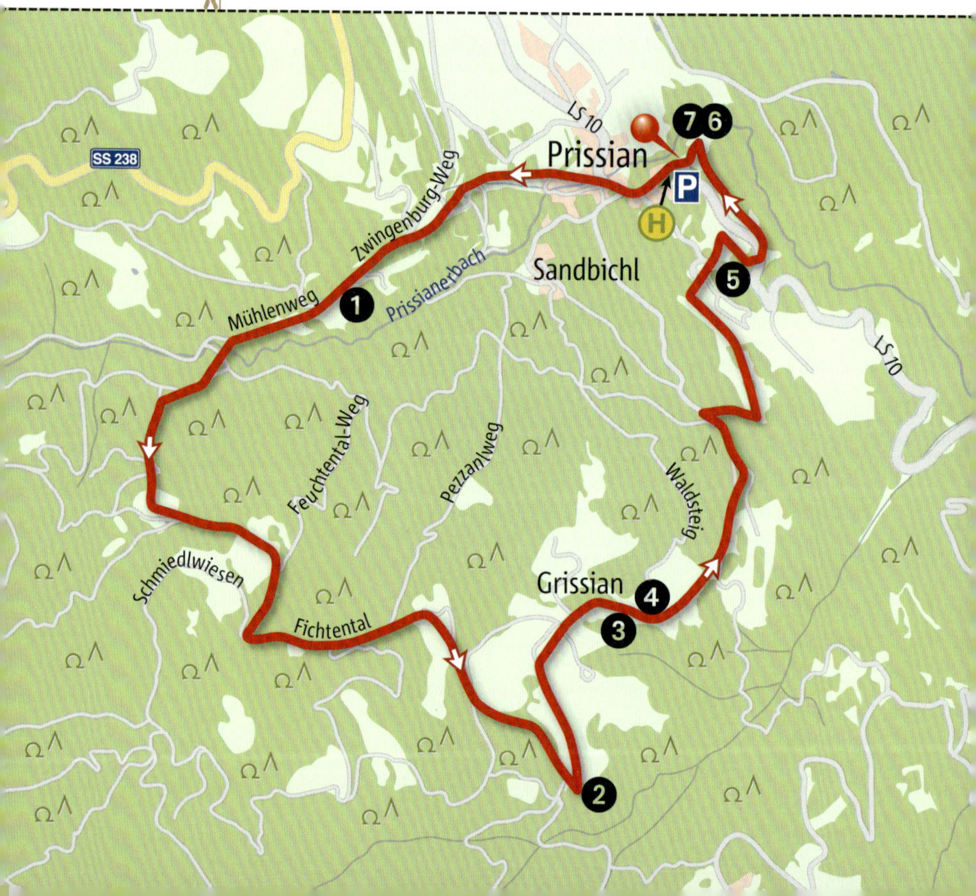

Alles auf einen Blick

WIE & WANN:
Wald- und Wiesenwege, Güterwege, asphaltierte, wenig befahrene Nebenstraßen; beste Wanderzeit April bis November

HIN & WEG:
Auto: Parkplatz neben der Kirche St. Martin in I-39010 Prissian
(GPS: 46.553217, 11.183717)
ÖPNV: Von Vilpian Bf oder Lana Busbf Bus 216 bis Prissian, Haltestelle St. Martin

ESSEN & ENTSPANNEN:
Gasthaus Schmiedlhof ❹ Grissian 6, I-39010 Tisens-Grissian, Tel. (+39/04 73) 92 09 93
Verschiedene Gasthäuser und Cafés in Prissian

ENTDECKEN & ERLEBEN:
Burgruine Zwingenberg (Zwingenburg) ❶
Kirche St. Jakob in Grissian ❷ 360°-Foto: www.suedtirol-360.com/161
Weiler Grissian ❸
Wehrburg ❺
Schloss Katzenzungen ❻ https://castel.katzenzungen.com
Versoaln-Rebstock ❼

Entspannung ★★★★☆
Genuss ★★☆☆☆
Romantik ★★★★☆

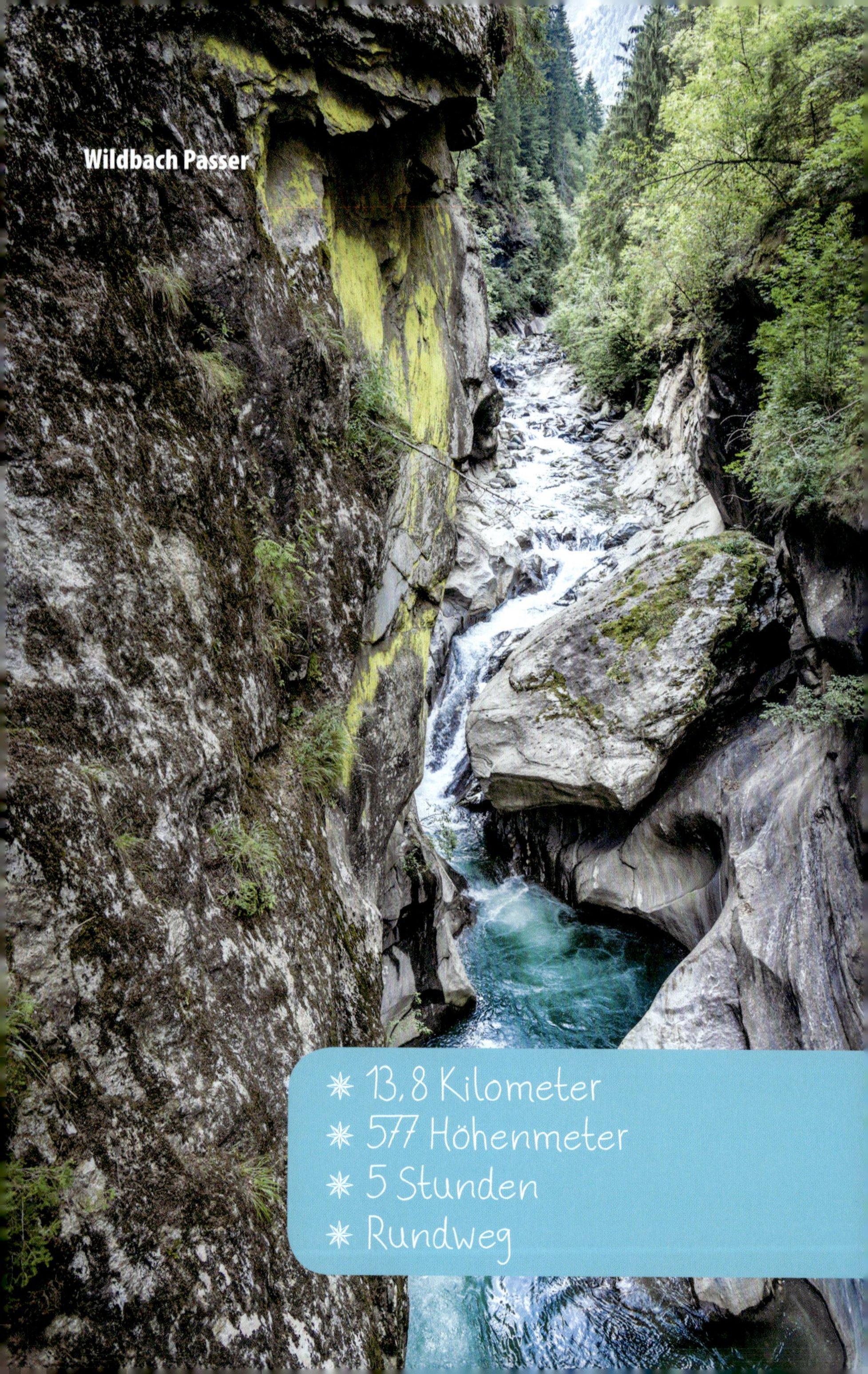

* 13,8 Kilometer
* 577 Höhenmeter
* 5 Stunden
* Rundweg

Der abenteuerliche **Passerschluchtenweg** führt über Gitterroste, Brücken und Balkone von St. Leonhard in Passeier nach Moos in Passeier. Der 2015 erbaute Weg, der oft auf breiten, gut gesicherten Metallkonstruktionen verläuft, erschließt die Passer, die hier ein ausgesprochen ursprünglicher Wildbach ist. Der einfache Weg am Wildwasser ist 6,5 Kilometer lang, es gilt 318 Höhenmeter zu überwinden. Das ist nicht besonders viel, darum bietet sich ein Hinauf und wieder Herunter (mit einer kleinen Erweiterung zu einer Rundtour) an. Auch weil der Passerschluchtenweg so reizvoll ist, sind wir gern bereit, ihn zweimal zu erkunden!

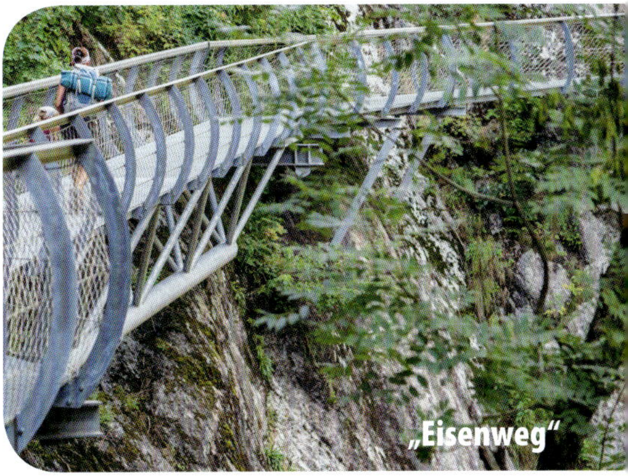
„Eisenweg"

Wir starten von den Parkplätzen des Erlebnis-Freibads **St. Leonhard in Passeier** und wandern mit dem Fluss zu unserer Linken ins Tal hinauf bis unterhalb von Gomion. Die Passer fließt an dieser Stelle noch recht ruhig über ein breites Bachbett mit Sandbänken, das eine interessante Pflanzen- und Tierwelt beheimatet. Nach circa 1,2 Kilometern wechseln wir über eine **Brücke** aufs andere Ufer und gehen im Schatten von Nadelbäumen, vorbei an einer Sitzgruppe, bis zu einer ersten Metallkonstruktion. Sie sieht aus wie eine Eisenstraße mit Geländer und vermittelt sofort einen Eindruck von Sicherheit. Auf diese

Wilde Wasser

Traumweg durch die Passerschlucht

Weise können Wanderer, die unter Höhenangst leiden, aber auch Familien mit Kindern, die frei laufen wollen, beruhigt den Weg wagen.

Atemberaubend ist das Wandern auf den Laufgittern! Der Blick hinunter zum rauschenden Bach regt nicht nur den Sehsinn, sondern auch das Gehör angenehm an. Wir fühlen uns wie mitten im wilden Urwald, aber trotzdem wohlbehütet und geschützt von der „eisernen Schlange“, die uns durch die Schlucht führt. Auf den Weg brauchen wir nicht zu achten, der ist praktisch nicht zu verfehlen.

Plötzlich blitzen rechts in den Bäumen Plattformen, Seile und bewegliche Treppenstufen heraus. Verdutzt schauen wir uns an, verstehen aber schnell: ein Hochseilgarten!

Die nächste Station auf dem Passerschluchtenweg ist das alte Gomioner Kraftwerk, das die Einwohner des kleinen Ortes immer noch **Polt-Kraftwerk** 1 nennen.

Nach dem E-Werk bei Kilometer 3,7 heißt es den **Saldernbach** überqueren. Eine Informationstafel am Wegesrand klärt auf: Der Bach ist ein rastloser Bild-

!

*Das **Polt-Kraftwerk**, mit dem ab 1955 bis zum Bau des Kleinkraftwerks Langwies Strom für Gomion und die Fraktionen Christl, Hinteregg, Schlattach und Glaiten erzeugt wurde, kann besichtigt werden. Im Inneren lassen sich alte Maschinen und Schalter bewundern.*

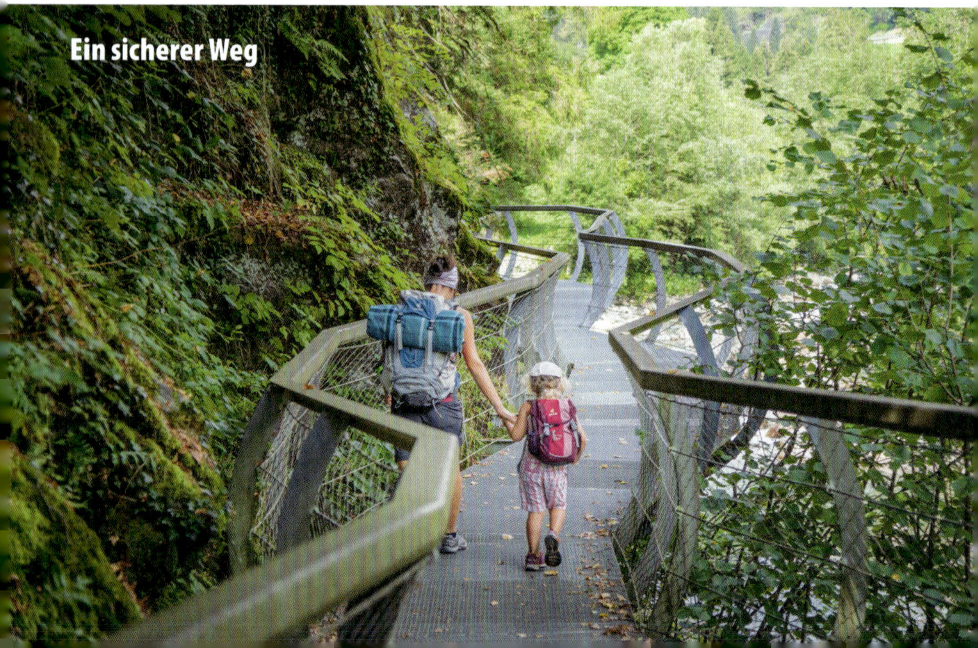

Ein sicherer Weg

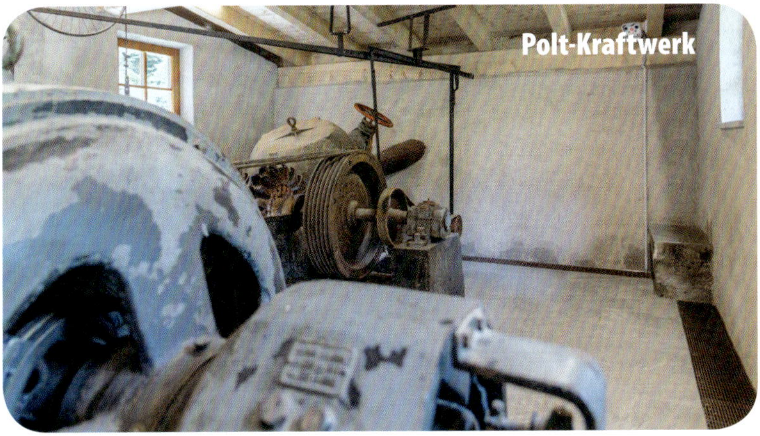

hauer, der auf seinem Weg unentwegt Gesteinsskulpturen in den Gneis fräst. Die Skulpturen sehen wir allerdings nicht, unser Weg führt ja schließlich nicht am Saldernbach, sondern an der Passer entlang.

Wieder queren wir **Brücken aus Gitterrosten 2**, dieses Mal sehr nahe am Wildbach. Wir könnten auf die glatt geschliffenen Steine im Bachbett steigen und somit trockenen Fußes mitten im tosenden Wasser stehen.

In der Ferne stürzt der Stuller Wasserfall von rechts oben 340 Meter tief in die Passerschlucht herunter. Nun gewinnt unser Weg an Höhe. In einigen Serpentinen steigt er 100 Meter an, dann geht es wieder flach weiter. Bei Kilometer 5,6 überqueren wir die Passer und wandern rechts des Wildwassers weiter Richtung

Für die Seele

Sicher und behütet durch eine wilde Schlucht. Abenteuer für die Seele.

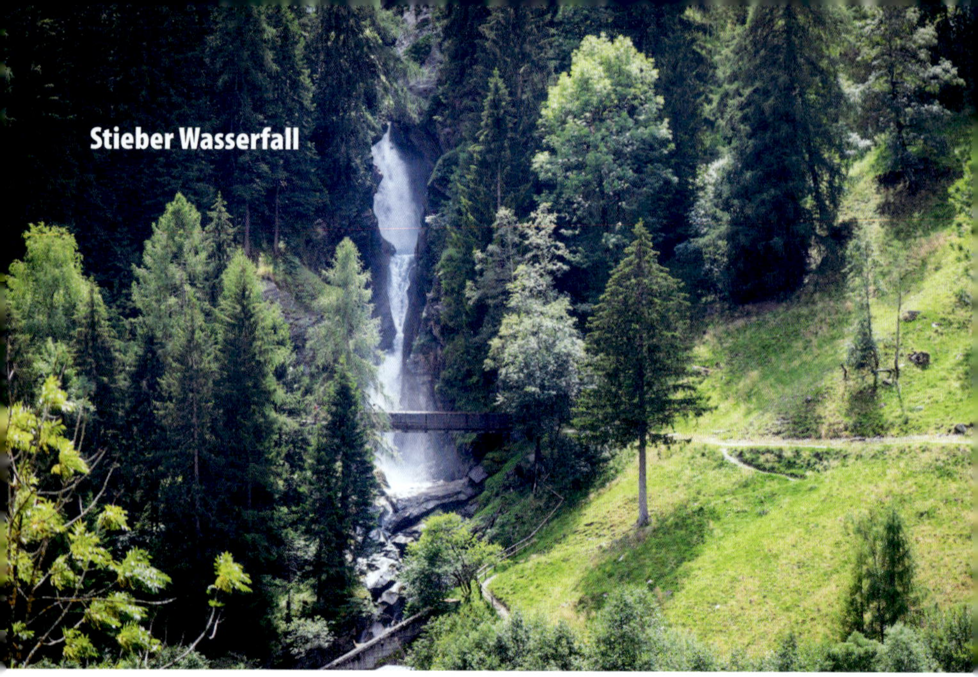

Moos. Doch schon bei Kilometer 6 geht es wieder zurück auf die andere Bachseite. Nach weiteren 100 Metern müssten wir laut Wegweiser erneut die Seite wechseln, bleiben aber dieses Mal links, um zum Stieber Wasserfall zu kommen. Somit verlassen wir den Passerschluchtenweg, der die Nr. 1 trägt, und wandern nun auf dem Weg **Nr. 1 A** weiter. Keine Angst, das ausgelassene Stück Passerschluchtenweg wird uns nicht entgehen, wir werden es beim Rückweg mitnehmen.

80 Höhenmeter müssen wir nun absolvieren, dabei den **Rainbach** überqueren und eine Wiese bis zum **Gasthaus Bad Sand** ③ durchwandern. Links am Gasthaus vorbei steigen wir bis zu einer hölzernen Brücke ab – und schon stehen wir vor tosenden, rauschenden, Tropfen versprühenden Wassern, dem **Stieber Wasserfall** ④.

Auf der Brücke halten wir uns nur kurz auf. Nicht weil das Schauspiel langweilig wäre, nein, das ist es ganz und gar nicht. Doch der Wasserfall spritzt, zwar nicht viel, aber trotzdem genug, um die Kleidung zu befeuchten.

Die letzten 800 Meter bis nach Moos in Passeier, die Hälfte davon auf Asphalt, sind schnell geschafft. In

*Das **Gasthaus Bad Sand** bietet mit seiner Bar beziehungsweise seinem Café kleine Imbisse wie Knödel, Eierspeisen und hausgemachten Apfelstrudel an. Essen gibt es auf Vorbestellung!*

*Am **Stieber Wasserfall** in Moos stürzt das Wasser des Pfelderer Bachs zuerst 19, dann 18 Meter tief in die Passer. Über eine Holzbrücke kommen wir fast auf Tuchfühlung mit ihm und können ihn überqueren.*

einer Kurve der Straße **Dorf** gelangen wir zu einer Brücke, die Passer fließt genau unter uns hindurch. Von oben schaut das Bunker Mooseum zu uns herunter. Wer möchte, kann das kurze Wegstück ins Ortszentrum hinaufmarschieren, das Bergdorf erkunden, in Gasthäusern einkehren, das **Bunker Mooseum** 5 besuchen, oder, oder … Wer sich dabei so lange aufhält, dass er den Rückweg zeitlich nicht mehr schafft, kann mit dem **Bus der Linie 240 nach St. Leonhard zurückfahren**.

Alle anderen gehen circa 150 Meter die Straße **Dorf** talauswärts.

In einer 180-Grad-Kurve steht ein Wegweiser **Passerschluchtenweg**. Wir folgen ihm und wandern auf dem Streckenabschnitt, den wir auf dem Hinweg ausgelassen haben. Schließlich bringt uns eine lange, auf einem Rückhaltedamm verlaufende **Stegbrücke** 6 hinüber zur uns bereits bekannten Wanderroute. Ihr folgen wir talauswärts, genau gleich, wie wir gekommen sind.

Kurz vor Ende des wunderbaren Wegs durch die Passerschlucht, dort, wo der Bach an einer Sandbank

*Das **Bunker Mooseum** ist in einer Bunkeranlage aus den 1940er-Jahren untergebracht. Es zeigt Exponate zur Natur und Geschichte des Hinterpasseier und informiert über den Naturpark Texelgruppe.*

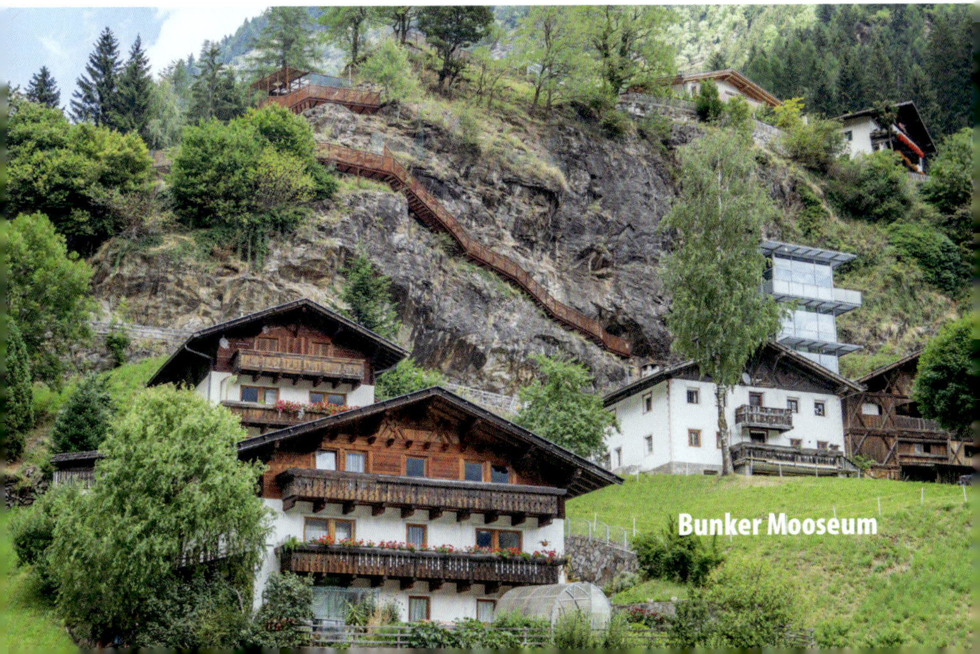

Bunker Mooseum

Erfrischungstour 17

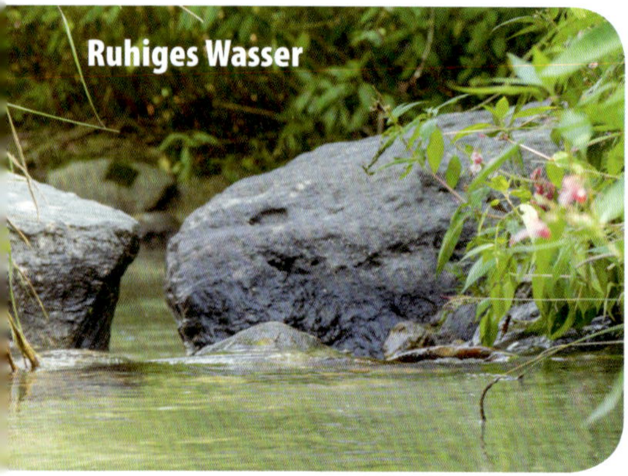

ruhig vorbeiströmt, gönnen wir uns noch eine besondere Kur: eine **Kneipp-Spiel-Kur**. Auf den **Sandbänken im Passer-Bett** 7 ziehen wir die Bergschuhe aus. Die Kleinen vergnügen sich beim Spielen am und mit dem Wasser, die Erwachsenen beim Wassertreten. Das ist zwar kalt, doch gut aufgewärmte Wanderhaxen und quirlige Kinderbeine halten so was ohne Weiteres aus. So wird die Tour durch die Schlucht der Passer am Ende sogar noch von einer visuellen zu einer gefühlten Erfrischungstour!

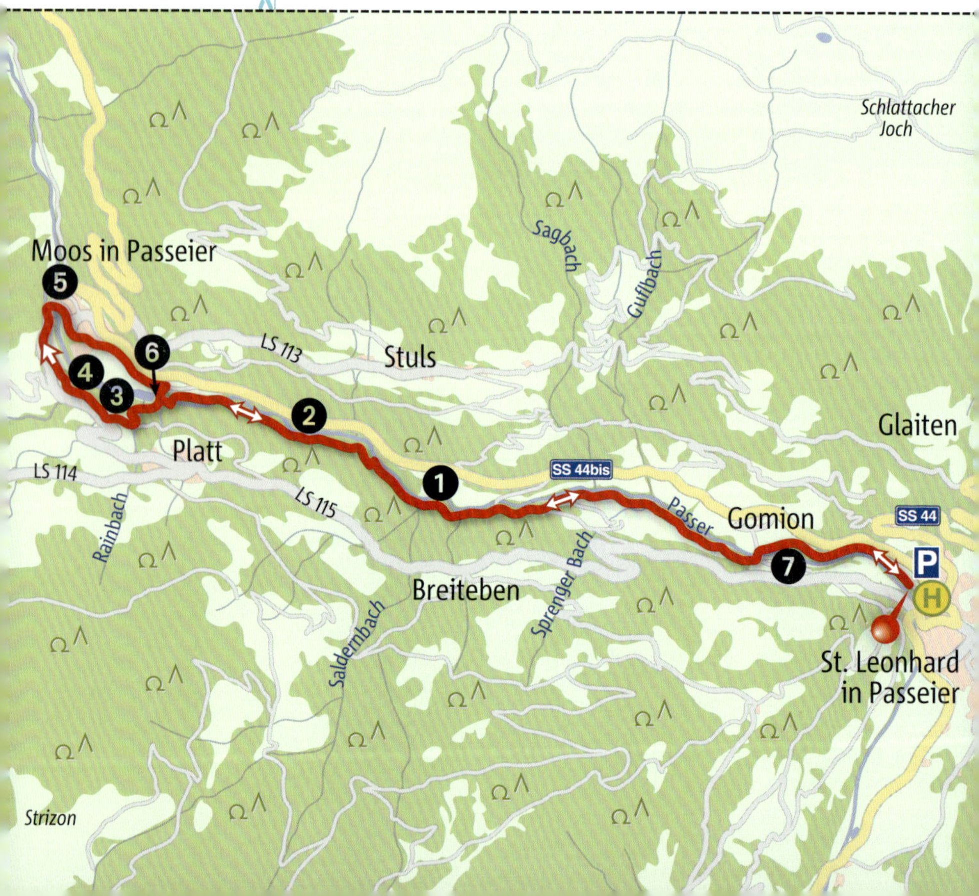

Alles auf einen Blick

WIE & WANN:

Wandersteige, Eisentreppen, Eisenstege und nur ganz kurze Asphaltpassagen; beste Wanderzeit Ende Mai bis Oktober

HIN & WEG:

Auto: Parkplätze rund um das Erlebnis-Freibad St. Leonhard in Passeier (Straße Gänsboden, I-39015 St. Leonhard in Passeier, am Kreisverkehr Richtung Camping fahren; GPS: 46.815333, 11.242133)

ÖPNV: Von Meran Bus 240 nach St. Leonhard in Passeier, Haltestelle Passeirerhof

ESSEN & ENTSPANNEN:

Gasthaus Bad Sand ❸ Platt Nr. 59, I-39013 Moos in Passeier, Tel. (+39/04 73) 64 35 65, www.badsand.it

Verschiedene Gasthäuser und Cafés in Moos in Passeier

ENTDECKEN & ERLEBEN:

Polt-Kraftwerk ❶

Brücken aus Gitterrosten ❷ 360°-Foto: www.suedtirol-360.com/091

Stieber Wasserfall ❹

Bunker Mooseum ❺ Dorf 29 a, I-39013 Moos in Passeier, Tel. (+39/04 73) 64 85 29, museum.hinterpasseier.it

Stegbrücke ❻

Sandbänke im Passer-Bett ❼

Entspannung ★★★★☆

Genuss ★★☆☆☆

Romantik ★★★★☆

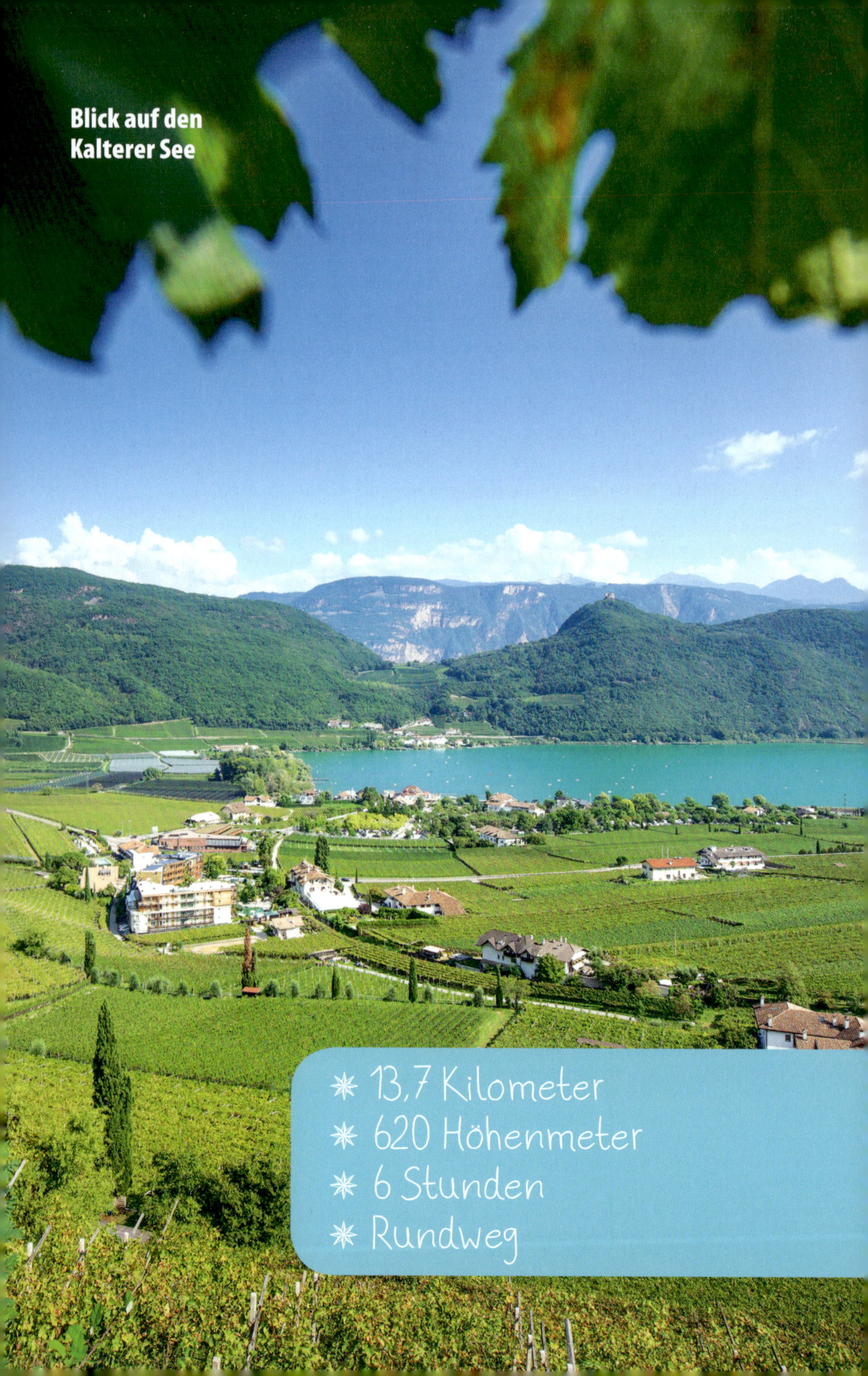

Blick auf den Kalterer See

- 13,7 Kilometer
- 620 Höhenmeter
- 6 Stunden
- Rundweg

Der Kalterer See offenbart seine idyllische Schönheit dann, wenn wir einen Schritt zurücktreten und ihn in seiner Gesamtheit, eingebettet in seine herrliche Weinberglandschaft, bewundern. Wir werden also eine Rundreise mit dem „Schritt zurück" rund um den See unternehmen und dabei den Standard-Rundweg zu einer längeren Naturrundwanderung ausdehnen, die ihn immer wieder ins Blickfeld rücken wird.

Das Biotop am Südufer ist unser Ausgangspunkt. Hier können wir das Auto am Anfang des für den Verkehr gesperrten **Kuchlwegs** parken. Der Weg ist bei Familien mit Kinderwägen und Laufrädern sehr beliebt. Anna ist aus dem Laufradalter bereits draußen, darum biegen wir kurz nach der Brücke über den **Großen Kalterer Graben** links in einen Steg ein. Diese bogenförmige Erweiterung des Rundwegs führt uns ein erstes Stück durch das sumpfige, naturbelassene Biotop. Dann geht es wieder auf den Kuchlweg hinaus, sodass wir die **Vogelwarte 1** nicht verpassen. Sie ermöglicht einen erhöhten Ausblick auf das Biotop. Anschließend wandern wir 400 Meter entlang des Kuchlwegs, um dann abermals links in einen Steg einzubiegen.

Das leise Knarren der Holzbalken unter unseren Füßen vermittelt ein klein wenig das Gefühl, etwas Verbotenes zu unternehmen. Wie Diebe, die über den Dachboden schleichen, kommen wir uns vor. Nur dass wir nicht in ein Haus, sondern in ein Seebiotop einbrechen. Fast wie ein Tunnel umarmt uns die Seeflora. Botaniker werden sich an der Pflanzenvielfalt erfreuen.

*Der **Kalterer See**, ein altes Flussbett der Etsch, liegt auf 216 Metern, ist 1,8 Kilometer lang, 0,9 Kilometer breit und nur 5,6 Meter tief. Süd- und Nordufer sind verschilft. Die touristischen Zugänge zum wärmsten Badesee der Alpen liegen hauptsächlich am Ost- und Westufer.*

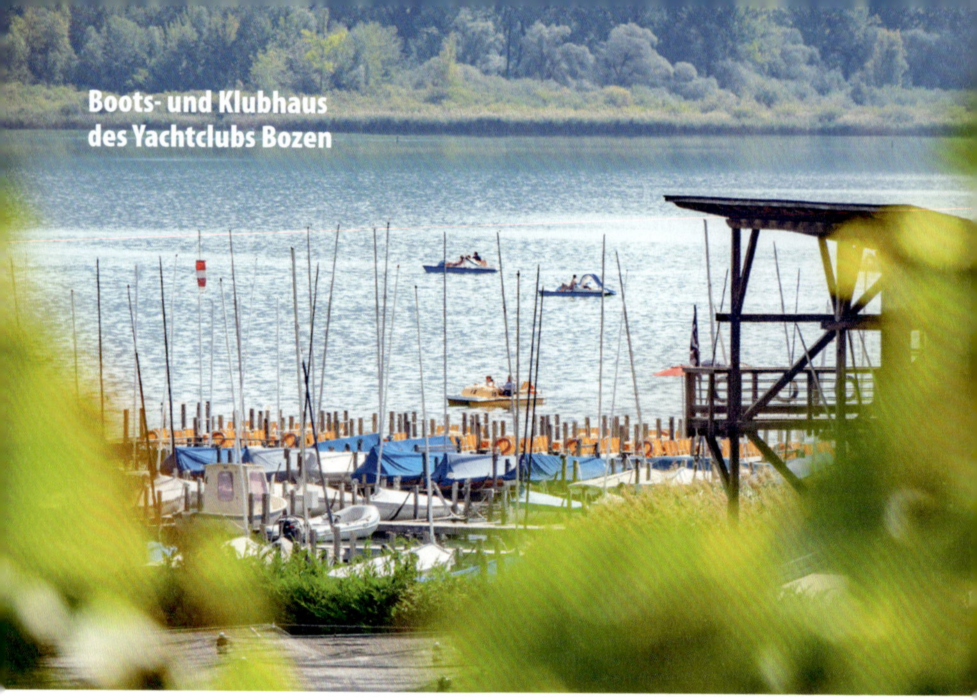

Boots- und Klubhaus des Yachtclubs Bozen

Hoch über unseren Köpfen wehen die Farben Tirols. Auf der Ringmauer der Burgruine Leuchtenburg hat man eine weitum sichtbare Fahne aufgestellt.

Das Ende des Stegs markiert das Südostende des Biotops. Nun erkunden wir mit dem „Schritt zurück" die Ostseite des Sees und wandern auf einem parallel zur verkehrsbeschränkten Ostuferstraße verlaufenden Steig. Ab und zu blitzt der See zwischen dem Geäst der Bäume hindurch. Besser ist er von einer etwas erhöhten **Aussichtsplattform** ❷ zu sehen, die über einen 30-Meter-Abstecher nach rechts erreichbar ist. Sie verhilft uns zu einer schönen, wenn auch nicht ganzheitlichen Panoramasicht über das Wasser. Der Blick wird weit, er schweift über das Südufer und das eben durchwanderte Biotop hinüber zum Weindorf Tramin.

Weiter geht es bis zum Weiler **Klughammer**. Hier wechseln wir vom Steig auf wenig befahrenen Asphalt, dürfen dafür den See in seiner Gesamtheit bewundern. Am **Strandbad Klughammer** ❸ finden wir eine Einkehrmöglichkeit. Der **Gasthof Klughammer** bietet eine moderne Küche mit regionalen Speisen.

Der Seerundweg biegt nach dem Parc Hotel am See links hinunter. Ich gebe meinen beiden vorauseilenden Mädels ein Zeichen, dass sie ihm nicht folgen, sondern geradeaus auf der asphaltierten Straße bleiben sollen. Zwar müssen wir so auf die zahlreichen Radfahrer achten, werden aber dafür mit einem schönen Seepanorama beglückt.

Circa 700 Meter wandern wir geradeaus weiter und werfen dabei immer wieder einen Blick nach links zurück auf den See. Dann heißt es auf eine Straße abbiegen, die scharf links hinunterführt. Wir folgen ihr für 200 Meter, um dann abermals links abzubiegen. 100 Meter geht es Richtung **Seehotel Ambach**, und schon treffen wir zu unserer Rechten erneut auf den Seerundweg und folgen ihm nun wieder ein Stück weit.

Entlang von Apfelbaumplantagen kommen wir zum **Restaurant Pizzeria Geier** (4), dem auf Pfählen stehenden **Boots- und Klubhaus des Yachtclubs Bozen** und dem **Lido Kalterer See**.

Abermals heißt es nun den Seerundweg verlassen. Wir biegen rechts über den **Kardatscherweg** und entlang des **Rastenbachs** hinauf zur Weinstraße, überqueren diese und marschieren dann zwischen Hotel Seeleiten und Hotel Seeperle den **Barleiter Wanderweg** aufwärts.

Die erste nennenswerte Steigung lässt uns schnell an Höhe gewinnen. Wir entfernen uns so zwar mehr und mehr vom Element Wasser, kommen dafür dem Element Wein immer näher. Je mehr Schritte zwischen

Für die Seele

Ein Hauch von südländischem Flair, von „Bella Italia", weht über die Landschaft.

uns und dem See liegen, umso lieblicher wird die Weinberglandschaft und umso besser können wir den Kalterer See, eingebettet in seine Reblandschaft, erfassen. Das Zurücktreten hilft, unser Plan vom ganzheitlichen Seeerlebnis geht auf. Unten das Wasser, rundherum die Weinberge, oberhalb die markante Leuchtenburg, wir inmitten von Weinbergen und einer **Allee von Olivenbäumen**, die zwischen den Weinbergen Spalier stehen.

Ein betonierter Feldweg kürzt durch die Ölleiten hinauf zum querenden Barleiter Weg ab. Wir bleiben aber auf dem offiziellen markierten Wanderweg **(Nr. 12)** und folgen geradeaus dem entsprechenden Wegweiser. Er lotst uns mitten durch Weinberge mit schönem Blick auf den Kalterer See zu einer asphaltierten Straße. Dieser folgen wir nach oben. An der Kreuzung mit der Straße **Barleiter Weg** – hier steht ein Brunnen – biegen wir scharf nach links ab. Wir wollen nicht nach Kaltern, sondern Richtung St. Josef am See.

Angenehm flach, zwischen **Weinbergen mit Seeblick** ⑤, geht es gen Süden. Links ein Bildstock, eine

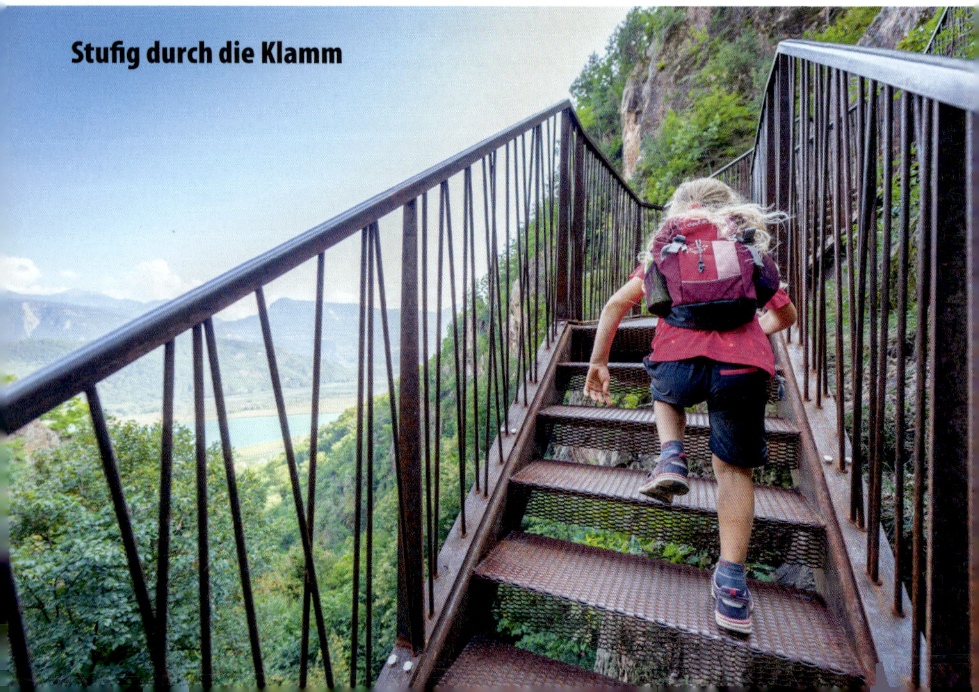

Stufig durch die Klamm

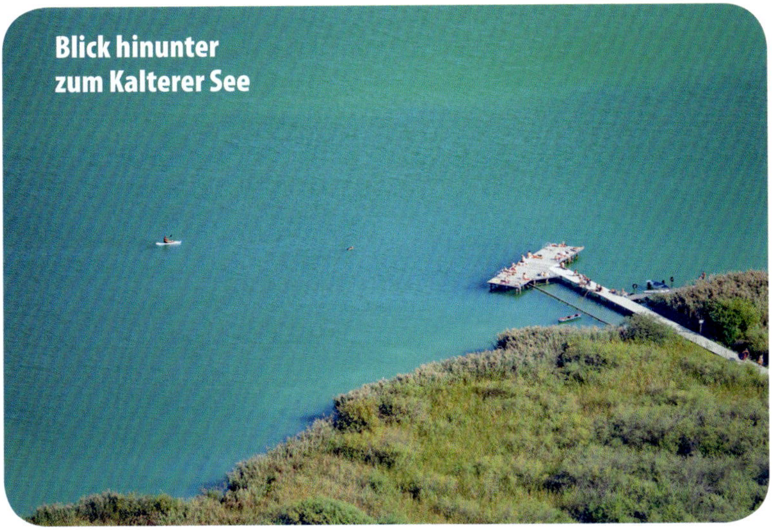

Blick hinunter zum Kalterer See

Bank und nochmals ein kurzer Seeblick, dann wandern wir leicht abwärts an den Waldrand.

Ein nicht zu übersehendes Informationsschild weist auf den Beginn des **Rastenbachklamm-Wegs** hin. Genau da wollen wir hinauf, verlassen die Straße Barleiter Weg und biegen rechts ab. Der Steig durchläuft zuerst einen schattigen Laubwald, bringt uns dann zu einer ersten Treppe.

Anna ist begeistert. Die plötzliche Abwechslung spornt sie zum Laufen an. Sie überfliegt förmlich die Treppen, während wir Erwachsenen die Stufen mächtig in den Beinen spüren.

Den gefährlichsten Teil der Klamm, einen 10 Meter langen Abstieg, meistert sie langsamer – natürlich nur weil wir sie lautstark dazu ermahnen –, aber mit Bravour. Nun geht es einen kurzen Stichpfad hinein zum **Rastenbach-Wasserfall** 6.

Fallende Wasser, die noch nicht wissen, dass sie sich bald im Kalterer See zu einem großen Ganzen zusammenfinden werden. Eine Kraftoase, dieses Plätzchen am Fuß des Wasserfalls!

!

*In der **Rastenbachklamm** zwischen St. Josef am See und Altenburg ist es relativ kühl, darum hebt sich die Pflanzenwelt von der Umgebung ab. Treppen, Brücken und eine Aussichtsplattform führen Wanderer entlang des Rastenbachs von submediterranem Wald hinauf in den Buschmischwald.*

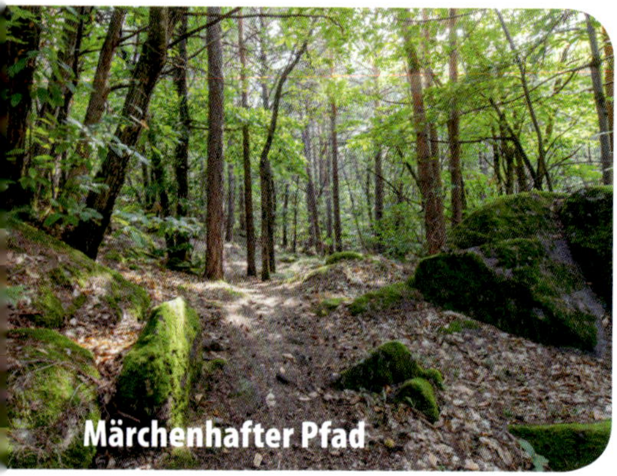

Märchenhafter Pfad

Die zweite, für jedermann auch freihändig überwindbare Treppe bringt uns zwei, drei, vier Etagen hinauf, wo das nächste Highlight wartet. Eine **Aussichtsplattform** 7 mit wunderbarem Blick. Da ist er wieder, der Mittelpunkt dieser Seelenwanderung, der Kalterer See. Göttlich, die Sicht hinunter in die grüne, wilde Klamm und weiter bis zum ruhigen blauen See mit der darüber thronenden Leuchtenburg.

Der abwechslungsreiche Klamm-Steig führt über Stege und Brücken bis zu einer Wanderwegkreuzung. Wir biegen links nach **Altenburg** ab und lassen uns von einigen Serpentinen bis zur letzten, recht steilen, Treppe führen. Gerne halten wir das Geländer fest und steigen Stufe um Stufe bis unter die beeindruckende **Altenburger Hängebrücke** hinauf. Über ein halbes Dutzend Felsstufen geht es nun bis zum östlichen Aufhänger der Brücke hinauf. Wir überqueren sie noch nicht. Zuerst wartet noch genau entgegengesetzt der 80-Meter-Abstecher hinüber zur **Kirchenruine St. Peter** 8 auf uns.

Zurück an der Hängebrücke, dürfen wir beschwingten Schrittes darüberlaufen. Das macht Spaß! Anna rennt gleich zweimal hin und her.

Das letzte Stück des Steiges führt entlang von glatt geschliffenem Porphyr bis hinauf zur **Altenburger Aussicht** 9. Wir lehnen uns an das Holzgeländer und bewundern erneut den ganzen Stolz der Kalterer, ihren See.

Von rechts hinter uns glitzert das bunte Kirchendach der Kirche St. Vigil herüber. Dort ist unser Ziel. Wir wandern aus dem Kirchhof hinaus, biegen dann beim **Altenburger Hof** 10, einer Einkehrmöglichkeit mit Restaurant und Pizzeria, links auf die asphaltierte **Altenburger Straße** und marschieren bis zur Feuerwehrhalle hinüber. Hier biegen wir links ab, folgen

Die wahrscheinlich älteste Kirchenruine Tirols, ***St. Peter in Altenburg****, ist nicht nur für Kulturbegeisterte interessant. Hinter den Mauerresten gibt es einen wunderbaren Aussichtspunkt, natürlich auf den Kalterer See.*

dem Wegweiser **Panoramarundweg „Auf der Warth"** und wandern über den Seeberg. Drei nahe beieinanderliegende **Aussichtspunkte 11** erwarten uns. Der erste zeigt uns Altenburg mit dem Weindorf Kaltern im Hintergrund, der zweite und der dritte den Kalterer See mit dem Weiler St. Josef am See. Märchenhaft, ja fast zauberhaft, schlängelt sich der Steig vorbei an Heidekraut, knorrigen Eichenästen, moosbedeckten Findlingen – ein Gefühl von Zauberwald überkommt uns.

Ein Wegweiser **Römerweg** reißt uns aus der Märchenwelt. Der mit Natursteinen gepflasterte Weg bringt uns hinunter nach **Söll**, einem Ortsteil von Tramin.

Bei dem Weinhof des Baron di Pauli, **Höfl unterm Stein**, treten wir aus dem Seeberg heraus, wandern an der Feuerwehrhalle Söll vorbei, die **Söller Straße** hinunter, passieren das malerische Kirchlein St. Mauritius und weiter unten das Hotel Plattenhof. So landen wir auf dem **Naturerlebnisweg Tramin 12** und folgen ihm nach links Richtung Kalterer See. Die zahlreichen Informationstafeln entlang des Themensteigs informie-

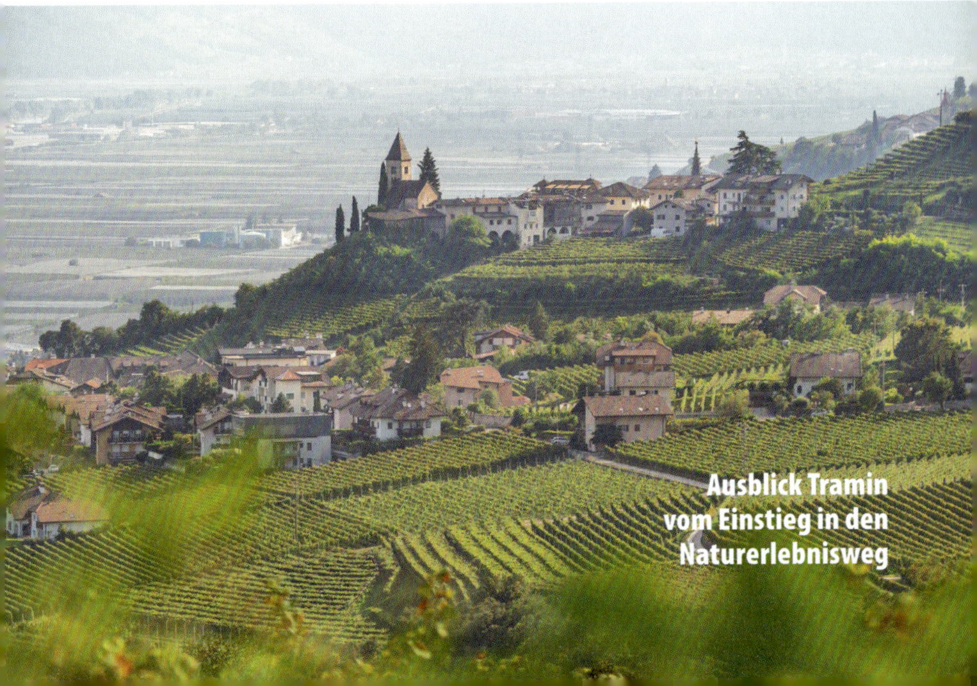

Ausblick Tramin vom Einstieg in den Naturerlebnisweg

Erfrischungstour 18

Der **Naturerlebnisweg Tramin** ist ein Rundweg mit 6 Kilometern Länge und 250 Metern Höhenunterschied auf dem artenreichen Söller Berg. Eine Vielzahl von Informationsschildern klärt den lernwilligen Wanderer über die hier vorkommenden Bäume, Pflanzen und Blumen auf.

ren über die besondere Vegetation des Söller Bergs. Gut informiert treffen wir bald auf den **Kalterer Seeweg**, wo sich wieder ein Blick zu dessen Namensgeber bietet.

Links, Richtung Kalterer See, folgen wir dem Seeweg bis hinunter auf die Weinstraße. Die müssen wir überqueren, um auf den Kalterer Seerundweg zu gelangen. Leider fehlt zurzeit ein offizieller Wanderweganschluss zwischen dem Traminer Kalterer Seeweg und dem Kalterer Seerundweg. Darum gehen wir wenige Dutzend Meter die **Weinstraße** halb links, Richtung Norden, entlang und überqueren sie vor der sogenannten Campingkurve, um auf den **Seerundweg** zu gelangen. Dieser Wanderweg bringt uns gegen den Uhrzeiger an unseren Ausgangspunkt, den **Kuchlweg**.

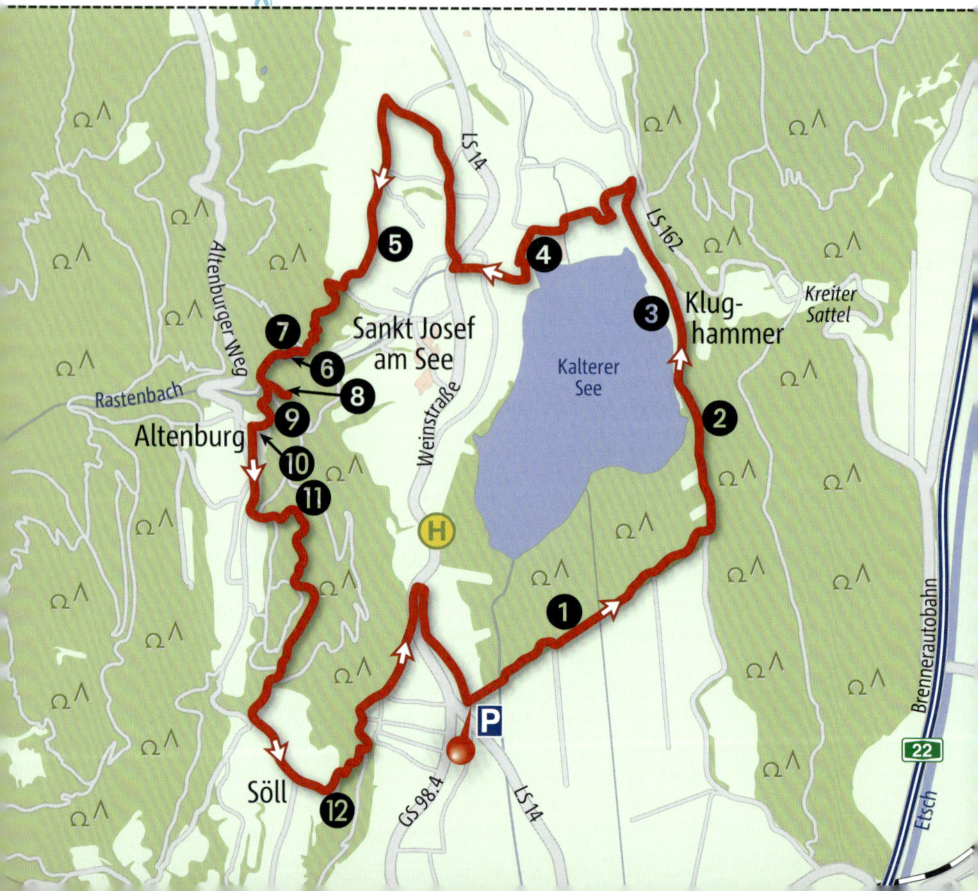

Alles auf einen Blick

WIE & WANN:
Wald- und Feldwege, wenige asphaltierte Wege, Treppen; beste Wanderzeit April bis Oktober, aber auch im Winter möglich, außer an eisigen Tagen

HIN & WEG:
Auto: Kostenloser Parkplatz am Kuchlweg südlich des Kalterer Sees, I-39052 Kaltern (GPS: 46.363367, 11.255200)
ÖPNV: Von Kaltern, Tramin oder Neumarkt Bf Bus 130 bis St. Josef am See, Haltestelle Campingplatz; 15 Min. zu Fuß über den Seerundweg bis zum Kuchlweg

ESSEN & ENTSPANNEN:
Gasthof Klughammer ❸ Klughammer 5, I-39052 Kaltern, Tel. (+39/04 71) 96 01 59, www.pensionklughammer.com
Restaurant Pizzeria Geier ❹ St. Josef am See 12, I-39052 Kaltern, Tel. (+39/04 71) 96 01 56, www.pizzeriageier.it
Altenburger Hof ❿ Altenburg 37, I-39052 Kaltern, Tel. (+39/04 71) 96 41 43, www.altenburgerhof.com

ENTDECKEN & ERLEBEN:
Vogelwarte ❶ mit Aussicht auf das Biotop des Kalterer Sees
Aussichtsplattform ❷ mit Blick auf den Kalterer See
Strandbad Klughammer ❸ siehe Essen & entspannen
Weinberge mit Seeblick ❺ 360°-Foto: www.suedtirol-360.com/101
Rastenbach-Wasserfall ❻
Aussichtsplattform ❼ mit Blick auf den Kalterer See
Kirchenruine St. Peter ❽
Altenburger Aussicht auf den Kalterer See ❾
Aussichtspunkte ⓫
Naturerlebnisweg Tramin ⓬ Themenweg mit vielen Infotafeln

Entspannung ✱✱✱✱✱
Genuss ✱✱✱✱✱✱
Romantik ✱✱✱✱✱

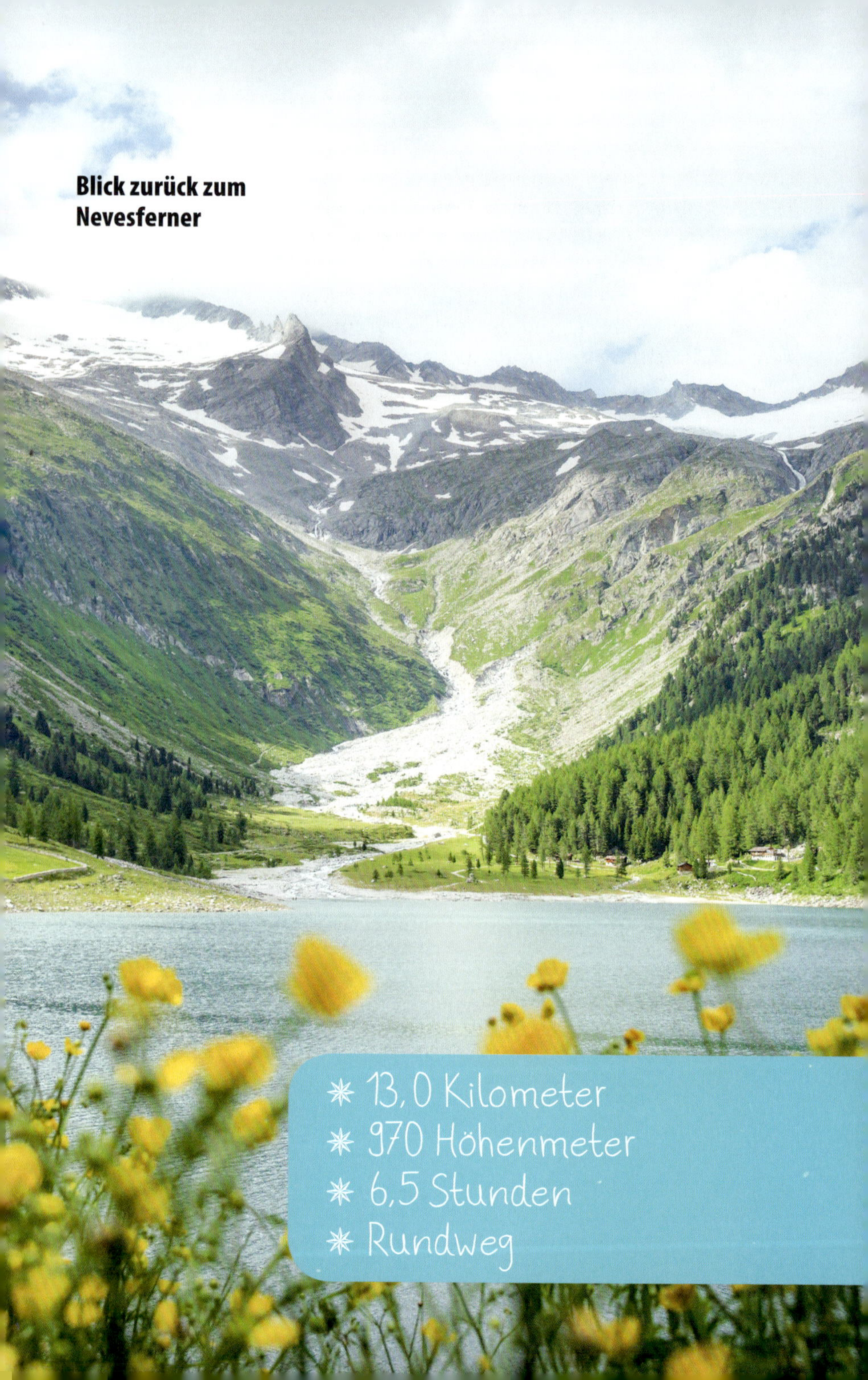

Blick zurück zum Nevesferner

- 13,0 Kilometer
- 970 Höhenmeter
- 6,5 Stunden
- Rundweg

Diese Erfrischungstour auf dem **Neveser Höhenweg** ist eine ausgesprochene Hochgebirgstour. Doch wem es nun den Angstschweiß auf die Stirn treiben will, der kann beruhigt sein. Der Neveser Höhenweg gilt als mittelschwer. Wir werden ihn halbieren und somit den Schwierigkeitsgrad senken, sodass er für alle Wanderer machbar ist, die trittsicher unterwegs sind. Ordentliche Bergschuhe sind natürlich Pflicht.

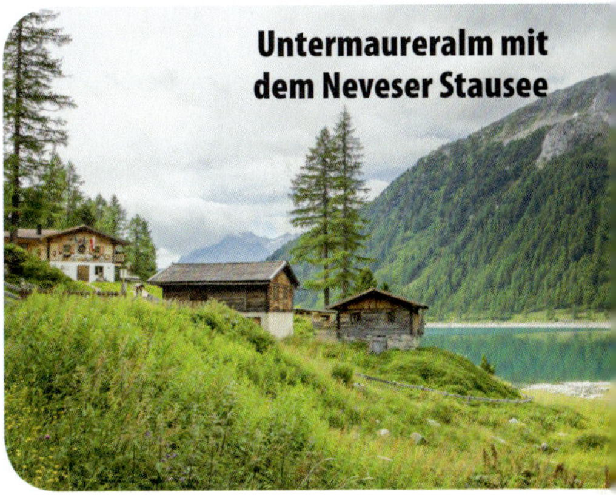

Untermaureralm mit dem Neveser Stausee

Die **Anreise** führt über das Tauferer Tal. Bei Mühlen biegen wir links ab und kommen so ins Mühlwaldertal. Weiter geht es bis nach Lappach und dann über eine sehr enge, gebührenpflichtige Bergstraße zum Neves-Stausee auf 1860 Meter über dem Meeresspiegel. Hier beginnt unsere Gletschermoränen-Tour.

Der Weg am Ostufer des Stausees bringt uns taleinwärts schnell zur **Jausenstation Untermaureralm** ❶. Ein Kaffee, ein kurzer Plausch mit dem Wirt, ein Blick über den Stausee – und schon kann es auf dem Pfad **Chemnitzer Hütte Nr. 24** losgehen. Normalerweise sind die Südtiroler Wanderwegweiser aus gebeiztem Holz, mit rot-weißen Pfeilspitzen. Nicht so hier. Hier hat man sich für die österreichischen Wegweiser aus gelb lackiertem Aluminium entschieden. Das mag man gut oder schlecht finden, egal, diese

Gletscherspaß

Über den Neveser Höhenweg

Wegweiser sind gut sichtbar und bieten sogar umfangreichere Informationen als die Südtiroler Pendants.

Vor einer Brücke über den Ursprungbach biegt unser Wandersteig (Nr. 24) rechts ab und führt in zahlreichen kleinen Kurven zickzack zur Waldgrenze hinauf. Er kürzt den in Serpentinen hochführenden Güterzufahrtsweg zur Chemnitzer Hütte immer wieder ab und gewinnt so schnell an Höhe. Zuerst bedeckt noch Waldstorchschnabel den Nadelwaldboden, bald entspricht der Wald der Typisierung laut Südtiroler Landeskartografie: Silikat-Lärchen-Zirbenwald mit rostroter Alpenrose.

Ab und zu erlaubt der Steig einen Blick hinab auf den türkisfarbenen Neves-See. Ab einer **Almhütte** ❷ auf 2140 Höhenmetern wandern wir in flacheres, rotgelb blühendes Almwiesengelände. Rückwärts reicht der Blick hinauf zu den weißen Gletscherriesen der südlichen Zillertaler Alpen. Der Hohe Weißzint und der Möseler mit den Gletscherfeldern Gliderferner und Növesferner unterstreichen die Höhenlage, in der wir wandeln. Ein Wegkreuz, zwei weitere Hütten – dann leitet uns ein Wegweiser nach links auf einen mit Steinplatten „gepflasterten“ Fußweg. Hier oben

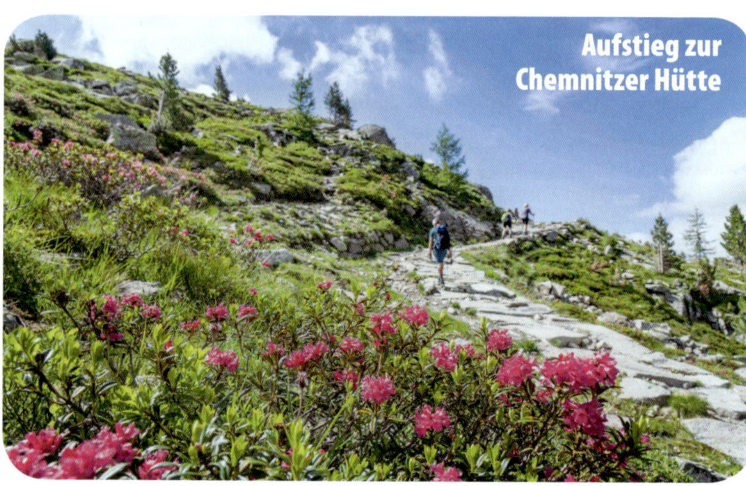

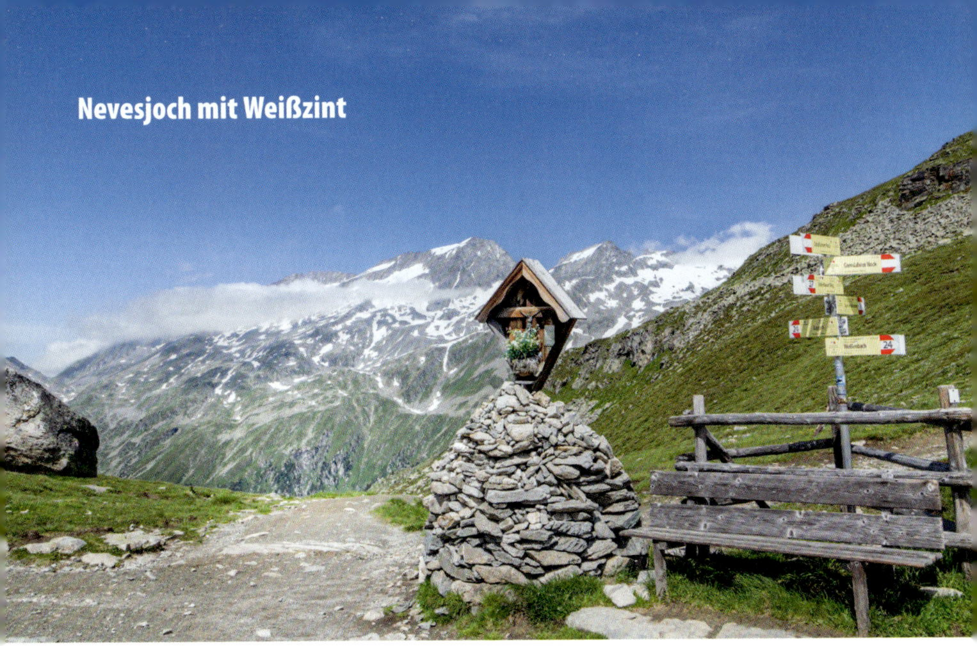

Nevesjoch mit Weißzint

blühen noch die Alpenrosen in wunderschöner rostroter Pracht.

Ganz weit hinten, Luftlinie circa 5 Kilometer entfernt, sind die Umrisse der Edelrauthütte zu erkennen. Der Neves-Höhenweg würde genau dorthin führen. Wir werden ihn aber nur teilweise beschreiten und somit diese Schutzhütte nicht näher zu Gesicht bekommen. Dafür ist unser erstes Etappenziel bereits in Griffweite: Nach 3 Kilometern und 570 Höhenmetern ist die **Chemnitzer Hütte** ③, oft auch **Nevesjochhütte** genannt, auf 2420 Metern erreicht. Obwohl unten bei der Untermaureralm mit 1 Stunde 45 Minuten angeschrieben, war es bei uns nur eine gute Stunde Gehzeit. Umso besser, denn so haben wir genug Zeit, um

> *Im Jahr 1880 wurde die **Nevesjochhütte** eröffnet. Sie musste 14 Jahre später aus finanziellen Gründen der Alpenvereins-Sektion Chemnitz abgetreten werden. Diese errichtete neben der alten Hütte einen Neubau, die Chemnitzer Hütte. Sie gehört heute der Autonomen Provinz Bozen.*

Für die Seele

Alpenrosenidyll gepaart mit Gletscherblick. Rot und weiß. Herrlich!

einzukehren. Ein zweiter Kaffee, ein Glas Wein und etwas Süßes dürfen nicht fehlen. Die wunderbare Panoramasicht gibt es kostenlos dazu.

Nach einer halben Stunde dürfen wir nun endlich auf den Neveser Höhenweg. Knapp unter der Hütte stehen Wegweiser. Einer trägt die Aufschrift **Neves Höhenweg Nr. 1**, das ist unserer. So geht es auf dem aussichtsreichen Bergweg, oft über eigens gelegte Steinplatten, leicht ansteigend den Westhang des Gamslahnernock entlang. Dabei ist eine Stelle mit Seilversicherung zu bewältigen. Keine Panik: Der Grashang zu unserer Linken fällt zwar stark ab, aber die Passage ist nicht besonders ausgesetzt und nur 5 Meter lang. Eigentlich könnte sie gut ohne Seil auskommen.

Wie auf einer Felsstufentreppe geht es quer den Grashang hinauf. Die Chemnitzer Hütte und der Neves-Stausee werden immer kleiner, der weiße Grat des Zillertaler Hauptkamms rückt näher. Jetzt, Anfang Juli, müssen wir ein, zwei kleine Schneefelder queren, doch sie sind unproblematisch. Die vom Nevesjoch aus gerechneten 150 Meter Anstieg merken wir nicht. Der Bergsteig führt uns in nur mäßiger Steigung recht gemütlich aufwärts.

*Der 8,7 Kilometer lange, unschwierige **Neveser Höhenweg** ist ein alter Verbindungsweg zwischen der Chemnitzer Hütte am Nevesjoch und der Edelrauthütte am Eisbruggjoch. Sein landschaftlicher Reiz liegt in seiner Nähe zu den Zillertaler Eisriesen und den herabziehenden Gletscherzungen.*

So langsam entschwindet das Gras, die Landschaft wird steiniger. Zwei große Eisenpfeile auf einem Steinmann zeigen die Richtung zum Turnerkamp und zum Großen Möseler an. Uns interessiert das nicht. Wir sind heute keine Gipfelstürmer, sondern erfreuen uns lieber an dem erfrischenden Kessel aus Fels und Eis vor unserer Nase. Er wird vom Großen Möseler, Kleinen Möseler, Oberen Möselernock, Rossruggen und Turnerkamp gebildet. Von oben schiebt sich die Moräne des Östlichen Möselerferner herab. Unter dem ewigen Eis rauscht der wilde Ursprungbach hervor.

Der Gletscherbach macht Spaß. Er hübscht die tote Geröllandschaft mit lebendigem Schäumen, glitzernden Wasserspiegelungen auf und sorgt für die rauschende akustische Kulisse.

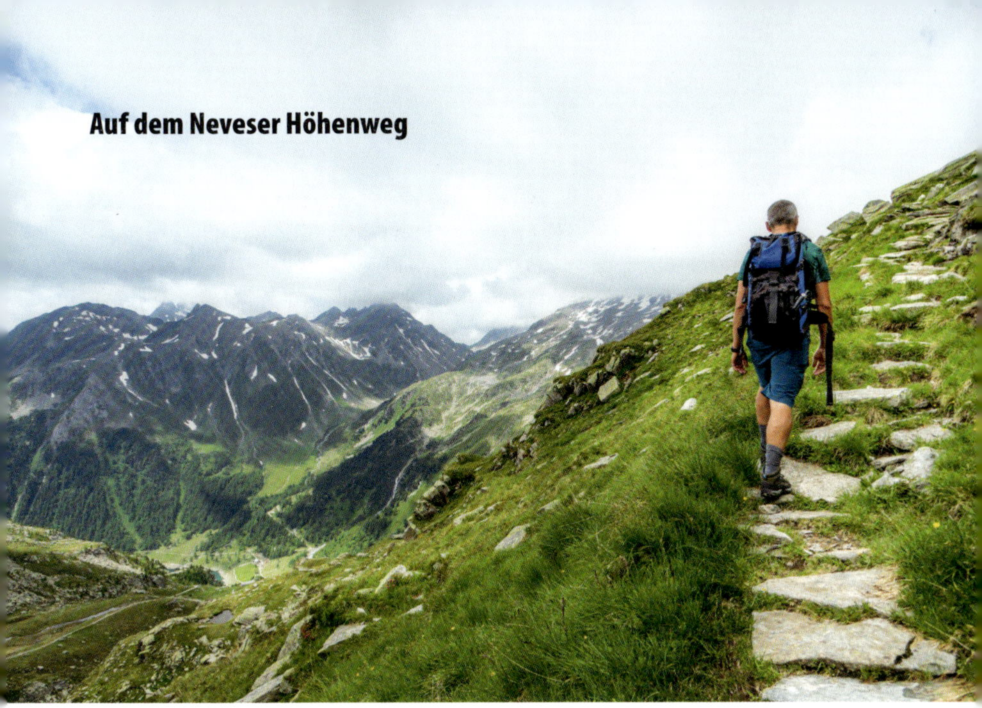

Zwei Bretter breit, circa 4 Meter lang – eine **Brücke** **4**, fabriziert aus einem Vierkanteisenträger, führt über den reißenden Bach. Das Drübersteigen ist ein Erlebnis! Die meisten Menschen wandern an dieser Stelle einfach weiter. Nicht so wir. Für uns ist dieser Punkt das zweite Etappenziel und willkommener Platz für eine Pause. Wer ein Alpen-Nickerchen auf einem glatt geschliffenen Felsblock machen möchte, ist hier genau richtig. Ich bevorzuge die fotografische Erkundung der einmaligen Gletscherumgebung, steige sogar entlang des wilden Bachs, über Felsen springend, Richtung Gletschermoräne auf. Es ist herrlich belebend, diese wunderschöne, einmalige, aus Granit und Gneis bestehende Landschaft für sich zu entdecken. Und ein wenig traurig zugleich, denn der schwindende Gletscher gibt zu denken. Ich war vor zehn Jahren bereits einmal hier, der Rückgang des ewigen Eises ist nicht zu übersehen. Doch der überwältigende Ausdruck der geballten Bergmacht überwiegt. Angekommen im Reich der Urgewalten. Mächtig, beeindruckend. Ich fühle mich dankbar und klein zugleich!

Doch zurück zu unserer Wanderrunde. Nach Überqueren der Gletscherbach-Brücke folgen wir den rot-weißen Markierungen in die steinerne Landschaft, die immer wieder von Wasser durchzogen wird. Die Vegetation variiert. Plötzlich queren wir eine grünfeuchte Landzunge, dann ein Geröllfeld. Da ein Wässerchen, dort trockener Fels, hier ein karger Flaum von Grün mit eingestreuten Alpenmargeriten. Die alpine Landschaft am Neveser Höhenweg ist mannigfaltig und reizvoll.

Ein Wegweiser **Neves Höhenweg Nr. 1** erweckt den Anschein, ohne Grund angebracht worden zu sein, denn es ist offensichtlich, dass der Pfad nach rechts und nicht geradeaus führt. Ab hier steigt unsere Route merklich an. Dabei plätschern ab und an kleine Rinnsale über unseren Weg. Der Neveser Stausee wird von einem wahren Spinnennetz an Bächen gespeist.

Nach 200 Höhenmetern, von der Brücke aus gerechnet, stehen wir vor einem **Gletschersee** ❺. Er ist unser drittes Etappenziel. Der kleine See, es ist eher

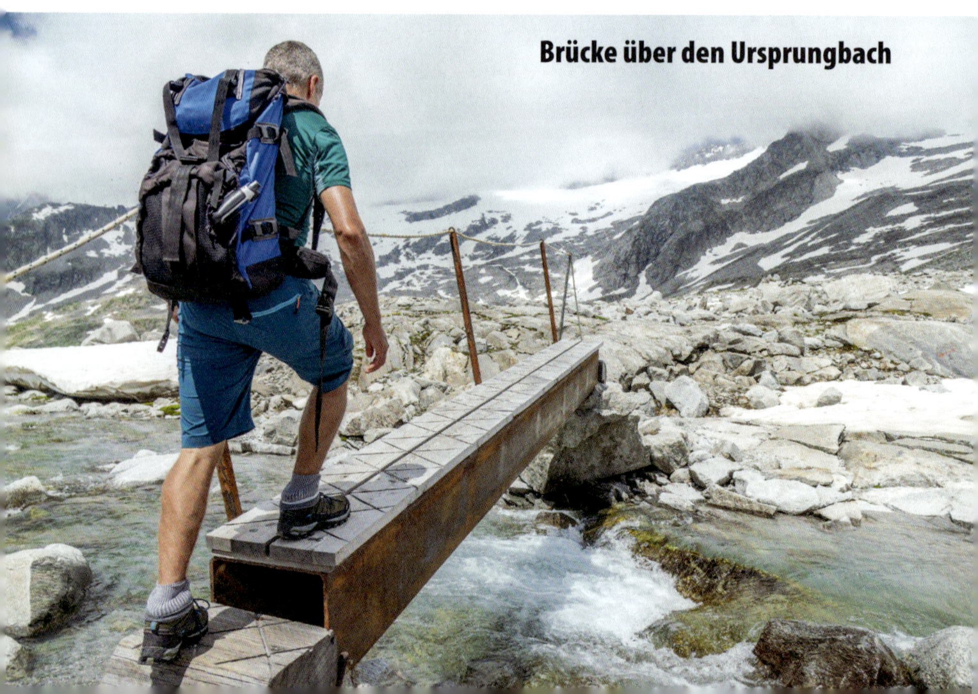

Brücke über den Ursprungbach

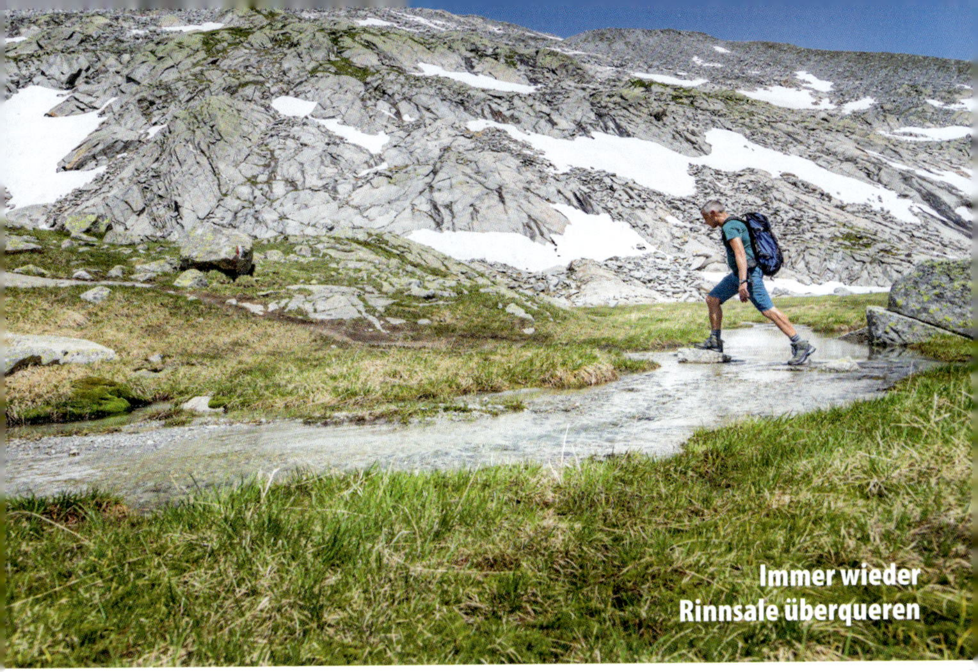

eine Lache, wird vom Westlichen Möselerferner (auch Westlicher Növeskees oder Westlicher Nöfesferner oder Westlicher Nevesferner) gespeist. Zwischen dem Südlichen Möselenock und dem Mutternock läuft über glatt geschliffene Felswände Wasser in den See nach. An seinem südlichen Ende verhindert eine Steinplatte, die wie ein kleiner Damm ausschaut, den Verlust des Wassers. Ein schönes Plätzchen, um eine Rast einzulegen.

Vom Südende des Gletschersees zieht heute ein Schneefeld ins Tal. Wir suchen die **rot-weißen Markierungen** und finden sie schnell. Außerdem ist unser weiterer Weg in dem Schutthang unter uns gut zu erkennen. Da müssen wir runter.

Der schmale, aber gut markierte Steig bringt uns ohne Schwierigkeiten in grünere Umgebung bis zu einem dreifachen Wegweiser. Die Richtung, aus der wir kommen, ist mit „Neves Höhenweg Nr. 1“ ausgeschildert. Er läuft hier nach rechts weiter. Wir dagegen müssen nach links auf einem Weg, der mit **Neves-Stausee Nr. 24 A** bezeichnet ist. Er wird uns zum Ursprungbach und dann parallel zu diesem Richtung Stausee führen.

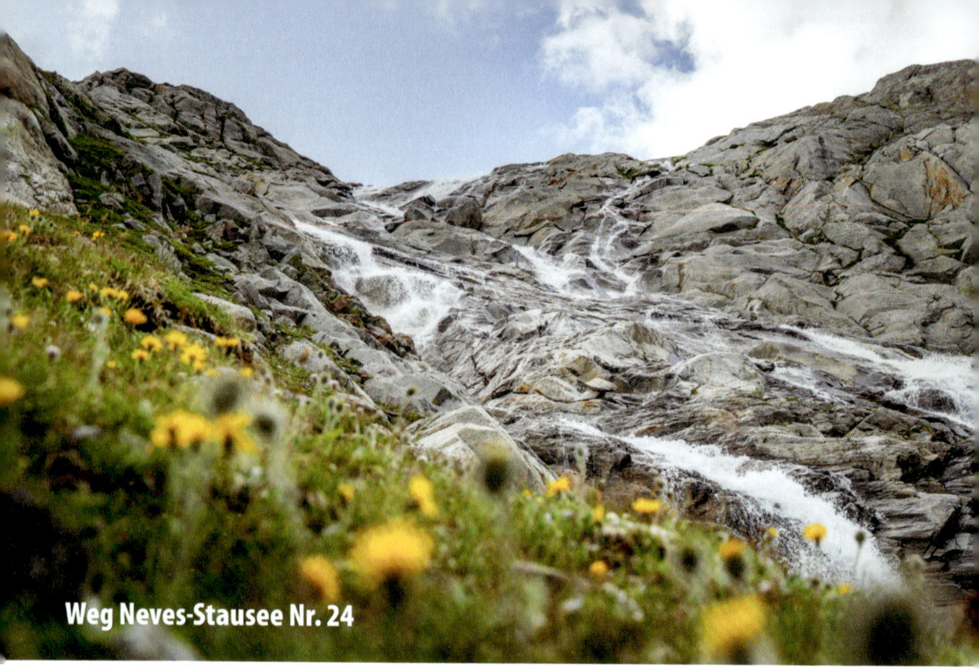

Das heißt, wir wandern ins Tal hinein, dauernd absteigend, sogar kräftig absteigend, sodass gute Knie wichtig sind. Bald umgibt uns ein malerisches Alpenidyll mit blauem Frühlings-Enzian, Rundblättriger Glockenblume, gelbem Habichtskraut und lila Wiesenklee.

Von links oben rauscht und spritzt es herunter. Der Bach, der den Gletschersee entwässert, trifft fast auf unseren Steig. Wir müssen ihn nicht überqueren und schreiten, den Markierungen folgend, im Zickzack rechter Hand des Wassers zu Tal. Der Bach vereint sich bald mit dem **Ursprungbach**. Nun donnern sie gemeinsam schäumend, in einem tief eingeschnittenen Bachbett, zum Stausee hinunter. Der 24 A-Steig ermöglich herrliche Tiefblicke ins Wasser. Alpenrosen wachsen am Hang des wilden Bachbetts.

Der Boden wird mit jedem Schritt feuchter, irgendwann sogar ein wenig matschig. Gleichzeitig verliert der abschüssige Bergpfad seine Steilheit und wir können nun gemütlicher ins Bachdelta hinauswandern. Dabei queren wir immer wieder kleine Rinnsale und Bäche.

Kurz vor dem Stausee passieren wir ein kleines Moor. Es ist nicht zu übersehen. Die weißen Büschel von Schmalblättrigem Wollgras verraten es. Eine Pflanzenart, die typisch für Hoch- und Zwischenmoore ist.

Bei der Brücke am Nordufer des Stausees halten wir uns rechts, obwohl das Auto am Ostufer geparkt ist. Der Seerundweg **(Nr. 26 A)** bringt uns zur Westseite des Sees und somit zur Neves-Alm. Jetzt noch gemütlich einkehren, das ist genau der richtige Abschluss für so eine großartige Gletscherlandschaftswanderung.

Unten am Seestrand stehen Fliegenfischer im Wasser und werfen ihre Köder aus. Wir schauen ihnen zu, während wir zur **Neves-Alm 6** hinüberschlendern.

„Ein gemischtes Brettl und ein Glasl Roten bitte!" Wir bestellen den kalten Aufschnitt, weniger wegen des Hungers, sondern weil es gemütlich ist, bei einem Glas Wein und etwas zum Knabbern auf einer Alm zu sitzen. So gehört sich das für einen echten Tiroler! Das Brettl ist schön angerichtet, das Brot kommt sogar in einer blauen Tiroler Schürze daher. Cool!

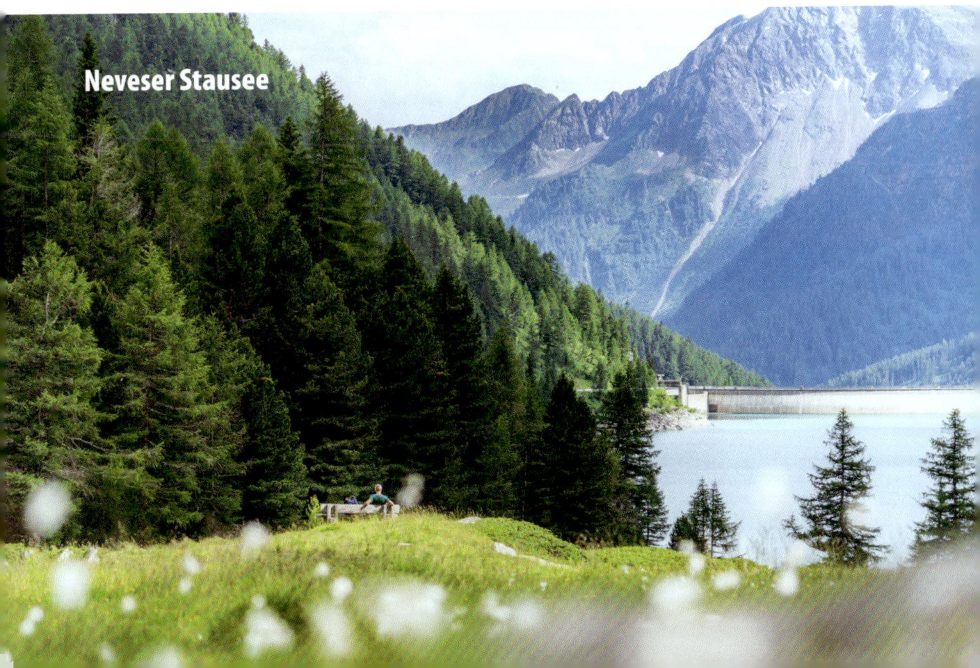

Neveser Stausee

Nach einer kurzen Plauderei mit der Wirtin vervollständigen wir die Seerunde. Der grüne Weg am Westufer des Stausees ist mit gelben Blüten durchsetzt. Am Wegesrand stehen Lärchen. Lustige Brücken bringen uns trockenen Fußes über mehrere Rinnsale.

Am Ende des Sees sperrt eine mächtige Staumauer das Tal. Der Wanderweg führt direkt drüber und ermöglicht uns einen imponierenden Tiefblick ins Lappachtal, bevor wir am Ostufer des Neves-Stausees zum Parkplatz zurückmarschieren, auf dem unser Pkw steht.

Nun bleibt uns nur noch die Verabschiedung von den zwei Mächtigen über uns, dem Hohen Weißzint und dem Möseler, dann geht es ab nach Hause.

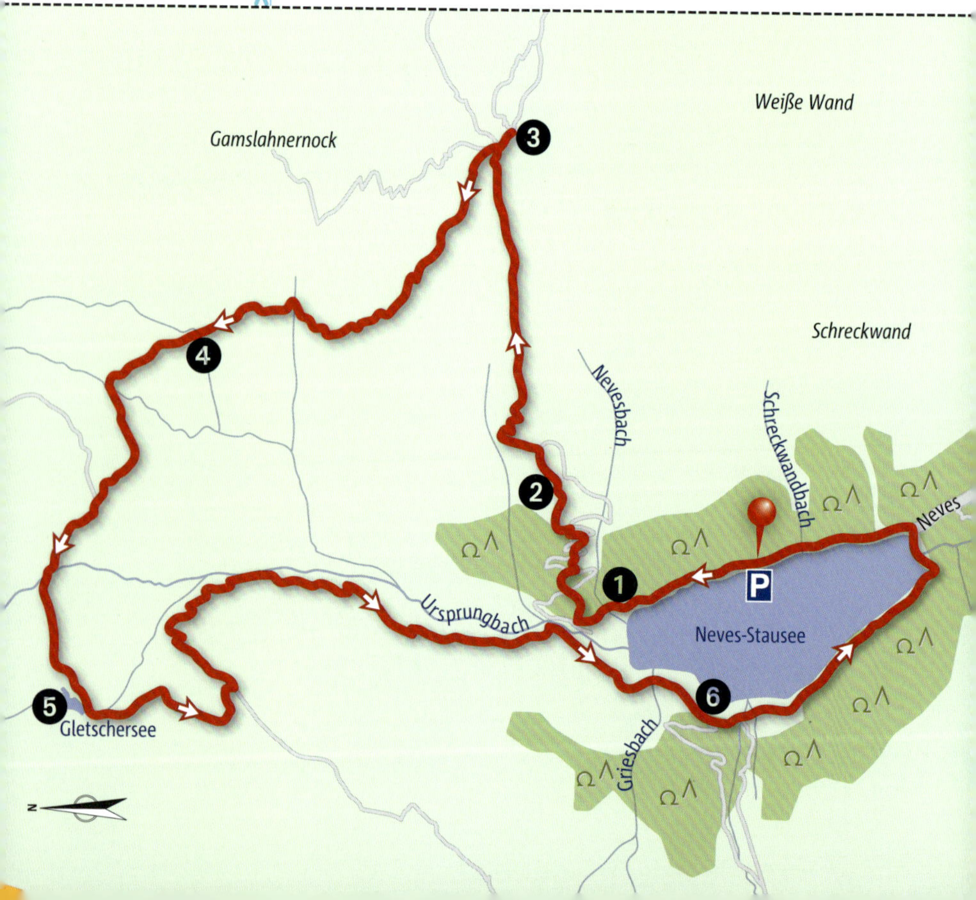

Alles auf einen Blick

WIE & WANN:
Schotterwege, Waldsteige, mit Natursteinen gepflasterte Fußwege, Bergsteige, teilweise geröllig, kurze Passagen mit leichter Blockgeherei, eine 5 Meter lange (unschwierige) Passage mit Seilversicherung, eine 40 cm breite Brücke aus einem Vierkanteisenträger; beste Wanderzeit Mitte Juli bis Oktober

HIN & WEG:
Auto: Von Lappach im Mühlwaldertal über eine mautpflichtige Bergstraße zu den Parkplätzen am Neveser Stausee, I-39030 Lappach (GPS: 46.947450, 11.784983)
ÖPNV: Keine Anbindung

ESSEN & ENTSPANNEN:
Jausenstation Untermaureralm ❶ Lappach 211 (am Neves-Stausee), I-39030 Lappach, Tel. (+39/3 49) 6 91 99 81
Chemnitzer Hütte (Nevesjochhütte) ❸ Neveser Joch, I-39030 Lappach, Tel. (+39/3 35) 6 89 81 11, www.chemnitzerhuette.com
Neves-Alm ❻ Lappach-Neves 17, I-39030 Lappach, Tel. (+39/3 38) 8 73 71 61

ENTDECKEN & ERLEBEN:
Almhütte ❷
Brücke über den Ursprungbach ❹ 360°-Foto: www.suedtirol-360.com/111
Gletschersee ❺ 360°-Foto: www.suedtirol-360.com/112

Entspannung ✱✱✱✱✱
Genuss ✱✱✱✱✱
Romantik ✱✱✱✱✱

St. Pauls und der Gantkofel

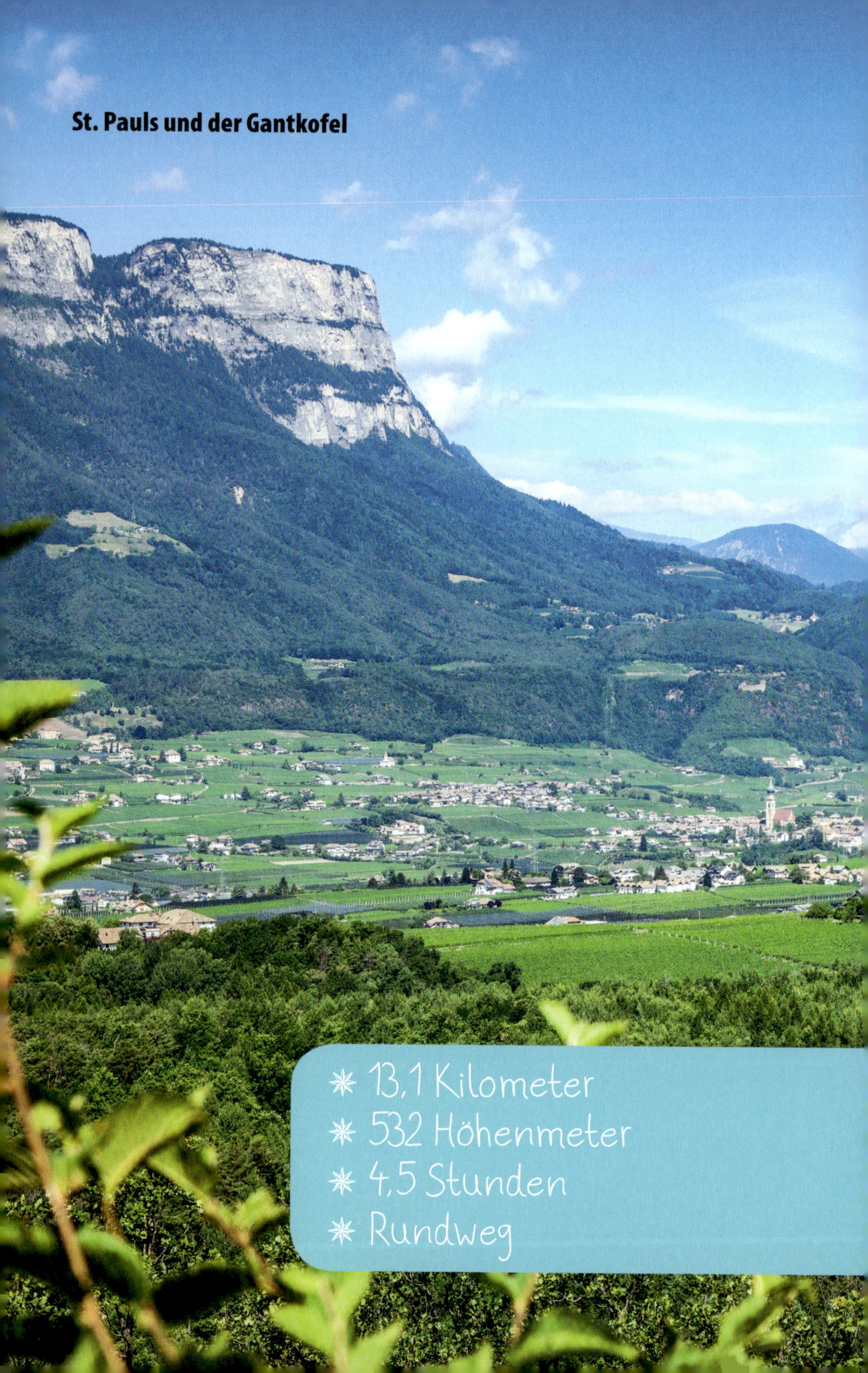

Der Montiggler Wald in der Gemeinde Eppan beherbergt nicht nur zwei idyllische Waldseen, sondern auch ein Labyrinth aus Forstwegen, Wanderwegen und Trampelpfaden. Auch hält er einige Überraschungen bereit!

Von der **Eppaner Sportzone Rungg** geht es zuerst zwischen einem Fußballplatz und einem Feuchtgebiet bis zu einem leicht ansteigenden Schotterweg (Wandermarkierung **2 A**) mit **Forstschranke**. Bereits nach 20 Metern auf diesem Weg biegen wir links in einen unbeschilderten **Trampelpfad** ein. Der ausgetretene Waldsteig bringt uns in nördlicher Richtung – bei einer Gabelung geht es rechts – auf den Forstweg **Schreckbichlboden**, dem wir nach links für circa 100 Meter folgen. Wieder biegen wir nach rechts in einen unbeschilderten **Waldweg** ein, halten uns zwischendurch einmal rechts und kommen leicht abwärts zum Forst- und Wanderweg **Nr. 1**. Diesen marschieren wir circa 40 Meter nach rechts entlang und biegen dann vor einer **Sitzbank** links schon wieder in einen unbeschilderten **Waldweg** ein. An einer Weggabelung geht es nach rechts weiter, bald erneut nach rechts. Wir wandern einen bewaldeten Porphyrhügel hinauf – den Hügel, dessen höchster Punkt der Wilder-Mann-Bühel ist, eines unserer Etappenziele.

Den Wegweiser zum Klettergarten nach rechts ignorieren wir – er würde als Sackgasse zum Fuß der Montiggler Naturkletterwand führen – und wandern geradeaus den Hang hinauf. Das Gelände wird steiler,

> **!**
>
> *Wer diese Rundwanderung exakt so nachwandern möchte (wobei auch „selbst gebastelte" Varianten reizvoll sind), sollte sich am GPS-Track orientieren. Wir nutzen als Verbindung zu interessanten Punkten einige Male Trampelpfade, die nicht beschildert und leicht zu übersehen sind.*

Überraschungen

Rund um die Montiggler Seen

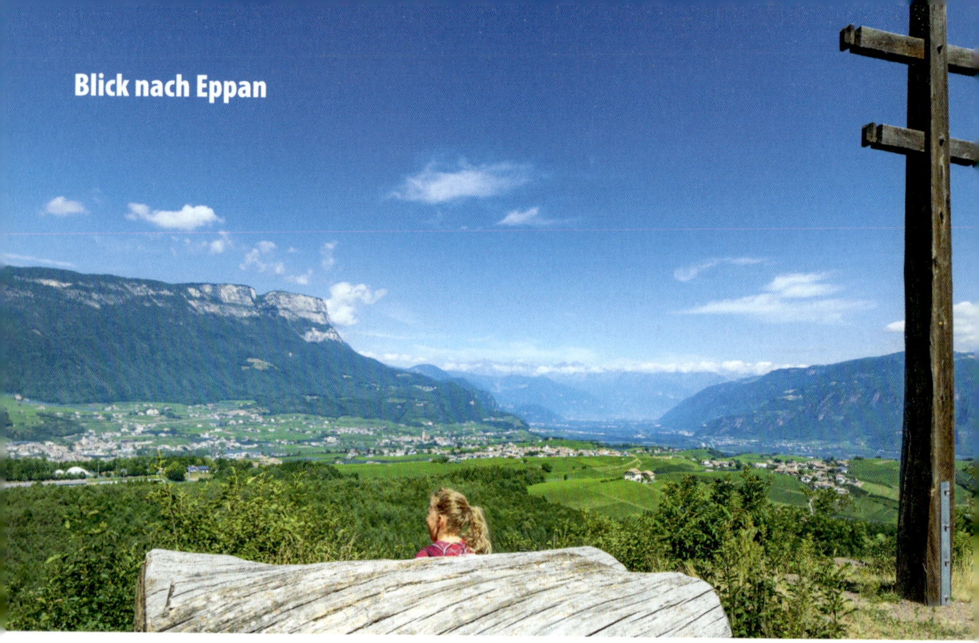

Blick nach Eppan

der Steig ist mit Wurzeln übersät. Plötzlich eine Überraschung: Wir können entlang eines Drahtseils auf einem meterbreiten Steig einen Abstecher zum oberen Teil der Kletterwand machen. Das Drahtseil dient nur als Handlauf, der Abstecher als solcher birgt keine technischen Schwierigkeiten, das Gelände fällt aber nach rechts in die Kletterwand ab. Das ist großartig: Während wir uns am Drahtseil festhalten, bietet sich uns ein freier Blick auf die Eppaner Fraktionen Girlan und St. Pauls.

Keine Panik, damit ist unser „Drahtseilakt" schon wieder beendet: Wir kehren zurück zum Wandersteig und gehen, einige Meter von der Wand entfernt, hinauf auf die bewaldete **Bergkuppe** ❶, an welcher der Klettersteig endet. Auch hier ergibt sich ein interessanter **Ausblick**. Dieses Mal auf das Weindorf Eppan und den Gebirgszug des Mendelkamms, der mit dem markant abfallenden Gantkofel abschließt.

30 Meter südwestlich der Bergkuppe führt der **Forstweg Wildmann** mit einer ansteigenden Kurve vorbei. Wir betreten ihn und folgen ihm flach nach Süden, halten uns also mit dem Klettergarten im Rücken rechts.

Bei einem **Wetterkreuz** ② und einer wuchtigen Baumstammbank fehlt die Bewaldung. Der Panoramablick auf das Überetsch mit den Weindörfern Kaltern und Eppan bis hinauf in das Meraner Land wird frei. Eine kurze Rast auf der wuchtigen Bank ist somit schon fast ein Muss!

Jetzt geht es geradeaus sehr gemütlich weiter. Der Schotterweg ist breit und flach.

Ein Wegweiser **Wilder-Mann-Bühel 1 B** schickt uns nach links in einem ansteigenden, nicht merklichen Halbkreis auf den **Wilder-Mann-Bühel** ③ hinauf. Es ist ein Abstecher, der sich auszahlt! Große, geheimnisvolle Steinmänner stehen auf dem höchsten Punkt des Montiggler Waldes. Wer mit Kindern unterwegs ist

Laut alten Erzählungen soll auf dem ***Wilder-Mann-Bühel*** *ein Einsiedler gelebt haben, der wundersame Dinge geschehen lassen konnte und von den Dorfbewohnern „der wilde Mann" genannt wurde. Gesichert ist, dass ein Bauernsohn namens Peter Wörth, „der Wilde Monn va Girl", hier hauste.*

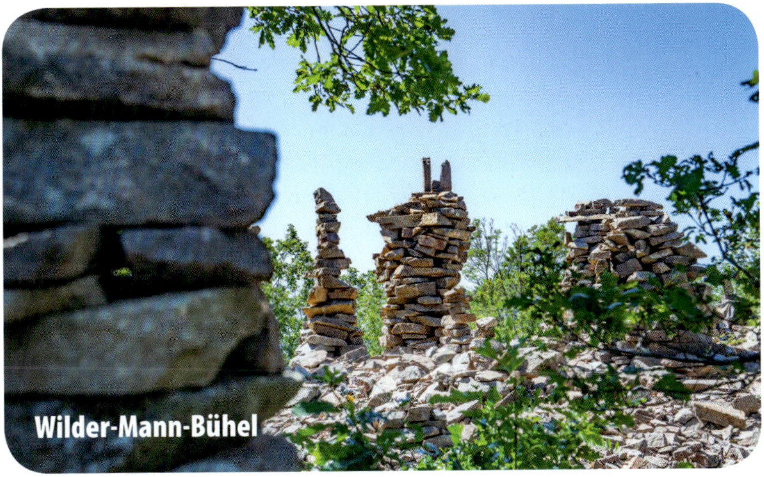

Wilder-Mann-Bühel

Für die Seele

Ein Wilder-Mann-Bühel vor den Augen, die Vorfreude auf einen Seeblick-Sitzplatz im Kopf – was will das Rast suchende Wandererherz mehr?

Rund um beide Montiggler Seen ist der Zutritt zum Wasser ohne Weiteres möglich. Nur für das öffentliche Schwimmbad, auch Lido Montiggl genannt, muss man Eintritt zahlen.

oder selbst entsprechende Gelüste verspürt, der wird an diesem Ort voller kantiger Porphyrsteine sicherlich zum Baumeister eines Steinmannes.

Wir kehren zurück zur Abzweigung, wo wir den Schotterweg verlassen haben, und marschieren dem Wegweiser **Kleiner Montiggler See Nr. 1** folgend weiter. Eine Rechtskurve, eine Linkskurve, noch eine Linksbiegung – dann zweigt, 700 Meter nach dem Abstecher zum Wilden Mann, ein unbeschilderter **Trampelpfad** hinauf zu einem umzäunten **Brandschutzweiher** 4 ab. Gegen den Uhrzeiger geht es halb um den Weiher bis zu seinem südlichen Eingang, dann Richtung Südwesten auf dem Weg **Langes Tal**, der bald in einen grünen Pfad übergeht. Plötzlich ändert sich der Waldboden. Farne und Moose bedecken ihn, die Natur rückt uns zu Leibe. Traumhaft!

Vor uns taucht eine 90-Grad-Kurve eines Schotterwegs auf. Wir betreten den Weg genau in der Kurve und wandern geradeaus weiter. Radfahrer kommen uns entgegen, nicht einer oder zwei, eine ganze Gruppe. Da der Weg laut Karten in einer Sackgasse mündet,

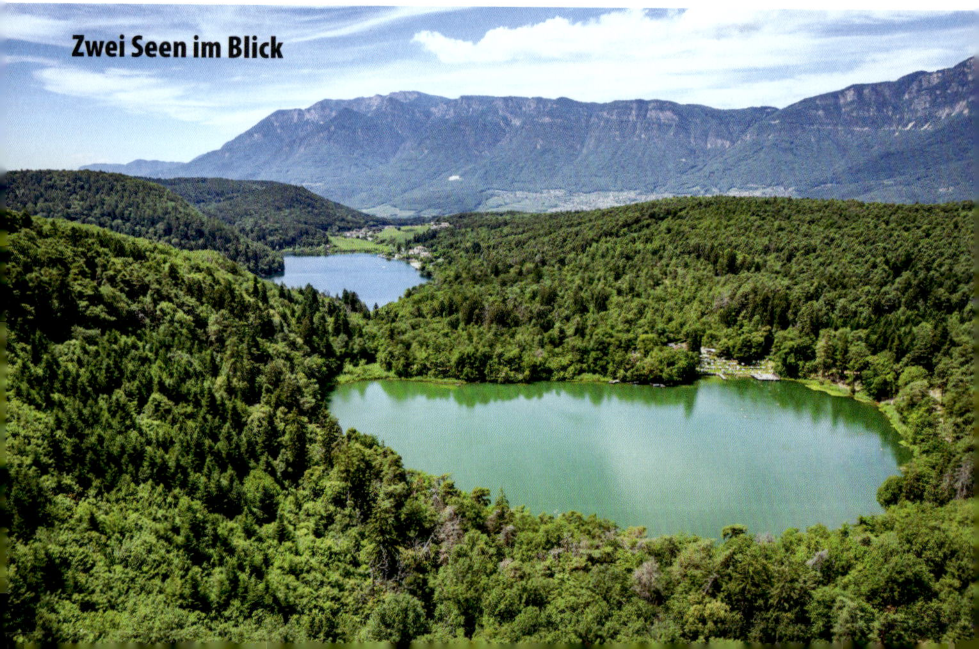

Zwei Seen im Blick

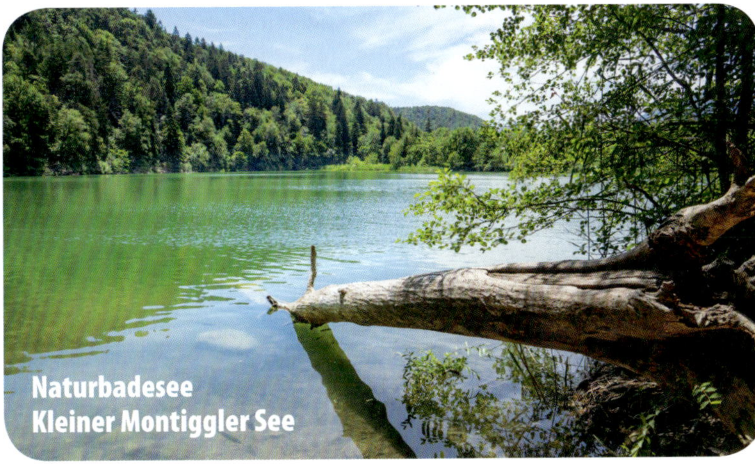

muss sich irgendetwas Besonderes in der Nähe befinden. Und genau so ist es auch! Die **Forsthütte Hirschplätzen** (575 m) und der 20 Meter dahinter befindliche **Aussichtspunkt 5** sind eine Radrunde – und unseren Abstecher – allemal wert. Die beiden idyllischen Waldseen Kleiner und Großer Montiggler See rücken gleichzeitig in den Blick. Ich kann mich an keine andere Position im Montiggler Wald entsinnen, von der aus das sonst möglich wäre. Einfach nur herrlich! Die nächste Rast ist unumgänglich.

Unten an den Badestegen der beiden Waldbadeseen tummeln sich Urlauber und Einheimische gleichermaßen. Hier oben ist es ruhiger, gemütlicher, lauschiger.

Trotzdem wollen auch wir mitten in das Gewühl und direkt zu den Ufern der Seen. Dazu kehren wir zur 90-Grad-Kurve zurück, folgen der Schotterstraße nach links, marschieren ab der Kurve nur 330 Meter weiter. Hier heißt es nun gut suchen. Der **Trampelpfad**, den wir nutzen wollen, ist leicht zu übersehen. Er biegt links hinab zum Nordostufer des Kleinen Montiggler Sees.

Doch da ist kein Gewühl. Es ist trotz all der Menschen, die um den See spazieren oder radeln, herrlich ruhig. Der Waldsee mit seinem Schilfgürtel, seinen Seerosen, seinen ins Wasser ragenden Baumstämmen ist eine Naturoase. Wir schlendern gegen den Uhrzeiger um ihn herum und kehren bei der Selbstbedienungs-**Jausenstation Kleiner Montiggler See** 6 am Badesteg ein. Ein Kaffee, ein Glas Wein, eine Tageszeitung unter Schatten spendenden Laubbäumen, das Wasser in Sprungweite – das Leben ist wunderbar!

Nach der kurzen Einkehr geht es gegen den Uhrzeiger am Südwestufer ins **Biotop Kleiner Montiggler See** hinein. Informationstafeln klären uns über die Flora auf. Eine Fußgängerbrücke bringt uns bald über den Abfluss des Sees. Nun folgen wir dem Wegweiser **Montiggler See Nr. 16** nach rechts und marschieren somit schnurstracks zum **Rundweg** am Nordrand des **Großen Montiggler Sees** hinunter.

Von einer Felswand – es ist die einzige rund um den Großen Montiggler See – springen ganz Mutige ins Wasser. Wir setzen uns darauf nieder und können so den Blick über die gesamte Länge des Gewässers schweifen lassen. Ab und zu verfolgen unsere Augen ein Ruderboot, sie streifen rechts die gelben Sonnen-

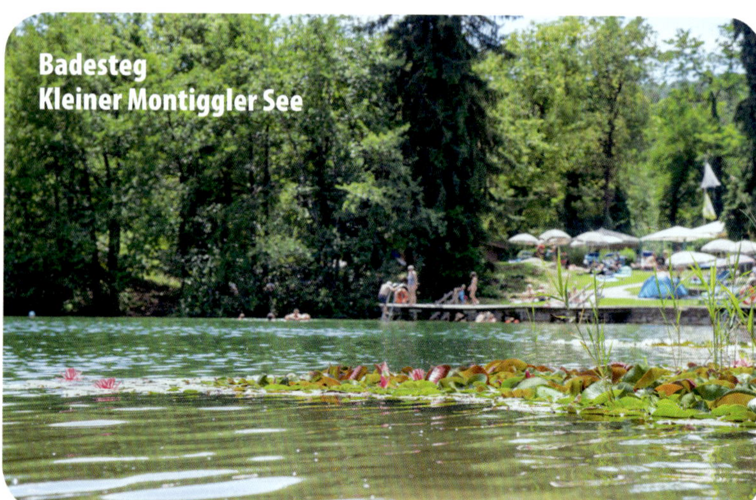

Badesteg Kleiner Montiggler See

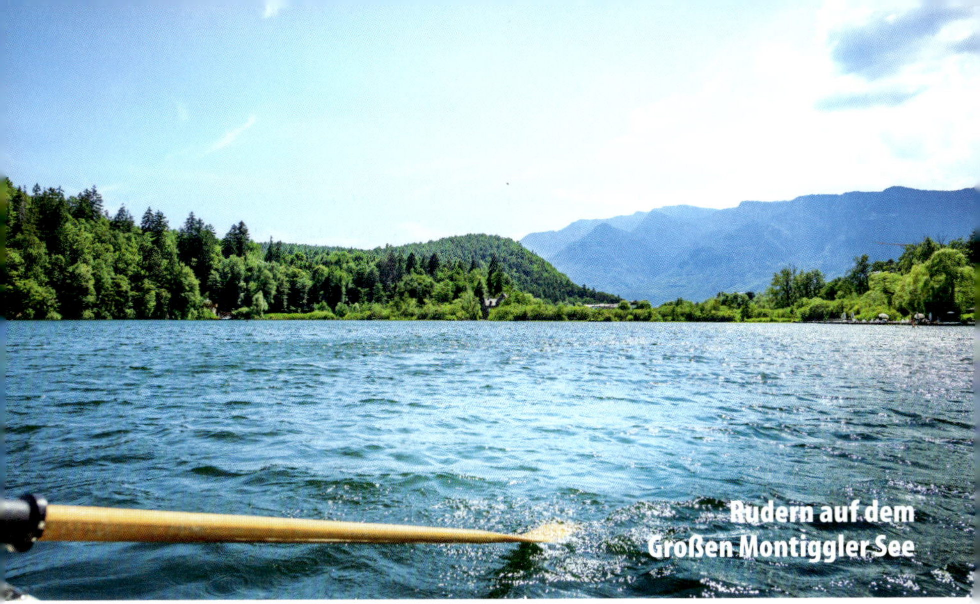

Rudern auf dem Großen Montiggler See

schirme am Badesteg und bleiben dann am Schilfgürtel am Südufer des Sees hängen.

Doch damit begnügen wir uns nicht und erkunden den wunderbaren Waldsee im Uhrzeigersinn, indem wir am Ostufer entlangschlendern. Dabei verlassen wir immer wieder den Rundweg und schreiten über ausgetretene Pfade bis ans Wasser heran. An vielen solchen Plätzchen haben es sich Badegäste gemütlich gemacht. Die einen schaukeln in Hängematten, andere spielen mit ihrem Nachwuchs am Wasser, die Nächsten haben ihre Kleidungsstücke am Ufer liegen gelassen.

Je weiter südlich wir kommen, umso weniger Felsen, umso mehr Schilf umgibt uns. Am Südufer, beim **Seeschlössl 7**, einem romantischen schlossartigen Gebäude, umarmt ein Schilf-Seerosen-Biotop den See.

Hier verlassen wir das Wasser und folgen dem Wegweiser **Pfatten Nr. 5**. Wir wollen zwar nicht nach Pfatten, doch die Richtung stimmt. Es geht vorbei an einem Porphyrsteinbruch – er ist von unserem Weg aus nur zu hören, nicht zu sehen. Dann biegen wir nach links auf eine asphaltierte Waldstraße, die aufgrund ihres verwitterten Belags gut und gern als Waldweg durchgeht, und erreichen das **Feuchtgebiet Langmoos 8**. Viele wissen es nicht, doch hier gibt es

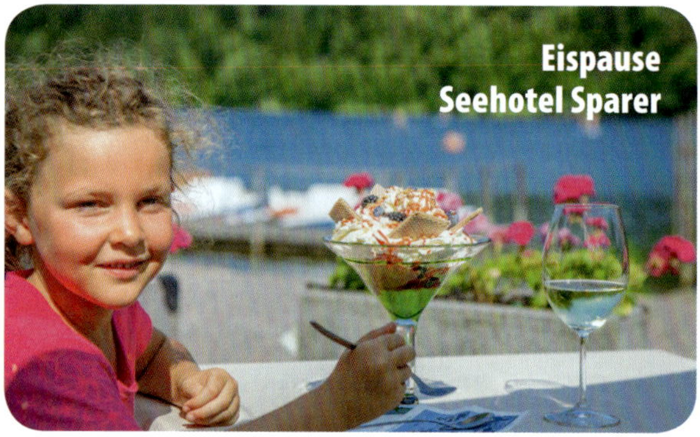

*Das Gartencafé und Restaurant **Seehotel Sparer** bietet nicht nur Eisbecher. Hier kann man eine leichte, natürliche Küche und regionale Spezialitäten aus einer Vielfalt frischer lokaler Naturprodukte genießen.*

einen dritten See. Er ist zwar ein Staubecken, aber auf dem Weg im Uhrzeigersinn um das Wasser herum ist von einem künstlichen See nichts mehr zu merken. Das Ost-, Süd- und Westufer sind ein Naturidyll, sumpfiger und grüner als die beiden Montiggler Seen.

Nachdem wir ihn zu drei Vierteln umrundet haben, verlassen wir den See, halten uns links und folgen einem Waldweg für drei Dutzend Meter bis zu einer Kurve. Hier marschieren wir geradeaus und gelangen so über einen Pfad zur asphaltierten Waldstraße hinunter, auf der wir gekommen sind. Es geht den gleichen Weg zurück zum **Großen Montiggler See**. Vor dem **Seeschlössl** biegen wir links ab und tauchen nach wenigen Schritten rechts über einen Steg in den Schilfgürtel ein. Das Schilf überragt uns deutlich. Es ist wie in einem grünen Traum. Sobald es durchschritten ist, müssen wir nur noch rechts 200 Meter zum **Lido-Bereich** des Sees hinauf.

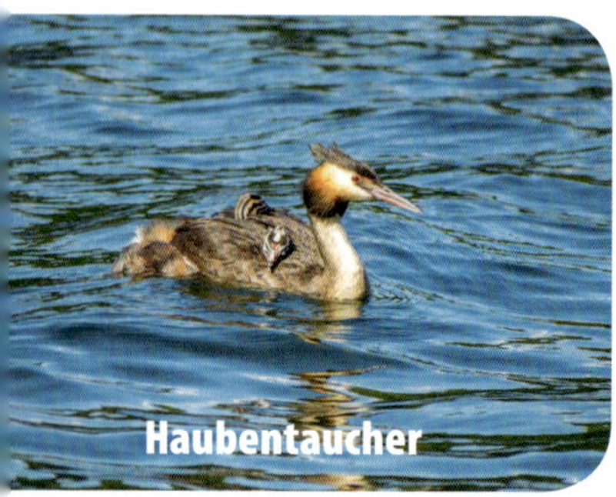

Wir lassen es uns nicht nehmen, Schusters Rappen gegen einen schwimmenden Untersatz einzutauschen. Am Großen Montiggler See sind Tretboote verpönt. Dafür gibt es einen **Ruderbootverleih** 9. So dürfen wir uns ausgiebig im Rudern üben. In diesem Zusammenhang ein Tipp: Am besten ist es, das Boot für mindestens eine Stunde auszuleihen, denn der See will entdeckt werden, und dabei ticken die Uhren erfahrungsgemäß viel zu schnell!

Nach so viel ungewohntem Bizeps- und Trizepseinsatz kommt eine Einkehr beim **Seehotel Sparer** ⑩ gerade recht. Auf der großen Terrasse mit Seeblick lassen wir uns in die Stühle fallen, strecken die Füße, lockern die Arme und schauen den Leuten zu. Schwimmer tauchen in den See, Stand-up-Paddler pumpen ihre Boards auf, Spaßruderer schaukeln mit ihren Booten über das Wasser. Und falls zumindest ein Arm den Ruderstress gut überstanden hat, dann können wir ihn heben, nach dem Kellner winken und einen riesigen, leckeren Eisbecher bestellen. An einem sonnigen Wandertag Eis löffeln, übers Wasser schauen – gibt es etwas Erfrischenderes?

Der Rückweg zur Sportzone Rungg ist leicht zu finden. Mitten durch den Badebereich ohne Eintrittskarten, das ist zwar nicht möglich – doch der **Rundweg Montiggler Seen** weiß das. Er lotst uns gut beschildert um den Lido herum. Der eine oder andere flüchtige Blick auf das Schwimmbad mit den Wasserrutschen ist dabei durchaus möglich.

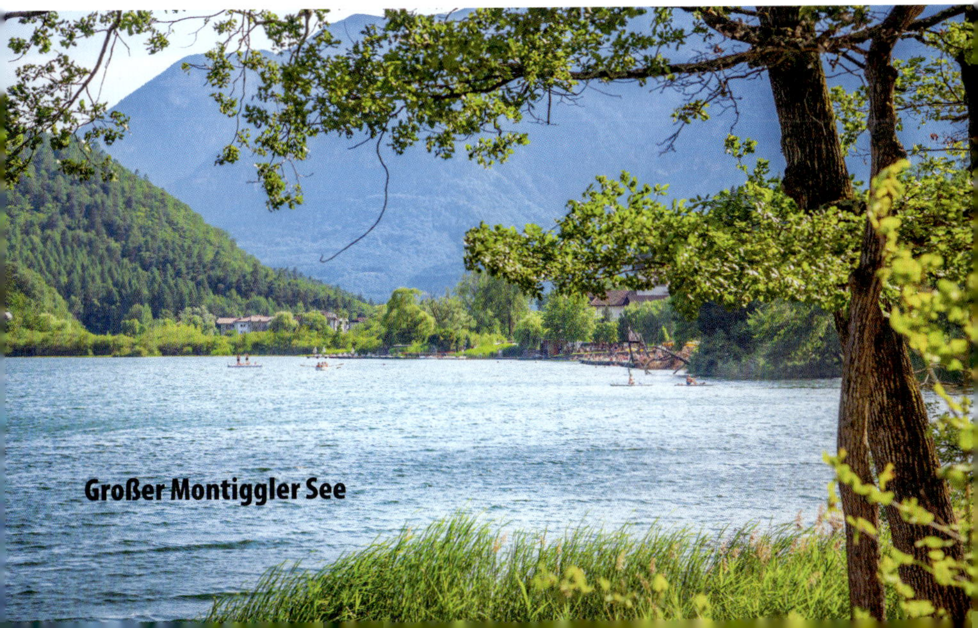

Großer Montiggler See

Am Westufer des Sees schauen wir einem Pärchen Haubentaucher zu. Die Tauchprofis verschwinden immer wieder unter Wasser und tauchen einige Meter weiter auf.

Kurz bevor das Nordufer erreicht ist, verlassen wir im Zickzackkurs die Seeumrundung für den Weg **Nr. 1 Kleiner Montiggler See**. So kommen wir zur **Jausenstation** am kleinen See, wo wir vor einigen Stunden eingekehrt sind. Dieses Mal bleibt sie rechts liegen, der Wegweiser **Rungg Nr. 1** zeigt uns die Richtung: Es geht geradeaus. Nach 700 Metern biegen wir links Richtung **Girlan** ab und folgen diesem Weg bis zur Abzweigung **Rungg Nr. 2 A**. So kommen wir direkt zu unserem Ausgangspunkt bei der Sportzone Rungg.

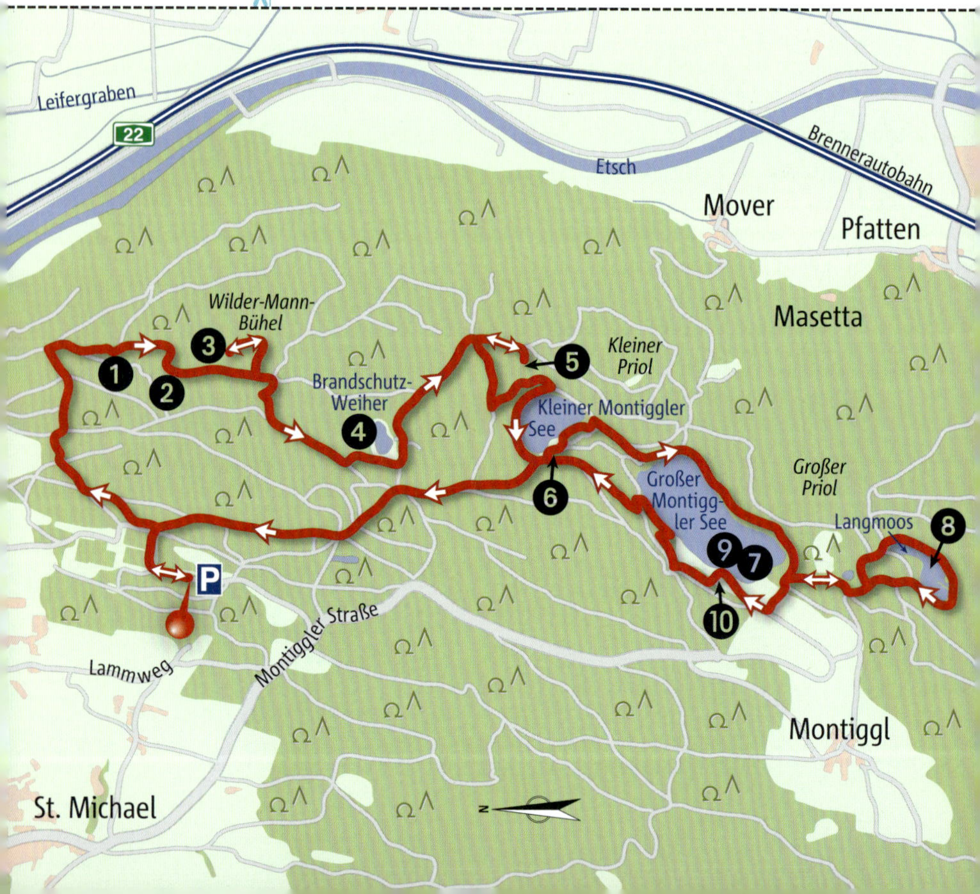

Alles auf einen Blick

WIE & WANN:
Wald- und Forstwege, Trampelpfade, eine verwitterte Asphaltstraße; ganzjährig möglich, besonders interessant Ostern bis Anfang November, wenn die Einkehrmöglichkeiten an den beiden Seen geöffnet sind

HIN & WEG:
Auto: Parkplatz Eppaner Sportzone Rungg, I-39057 St. Michael in Eppan (GPS: 46.443867, 11.286800)
ÖPNV: Von Bozen oder Kaltern Bus 131 (Überetsch-Express) bis St. Michael Eppan Bf; von dort zu Fuß (ca. 40 Min.) oder mit Bus 137 (verkehrt selten) zum Ausgangspunkt

ESSEN & ENTSPANNEN:
Jausenstation Kleiner Montiggler See ❻ Kleiner Montiggler See, I-39057 Eppan, Tel. (+39/04 71) 66 31 27, www.kleinermontigglersee.com
Seehotel Sparer ❿ Montiggl 53, I-39057 St. Michael in Eppan, Tel. (+39/04 71) 66 40 61 oder 66 35 93, www.seehotel-sparer.it

ENTDECKEN & ERLEBEN:
Bergkuppe mit Ausblick ❶
Wetterkreuz ❷
Wilder-Mann-Bühel ❸
Brandschutzweiher ❹
Aussichtspunkt auf beide Montiggler Seen ❺ 360°-Foto: www.suedtirol-360.com/121
Seeschlössl ❼
Feuchtgebiet Langmoos ❽
Ruderbootverleih ❾ Lido am Großen Montiggler See, Montigglerstraße 55, I-39057 Eppan-Montiggl, Tel. (+39/3 92) 3 06 27 57

Entspannung ✱✱✱✱✱
Genuss ✱✱✱✱✱
Romantik ✱✱✱✱✱

Die GPS-Daten zu jeder Tour gibt es auf
www.droste-verlag.de

Konzeption: Droste Verlag, Düsseldorf
Satz: Vollnhals Fotosatz, Neustadt a. d. Donau
Einbandgestaltung: Britta Rungwerth, Düsseldorf, unter Verwendung
von Bildern von Dietmar Mitterer-Zublasing und © Fotolia.com: Andrey Kuzmin,
undrey, dabost, niroworld;
Fotos: Dietmar Mitterer-Zublasing
Karten: Thorsten David, Bochum
Druck und Bindung: LUC GmbH, Greven

Alle Angaben in diesem Buch wurden sorgfältig recherchiert und geprüft.
Für die Richtigkeit der Angaben, für etwaige Unfälle und Schäden jeglicher Art
kann keine Haftung übernommen werden; die Nutzung erfolgt auf eigenes Risiko.
Abweichungen, die nach Redaktionsschluss erfolgten, konnten im Buch nicht mehr
berücksichtigt werden. Hinweise und Änderungen nehmen wir gern entgegen.

MIX
Papier aus verantwortungsvollen Quellen
FSC® C011279
www.fsc.org

ISBN 978-3-7700-2316-5
www.droste-verlag.de